दारा शुकोह

नवीन पंत विभिन्न पत्र-पत्रिकाओं के लिए लिखते रहे हैं। भारतीय सूचना सेवा में शामिल होने के बाद १९८५ में आकाशवाणी से समाचार सम्पादक के पद से अवकाश ग्रहण किया। उन्होंने *सांस्कृतिक संगम की भूमि—उत्तराखण्ड* लिखी है तथा कई पुस्तकों का अनुवाद हिन्दी और अंग्रेज़ी में किया है। हार्परकॉलिंस से उनकी किताब *दिल्ली ओ दिल्ली* 2010 में प्रकाशित हो चुकी है।

दारा शुकोह

नवीन पन्त

हार्परकॉलिंस पब्लिशर्स इंडिया

हार्पर हिन्दी
हार्परकॉलिंस पब्लिशर्स इंडिया
द्वारा 2013 में प्रकाशित
बिल्डिंग नं. 10, टावर A, 4th फ्लोर,
डीएलएफ साइबर सिटी, फेज II, गुरुग्राम 122002, भारत
www.harpercollins.co.in

हार्पर हिन्दी हार्परकॉलिंस पब्लिशर्स इंडिया का हिन्दी सम्भाग है
पता : ए-53, सेक्टर-57, नौएडा—201 301, उत्तर प्रदेश, भारत

ISBN : 978-93-5029-613-4

टाइपसेटर : निओ सॉफ़्टवेयर कन्सलटैंट्स, इलाहाबाद

Printed and bound at
Repro India Ltd.

विषय सूची

अध्याय एक मुग़ल राज की स्थापना

अध्याय दो जन्म, बचपन और शिक्षा

अध्याय तीन विवाह

अध्याय चार राज्य का उत्तराधिकारी; वेतन, पद और सूबेदारियाँ

अध्याय पाँच कन्धार अभियान

अध्याय छह सुखद और गौरवपूर्ण वर्ष

अध्याय सात सूफ़ी सन्तों का प्रभाव

अध्याय आठ दारा की रचनाएँ : सन्तों की जीवनियाँ

अध्याय नौ दारा की रचना : मजमा-उल-बहरैन

अध्याय दस दारा के अनुवाद : सीर-ए-अकबर और भगवद्गीता

अध्याय ग्यारह दारा का दीवान और कला प्रेम

अध्याय बारह बाबा लाल और दारा की बातचीत

अध्याय तेरह दरबार की राजनीति

अध्याय चौदह उत्तराधिकार के नियम का अभाव

अध्याय पन्द्रह शाहजहां की बीमारी

अध्याय सोलह	उत्तराधिकार का युद्ध
अध्याय सत्रह	धर्मट और सामूगढ़ की लड़ाइयाँ
अध्याय अठारह	दारा का पलायन
अध्याय उन्नीस	मालिक जीवन का विश्वासघात
अध्याय बीस	औरंगज़ेब की असहिष्णुता
अध्याय इक्कीस	दारा और औरंगज़ेब : चरित्र, रुचि और धार्मिक दृष्टिकोण
अध्याय बाईस	दारा के परिवार के साथ औरंगज़ेब का व्यवहार

अध्याय एक

मुग़ल राज की स्थापना

भारत में मुग़ल राज का संस्थापक बाबर था। वह तैमूर की पाँचवीं पीढ़ी में था। तैमूर ने 1398 में भारत पर हमला करके दिल्ली को लूटा-खसोटा था। उसकी फ़ौजों ने तीन दिन तक दिल्ली के निवासियों पर क़हर ढाया। दिल्ली की पूरी हिन्दू आबादी ख़त्म कर दी गई। मुसलमानों की जान तो बख़्श दी गयी लेकिन सम्पत्ति नहीं। उसके हमले ने केन्द्रीय सल्तनत को समाप्त कर दिया था। तैमूर के हमले के बाद दिल्ली वर्षों तक उजाड़ रही। गुजरात, मालवा और जौनपुर स्वतन्त्र हो गए।

सैयद वंश ने 1414 में दिल्ली में नई सल्तनत स्थापित की। उसका अधिकार क्षेत्र दोआब तक सीमित था। 1451 में अफ़ग़ान क़बीले के बहलोल लोदी ने दिल्ली पर अधिकार किया। उसने उत्तर भारत में अपनी स्थिति मज़बूत की और जौनपुर को फिर से दिल्ली सल्तनत का हिस्सा बनाया। उसके उत्तराधिकारियों, सिकन्दर और इब्राहीम लोदी ने ग्वालियर और बिहार पर अधिकार किया। अफ़ग़ान सत्ता अफ़ग़ान सरदारों के समर्थन पर निर्भर करती थी। उत्तर भारत, बिहार और बंगाल में अफ़ग़ान सरदार बड़ी-बड़ी जागीरों के मालिक थे। दौलत ख़ाँ लोदी और सिकन्दर लोदी सभी सरदारों का सहयोग लेकर शासन चलाते थे। उन्होंने कभी अनियन्त्रित सुल्तान होने का दावा नहीं किया लेकिन जब इब्राहीम लोदी ने असीमित अधिकारों और शाही विशेषाधिकारों पर ज़ोर दिया तो अन्य अफ़ग़ान सरदारों को उसका यह कार्य अनुचित लगा। उन्होंने इब्राहीम के विरुद्ध षड्यन्त्र करना शुरू किया और पंजाब के अफ़ग़ान सूबेदार ने बाबर को हमला करने का निमन्त्रण दिया।

बाबर के पिता बदख़शां में एक छोटी रियासत, फ़रगना के प्रमुख थे। बाबर ग्यारह वर्ष की उम्र में इस रियासत का उत्तराधिकारी बना लेकिन उसे उज़्बेग़ सरदार शैबानी ख़ाँ के हमले का सामना करना पड़ा। बाबर समरकन्द पर अधिकार करना चाहता था। वह समरकन्द पर तो अधिकार नहीं कर सका लेकिन काबुल और

कन्धार पर उसका अधिकार हो गया। इसके बाद बाबर भारत पर अधिकार करने के बारे में सोचने लगा। तैमूर का वंशज होने के कारण बाबर तैमूर द्वारा विजित समस्त क्षेत्रों पर अपना अधिकार समझता था। 'बाबरनामा' के अनुसार, उसकी हार्दिक इच्छा हमेशा हिन्दुस्तान पर अधिकार जमाने की थी। उसने मुल्ला मुर्शीद को सुल्तान इब्राहीम लोदी के पास इस आशय से भेजा था कि वह जाकर उन प्रदेशों की माँग करे जो इससे पहले तुर्कों के अधीन थे।

बाबर के साथ वफ़ादार सैनिकों का दल, कुशल घुड़सवारों, धनुर्धरों के दस्ते और तुर्क सैनिकों की कमान में हल्की और बेहतर बन्दूकें और तोपें थीं। इसके विपरीत, अफ़ग़ान सरदारों में एकता नहीं थी। अफ़ग़ान सैनिक अच्छी तरह प्रशिक्षित नहीं थे और उनके पास नई बन्दूकें और तोपें नहीं थीं। इब्राहीम लोदी की फ़ौज बाबर से कई गुना बड़ी थी। उसकी फ़ौज में सौ से अधिक हाथी थे। बाबर बेहतर संगठन, अनुशासन और रणनीति के कारण पानीपत की लड़ाई (21 अप्रैल, 1526) में विजयी हुआ। पानीपत के बाद कानवाह के युद्ध में राणा सांगा को पराजित कर बाबर भारत का बादशाह बन गया। भारत में मुग़ल राज का संस्थापक बाबर उदार विचारों का अत्यन्त मनोहारी और दिलचस्प चरित्र है। उत्तम रणनीतिकार होने के साथ-साथ वह श्रेष्ठ शायर, साहित्यकार और नफ़ासतपसन्द व्यक्ति था। उसे बाग़ लगाने का शौक़ था। उसे पहाड़ों, झरनों से प्यार था। उसने तुर्की में अपनी आत्मकथा लिखी है।

बाबर ने अपनी आत्मकथा में हिन्दुस्तान के तत्कालीन राजाओं, नदियों, पहाड़ों, सिंचाई व्यवस्था, जानवरों, पक्षियों, पुरबों, गांवों और नगरों के बारे में लिखा है। बाबर अपने चारों ओर बहुत बारीकी से देखता था और अपने अनुभवों को लिखता था। उसने लिखा है कि हिन्दुस्तान वालों ने तोल की बहुत अच्छी व्यवस्था की है। उन्हें संख्याओं का भी बहुत अच्छा ज्ञान है। यह बहुत बड़ा देश है। यहाँ अत्यधिक सोना-चाँदी है। वर्षा ऋतु में यहाँ की हवा बहुत उत्तम रहती है।

बाबर ने आगरा पहुँचने के कुछ समय बाद वहाँ एक बाग़ लगाने का विचार किया। बाग़ लगाने के लिए उसने जून (यमुना) नदी पार कर वहाँ जगह का चुनाव किया। बाबर ने वहाँ एक 'चार बाग़' लगाने का निश्चय किया। 'बाबरनामा' के अनुसार, "सर्वप्रथम बड़ा कुआँ, जिससे हम्माम के लिए जल आता है, बनवाया गया,............ तदुपरान्त बड़ा हौज़ और उसकी चहारदीवारी तैयार की गई। तत्पश्चात हौज़ तथा तालाब बनाए गए। इसके बाद ख़िलवतख़ाने (औरतों अथवा एकान्तवास के घर), उसके बाद उद्यानों तथा अन्य भवनों का निर्माण कराया गया, इसके बाद

हम्माम तैयार कराया गया।........ गर्मी में यह इतना ठण्डा हो जाता है कि लोग ठण्डक के कारण काँपने लगते हैं।''

गुलबदन बेग़म लिखित *हुमायूँनामा* के अनुसार, बाबर ने यमुना पार अनेक भवनों, महलों और उद्यानों का निर्माण कराया। इस क्षेत्र में बाबर के अन्य अमीरों ने भी अनेक इमारतों और उद्यानों का निर्माण कराया। बाबर द्वारा निर्मित अन्य इमारतें ध्वस्त हो चुकी हैं, लेकिन उसके द्वारा निर्मित और लगवाया गया बाग़ 'चारबाग़' अभी भी है। अब वह रामबाग़ कहलाता है।

बाबर की भारत के बारे में अच्छी राय नहीं थी। बाबर ने हिन्दुस्तान के बारे में अपना प्रारम्भिक अनुभव इन शब्दों में व्यक्त किया है : *''हिन्दुस्तान में बहुत कम आकर्षण है। यहाँ के निवासी न तो रूपवान होते हैं और न सामाजिक व्यवहार में कुशल होते हैं। वे न तो किसी से मिलने जाते हैं और न कोई उनसे मिलने आता है। न इनमें प्रतिभा होती है और न कार्य क्षमता। न इनमें शिष्टाचार होता है और न उदारता। कला-कौशल में ये न तो किसी अनुपात पर ध्यान देते हैं और न नियम-गुण पर। न यहाँ अच्छे घोड़े होते हैं और न अच्छे कुत्ते, न अंगूर होता है और न खरबूज़ा और न उत्तम मेवे। यहाँ न तो बर्फ़ मिलती है और न ठण्डा जल। यहाँ के बाज़ारों में न तो अच्छी रोटी मिलती है और न अच्छा भोजन ही प्राप्त होता है। यहाँ न हम्माम है और न मदरसे, न शमा, न मशाल और न शमादान।''*

'बाबरनामा' पृष्ठ 197-198

भारत के बारे में बाबर की यह राय तथ्यों पर आधारित नहीं है। बाबर ने उस समय तक केवल उत्तर भारत का मैदानी इलाक़ा देखा था। उसे कश्मीर, हिमाचल प्रदेश, उत्तराखण्ड और दक्षिण भारत के भू-भाग को देखने का मौक़ा नहीं मिला था। अगर मिलता तो वह ये शिकायतें नहीं करता। बाबर का यह कथन कि यहाँ मदरसे नहीं हैं, कसौटी पर खरा नहीं उतरता।

फ़ीरोज़ शाह के मदरसों के बारे में मुतहर ने विस्तार से लिखा है और कहा है, *''इस प्रकार का स्थान न किसी की आँखों ने देखा और न किसी के कानों ने उसके विषय में सुना था।''*

गुलबदन बेग़म ने लिखा है वह अपने पुत्र, हुमायूँ को बहुत प्यार करता था। हुमायूँ की बीमारी के दौरान एक अवसर पर हुमायूँ की माँ ने बाबर से कहा, ''आप मेरे पुत्र की चिन्ता नहीं कर रहे हैं। आप बादशाह हैं, आप क्यों चिन्ता करेंगे? आपके अन्य पुत्र भी हैं। मुझे दुख है कि मेरा यही एक अकेला पुत्र है।'' बादशाह

ने उत्तर दिया, "माहम् यद्यपि मेरे अन्य पुत्र भी हैं किन्तु मैं तेरे हुमायूँ के बराबर किसी पुत्र को प्रिय नहीं समझता, कारण कि मैं सल्तनत एवं बादशाही तथा समृद्ध संसार, दुनिया के अद्वितीय, अपने काल के विचित्र व्यक्ति, प्रतापी, सफल एवं प्रिय पुत्र हुमायूँ के लिए चाहता हूँ न कि अन्य लोगों के लिए।"

हुमायूँ की रुग्णावस्था के समय बादशाह सलामत उनके चारों ओर चक्कर लगाते थे और हज़रत मुर्तज़ा अली कमल्लाहो वजहू (हज़रत अली इब्ने अली तालिब चौथे ख़लीफा और शिओं के पहले इमाम) की ओर आशा की दृटि डालते थे। उस समय अत्यधिक गर्मी पड़ रही थी और उनका (बाबर का) दिल-जिगर तप रहा था। उपर्युक्त चक्कर के समय बादशाह सलामत ने ईश्वर से प्रार्थना की "हे ईश्वर! यदि जान का बदला जान हो सकता है तो मैं बाबर, अपनी अवस्था और प्राण हुमायूँ को प्रदान करता हूँ।" उसी दिन से हज़रत फ़िरदौस मकानी (बाबर) रुग्ण होने लगे और हुमायूँ बादशाह स्नान करके (स्वस्थ होने के बाद का स्नान) बाहर निकले और दरबार किया। "मेरे बाबा हज़रत (बादशाह) रुग्णावस्था के कारण भीतर चले गए। वे दो-तीन मास तक बीमार रहे और अन्त में 26 दिसम्बर, 1530 को उनका निधन हो गया।"

बाबर के बाद उसका पुत्र हुमायूँ दिल्ली के तख़्त पर बैठा। उसने भारत का राज अफ़ग़ान सरदार शेरशाह के हाथों खो दिया। शेरशाह एक कुशल सेनाध्यक्ष और सक्षम, सुयोग्य संगठनकर्ता था। उसने मज़बूत केन्द्र की स्थापना की, लगान निर्धारण की न्यायपूर्ण व्यवस्था लागू की, मुद्रा में सुधार किया, धार्मिक सहिष्णुता की नीति लागू की और कुशल प्रशासनिक ढांचा विकसित किया। उसके सुधारों से मुग़लों ने पूरा लाभ उठाया। 1545 में एक क़िले के घेराव के दौरान तोप का गोला लगने से उसकी मृत्यु हो गई। उसके उत्तराधिकारी हुमायूँ को फिर से देश पर अधिकार करने से नहीं रोक सके और थोड़े-से अन्तराल के बाद मुग़ल शासन फिर से स्थापित हो गया।

हुमायूँ जब शेरशाह से पराजित होकर फ़ारस जा रहा था तो 23 नवम्बर, 1542 को उसकी पत्नी ने अमरकोट सिन्ध में अकबर को जन्म दिया। हुमायूँ के बाद अकबर उसका उत्तराधिकारी हुआ। अकबर भारत का पहला मुसलमान शासक था जिसने हिन्दुओं को न केवल चोटी के पदों पर नियुक्त किया बल्कि उन्हें नीति-निर्धारण में शामिल किया। उन पर लगने वाले भेदभाव पूर्ण करों, जैसे कि जजिया और तीर्थकर की समाप्ति की। उसने राजपूत घरानों से विवाह सम्बन्ध स्थापित किए और उन्हें सेनाध्यक्ष और सूबेदार नियुक्त किया। उन्हें महल में पहरेदारी का काम

सौंपा और दीवान-ए-आम तक हथियार ले जाने, महल के बाहरी दरवाजे तक नक्कारे बजाने का अधिकार प्रदान किया।

अकबर उदार और सहिष्णु शासक था। अकबर को अपने पिता हुमायूँ का रहस्यवाद और माँ की उदार, धार्मिक भावना विरासत में मिली थी। बाबर और हुमायूँ—दोनों कट्टरपन्थी नहीं थे। हुमायूँ की पत्नी शिया थी। अत: अकबर बचपन से ही विभिन्न धर्मावलम्बियों के सम्पर्क में आया। उसके शिक्षक अब्दुल लतीफ़ काज़बिनी उदार विचारों के थे। उसका संरक्षक बैरम ख़ाँ शिया और उदार विचारों का था। अकबर *सुलह कुल* अथवा सभी के साथ शान्तिपूर्ण सम्बन्ध स्थापित करने का पक्षधर था। वह केवल मुसलमानों का नहीं बल्कि अपनी पूरी प्रजा का राजा बनना चाहता था। उसने अपनी हिन्दू प्रजा का विश्वास और आदर प्राप्त करने के लिए उन्हें समानता का दर्जा दिया।

अकबर के शासनकाल के दौरान भक्ति और सूफ़ीवाद जनता में बहुत लोकप्रिय थे। अकबर के दादा, परदादा नक्शबन्दी सूफ़ी सम्प्रदाय के अनुयायी थे। अकबर बीस वर्ष की आयु में हिन्दू योगियों, संन्यासियों, कलन्दरों और सूफ़ियों की ओर आकृष्ट हुआ। जनवरी 1560 में वह ख़्वाजा मोईनुद्दीन चिश्ती की दरगाह पर गया। लौटते समय उसने राजा भारमल की पुत्री से विवाह किया। इसके बाद 1562 में उसने सत्ता पर अपनी धाय माँ माहम अंगा और उसके पुत्र का प्रभुत्व समाप्त किया। अगले चार वर्ष उसे उज़्बेग कबीलों और अपने भाइयों, मिर्ज़ाओं की बग़ावत दबाने, राजस्थान, गुजरात और बंगाल फ़तह करने में लग गए। इसके बाद लगभग 1576 में अकबर का ध्यान आध्यात्मिक विषयों की ओर गया। अकबर अपनी सम्पूर्ण प्रजा को समान दृष्टि से देखता था। उसने देखा कि हिन्दू-मुसलमानों के बीच ज़बर्दस्त खाई है। इस खाई का प्रमुख कारण एक-दूसरे के बारे में अज्ञानता है। इस अज्ञानता को दूर करने के लिए उसने हिन्दू धर्मग्रन्थों का फ़ारसी में अनुवाद कराया।

भारत पर अधिकार करने के बाद अनेक मुसलमानों तथा कुछ शासकों, गयासुद्दीन तुग़लक और फ़ीरोज़ तुग़लक ने हिन्दू लड़कियों से विवाह किया। गयासुद्दीन तुग़लक की माँ जाट थी। फ़ीरोज़ तुग़लक की माँ भी हिन्दू थी। विजयनगर नरेश देवराय की पुत्री का फ़ीरोज़शाह बहमनी से विवाह हुआ था। कुछ मराठा सरदारों ने भी मुसलमान शासकों से विवाह सम्बन्ध किए थे। इनमें से कुछ विवाह ज़बरन और दबाव में किए गए थे लेकिन अकबर पहला शासक था जिसने अपनी हिन्दू पत्नियों को मुसलमान नहीं बनाया, और उन्हें तथा अन्त:पुर की अन्य हिन्दू औरतों को

हिन्दू आचार-विचार, पूजा-पाठ करने की अनुमति दी।

अकबर ने भारतीय इस्लाम को धर्मान्धता, कट्टरता और रूढ़िवाद से मुक्त कराने का ज़बर्दस्त प्रयास किया। उसने धर्म को राज्य से अलग रखा। वह पहला मुसलमान शासक था जिसने हिन्दू-मुसलमानों को एक-दूसरे के समीप लाने का गम्भीर प्रयास किया। उसने राजपूतों के साथ युद्ध किया और उन्हें पराजित करने के बाद सम्मानित किया। उसने राजपूतों के साथ विवाह सम्बन्ध किए और उन्हें सूबों का सूबेदार बनाया। उसने स्वयं एक राजपूत राजकुमारी से विवाह किया। उसने राजपूतों को प्रशासन और सेना में उच्च पद प्रदान किए। जहांगीर मातृपक्ष से राजपूत था। उसकी एक पत्नी खुसरो की माँ राजपूत थी। राजा मानसिंह अकबर की अन्तरंग परिषद के सदस्य और प्रमुख सेनापति थे। राव सुर्जन हाड़ा सूबेदार थे। राजपूत मुग़ल सेना के अभिन्न अंग समझे जाते थे। आगरा और दिल्ली के क़िलों की रक्षा के लिए राजपूत सैनिकों की टुकड़ियाँ नियुक्त की जाती थी। मुग़लकाल में राजपूत सैनिकों ने हर युद्ध में महत्वपूर्ण भूमिका निभाई। शिवाजी के विरुद्ध युद्ध का संचालन मिर्ज़ा राजा जयसिंह ने किया था। अफ़ग़ानिस्तान में अफ़रीदियों और खटकों के विद्रोह को दबाने के लिए जसवन्त सिंह को भेजा गया था।

अकबर लीक से हट कर सोचता था। उसने 1652 में युद्धबन्दियों को ग़ुलाम बनाने और उनका धर्म बदलने पर प्रतिबन्ध लगाया। अगले वर्ष उसने तीर्थ यात्रा करने वाले हिन्दुओं पर लगा तीर्थकर समाप्त कर दिया और उन्हें अपने त्यौहार सार्वजनिक रूप से मनाने की अनुमति प्रदान की। इसके बाद उसने जजिया समाप्त कर दिया। जजिया ग़ैर मुसलमानों को सुरक्षा दिए जाने के बदले लगने वाला कर था। जजिया आर्थिक दृटि से हिन्दुओं पर पड़ने वाला अतिरिक्त बोझ था। जजिया भेद-भावपूर्ण कर होने के साथ हिन्दुओं को दूसरे दर्जे का नागरिक बनाता था।

अकबर का पुस्तकालय विशाल था और उसमें सभी प्रमुख भाषाओं की किताबें थीं। विद्वान रोज़ अकबर को किसी अच्छी पुस्तक के अंश पढ़कर सुनाते थे। इन विद्वानों में शामिल थे—अकबर के प्रधानमन्त्री अबुल फ़ज़ल, उसका भाई फ़ैजी, मुल्ला अब्दुल क़ादिर बदायूँनी, नक़ीब ख़ान, शेख़ सुलतान और मुल्ला शेरी।

अकबर का मानना था कि हिन्दू-मुसलमान अज्ञानता के कारण एक-दूसरे से घृणा करते हैं। उसने इस धारणा को समाप्त करने का प्रयास किया कि मुसलमानों का हिन्दू धर्मग्रन्थों का पढ़ना धर्मविरुद्ध है। उसने मुसलमानों को हिन्दुओं के निकट लाने के लिए अनेक हिन्दू धर्मग्रन्थों का फ़ारसी में अनुवाद कराया। अबुल फ़ज़ल ने

बदायूँनी, अब्दुल लतीफ़ अल हुसैनी (नक़ीब ख़ाँ), मुहम्मद सुलतान और मुल्ला शेरी के सहयोग से *महाभारत* का *रज़्मनामा* नाम से अनुवाद किया। अबुल फ़ज़ल ने *भगवद्‌गीता* और *पंचतन्त्र* का गद्य में अनुवाद किया।

अकबर के आदेश से बदायूँनी ने चार वर्ष में *वाल्मीकि रामायण* का भी अनुवाद किया। बदायूँनी ने यह कार्य अकबर के दबाव में अनिच्छा से किया। अकबर ने बदायूँनी को *अथर्ववेद* का अनुवाद करने का भी आदेश दिया क्योंकि उसने पाया कि उसकी शिक्षा इस्लाम से मिलती है। बदायूँनी को कुछ अंश अत्यन्त कठिन लगे। उसने उनका अर्थ शेख़ भवान (दक्षिण का एक विद्वान ब्राह्मण, जो मुसलमान हो गया था) से पूछा लेकिन वह भी कुछ नहीं बता सका। अकबर ने शेख़ फ़ैजी और हाजी इब्राहीम को अनुवाद करने का आदेश दिया लेकिन कोई प्रगति नहीं हो सकी। अकबर के आदेश पर अब्दुल क़ादिर ने एक विद्वान ब्राह्मण की सहायता से *सिंहासन बत्तीसी* का अनुवाद किया। अकबर ने बदायूँनी से ज़ैन अल आबदीन के समय में किए गए *राजतरंगिणी* के अधूरे अनुवाद को पूरा करने को कहा। बदायूँनी ने यह कार्य पाँच महीनों में पूरा किया। फ़ैजी ने *महाभारत* से *नल दमयन्ती* का मुक्त पद्य में अत्यन्त सुन्दर अनुवाद किया। फ़ैजी ने *महाभारत* के दो पर्वों के अनुवाद में सुधार भी किया और *भगवद्‌गीता*, *भास्कराचार्य* के प्रसिद्ध ग्रन्थ *लीलावती* और *कथासरितसागर* का फ़ारसी में अनुवाद किया। फ़ैजी की सबसे महत्वपूर्ण रचना *भागवत पुराण* और *योग वशिष्ठ* पर आधारित *शरीक अल मरीफ़त* यानी गूढ़ ज्ञानवाद का सूर्य है।

अकबर की मृत्यु के बाद कट्टरपन्थी और प्रतिक्रियावादी शक्तियाँ जो उसके शासनकाल के दौरान कुचल दी गयी थीं, सिर उठाने लगीं। जहांगीर साधु-संन्यासियों और दरवेश, फ़क़ीरों पर विश्वास नहीं करता था। उसने खुसरो की सहायता करने के अपराध में गुरु अर्जुनदेव की सम्पत्ति ज़ब्त की, उनको जेल बन्द करके कठोर यातनाएँ दीं, जिनसे उनकी मृत्यु हो गई। गुरु अर्जुनदेव की मृत्यु के बाद सिख मुग़ल शासन के विरोधी हो गए। सिखों के अगले गुरु हरगोविन्द को जहांगीर ने 12 वर्षों तक ग्वालियर के क़िले में बन्दी बना कर रखा। जहांगीर के शासनकाल के दौरान हिन्दू मन्दिरों का तोड़ा जाना और उन पर तीर्थकर लगाया जाना फिर से शुरू किया गया। शाहजहां के शासनकाल के प्रारम्भिक वर्षों के दौरान भी यह नीति जारी रही। शाहजहां के कुछ विचार अकबर से और कुछ अपने पुत्र औरंगज़ेब से मिलते थे किन्तु कुछ समय बाद दारा शुकोह और जहांआरा के प्रभाव के कारण इसमें बदलाव आया।

कालान्तर में शाहजहां अपनी उदार नीतियों के कारण अपनी हिन्दू और मुसलमान—दोनों प्रजाओं का प्रिय हो गया। उसके दरबार में हिन्दू और मुसलमान—दोनों धर्मों के विद्वानों, कलाकारों को सम्मानपूर्ण स्थान दिया जाता था। दारा के प्रभाव के कारण शाहजहां कट्टरपन्थी रवैया नहीं अपनाता था। हिन्दू और मुसलमान—दोनों उसका गुणगान करते नहीं थकते थे। मुल्ला उसे महदी (मार्गदर्शक) कहते थे। पण्डित उसकी तुलना जगदीश्वर से करते थे। पण्डितराज जगन्नाथ ने उसकी इन शब्दों में प्रशंसा की है—

दिलीश्वरो या जगदीश्वरो वा मनोरथान
पूरयितुँ समर्थः।
अन्यैर्नृपालैः परदीयमानः शाकाय या
स्याल्लवणाय वा स्यात।।

केवल दिल्लीपति या विश्वपति इच्छाओं को पूरा करने की सामर्थ्य रखते हैं। अन्य राजाओं द्वारा जो दिया जाता है उससे केवल शाक-सब्ज़ी या नमक ख़रीदा जा सकता है।

शाहजहां उदार और सुसंस्कृत राजा था लेकिन कभी-कभी उसकी कट्टरपन्थी मानसिकता प्रकट हो जाती थी। दारा का सबसे उल्लेखनीय कार्य अपने प्रभाव का इस्तेमाल करके हिन्दुओं पर लगने वाले तीर्थकर को समाप्त कराना था। यह तीर्थकर इलाहाबाद और बनारस की यात्रा करने वाले हिन्दू यात्रियों को देना पड़ता था। महाराष्ट्र के प्रसिद्ध विद्वान कवीन्द्राचार्य सरस्वती के नेतृत्व में हिन्दुओं के एक प्रतिनिधि मण्डल ने शाहजहां से इस कर को समाप्त करने की अपील की क्योंकि अधिकांश हिन्दुओं को इसे देने के लिए अत्यधिक कष्ट उठाना पड़ता था। कवीन्द्राचार्य ने तीर्थ यात्रियों के दुखों का वर्णन करते हुए अपना अनुरोध इतने करुण ढंग से रखा कि उसे सुनकर दारा और शाहजहां की आँख से आँसू निकल पड़े। शाहजहां कवीन्द्राचार्य की विद्वता से इतना प्रभावित हुआ कि उसने उन्हें सर्वविद्यानिधान की उपाधि प्रदान की।

अध्याय दो

जन्म, बचपन और शिक्षा

राजकुमार ख़ुर्रम (बाद में शाहजहां) के बड़े पुत्र मुहम्मद दारा शुकोह का जन्म अजमेर के समीप सागरताल में 20 मार्च, 1615 को हुआ था। ख़ुर्रम के पुत्र को यह नाम सम्राट जहांगीर ने दिया था। इसके अलावा उसने उसे एक और नाम दिया था, *गुल-ए-अव्वालिन-ए-गुलिस्तां-ए-शाही* यानी साम्राज्य का पहला गुलाब। दारा के जन्म पर सागरताल में मुग़ल शहज़ादे ख़ुर्रम के दरबार और मुग़ल सेना के शिविर में जश्न मनाया गया। मुग़ल सेना का मेवाड़ अभियान विजय प्राप्ति के साथ समाप्त हो गया था और विजयी राजकुमार ख़ुर्रम के साथ महाराणा प्रताप का पौत्र मुग़ल सेना के साथ शाही दरबार में अधीनता प्रकट करने जा रहा था। मुग़लों के लिए यह दिन बड़े गर्व का था क्योंकि राजपूतों के शिरोमणि मेवाड़ के महाराणा ने मुग़लों की अधीनता स्वीकार कर ली थी। मुमताज़ महल ने दो पुत्रियों के बाद पुत्र को जन्म दिया था। अत: सल्तनत का उत्तराधिकारी पैदा होने के कारण मुग़ल ख़ानदान और सल्तनत के लिए यह और भी ख़ुशी का मौक़ा था।

दारा शुकोह ने अपनी रचना *सफ़ीनात-उल-औलिया* में स्वयं अपने जन्म का वर्णन इन शब्दों में किया है, "मेरे पिता 24 वर्ष की उम्र में महान सन्त मोईनुउद्दीन चिश्ती की दरगाह पर जाते और प्रार्थना करते थे कि उन्हें एक पुत्र की प्राप्ति हो क्योंकि इससे पहले उनकी केवल पुत्रियाँ हुई थीं।" मुमताज़ महल ने 14 बच्चों को जन्म दिया। इसमें से चार पुत्रों—दारा, शुजा, मुराद और औरंगज़ेब तथा दो पुत्रियों—जहांआरा और रोशनआरा ने तत्कालीन इतिहास में महत्वपूर्ण भूमिका अदा की।

दारा के जन्म के अवसर पर जहांगीर और नूरजहां—दोनों नंगे पांव ख़्वाजा मोईनुउद्दीन चिश्ती की दरगाह पर गए। उन्होंने एक अमूल्य झाड़ (दीप दान) जो मूल रूप से बीजापुर के सुल्तान के महल में था, मज़ार में चढ़ाया। मज़ार के प्रमुख इमाम मौलाना मुहम्मद याहिया ने उपहार स्वीकार करते हुए फ़ारसी की एक प्राचीन

लोकोक्ति सुनाई—विवाहित शाही दम्पत्ति (शाहजहां और मुमताज़—दोनों का जन्म एक ही वर्ष 1592 में हुआ था) का पहला लड़का सन्त, दूसरा सैनिक, तीसरा मानवता का सेवक और चौथा साहस और बहादुरी का अवतार होगा।' जहांगीर ने इस लोकोक्ति पर अनेक ज्योतिषियों से सलाह-मशविरा किया। उसने इस घटना का उल्लेख अपनी आत्मकथा *तुजक-ए-जहांगीरी* में किया है।

दारा को सात वर्ष की उम्र में मुल्ला जामी ने आध्यात्मिक आदर्शों की घुट्टी पिलाई। दारा पर जीवनपर्यन्त इसका असर रहा। दारा बचपन में अपने शिक्षकों से अक्सर जीवन, मृत्यु और विश्व के बारे में तरह-तरह के सवाल किया करता था। जहांगीर अपने पोते के सवालों को देख अचरज में पड़ जाता था। दारा को पुस्तकें पढ़ने का बेहद शौक़ था।

किशोरावस्था में भी वह खेल-कूद की अपेक्षा पढ़ने-लिखने में अधिक दिलचस्पी लेता था। उसे शिकार, घुड़सवारी, धनुर्विद्या, पहलवानी और हाथियों की लड़ाई में कोई दिलचस्पी नहीं थी। उसे सन्तों की जीवनियाँ पढ़ने में विशेष आनन्द आता था। शाहजहां ने उसे सन्तों की कहानियाँ सुनाने के लिए हिन्दू-मुसलमान धर्म-गुरुओं की व्यवस्था की थी। वह धर्म, आध्यात्म विद्या, तत्वज्ञान और नीतिशास्त्र की पुस्तकें पढ़ना पसन्द करता था। दारा शीघ्र ही फ़ारसी और हिन्दी साहित्य में पारंगत हो गया। शाहजहां तो यह मानने लगा था कि दारा शाह बाबा (अकबर) का पुनर्जन्म है और उसने उनके सामाजिक और राजनीतिक आदर्शों को पूरा करने के लिए जन्म लिया है।

दारा शुकोह के बचपन और शिक्षा के बारे में समकालीन लेखकों ने कुछ नहीं लिखा है। शाहजहां के शासनकाल के इतिहास *पादशाहनामा* में दारा के राजनीतिक जीवनवृत्त में दारा को सम्राट द्वारा दिए गए मनसबों, पदोन्नतियों, रत्नों, घोड़ों के उपहार और सम्राट की दारा से मुलाक़ात का विस्तार से वर्णन है लेकिन दारा की प्रारम्भिक शिक्षा और साहित्यिक गतिविधियों और धार्मिक विचारों का कोई वर्णन नहीं है। उसके बारे में अधिकांश सूचनाएँ उसकी अपनी रचनाओं में मिलती हैं। *पादशाहनामा* के लेखक अब्दुल हामिद लाहौरी के अनुसार, 13 वर्ष की उम्र में मुल्ला अब्दुल लतीफ़ सुलतानपुरी दारा के शिक्षक नियुक्त किए गए। तत्कालीन मुग़ल शहज़ादों की तरह दारा को पवित्र क़ुरान, हदीस (पैगम्बर मुहम्मद से सम्बन्धित परम्पराएँ) तैमूर ख़ानदान का इतिहास और फ़ारसी कविताओं का अध्ययन कराया गया। दारा ने अपने उस्ताद सुल्तानपुरी से सभी विषयों का बड़े मनोयोग से ज्ञान प्राप्त किया। दारा के उस्ताद ने अपने शिष्य में पठन-पाठन और गहन अध्ययन की

रुचि पैदा की। दारा ने फ़ारसी की अनेक कविताएँ पढ़ीं लेकिन उसकी दिलचस्पी फ़िरदौसी और सादी में न होकर रूमी और जामी में थी। दारा प्राचीन यूनानी दार्शनिकों में प्लेटो और अरस्तू से बहुत प्रभावित था।

दारा सन्तों के चमत्कार से प्रभावित था। वह पवित्र क़ुरान और हदीस के अध्ययन में लगा रहता था। अपने खुले और उदार विचारों के कारण वह कट्टरपन्थी उलेमाओं को नापसन्द करता था। उसने इस्लामी विधि शास्त्र के अध्ययन में कोई दिलचस्पी नहीं ली। दारा ने प्रारम्भ से ही सूफ़ी विद्वानों की रचनाओं का अध्ययन किया। अत: उसकी दिलचस्पी रहस्यवादी विद्वानों की रचनाओं में थी। उस समय ख़ुशनवीसी या सुलेख और मनोहारी शैली में पत्र लिखने को बहुत महत्व दिया जाता था। सुप्रसिद्ध ख़ुशख़त लेखक अब्दुल रशीद दैलेमी ने दारा को सुलेख का प्रशिक्षण दिया। दारा बहुत अच्छा सुलेख लिखता था। उसे नश्ख और नश्तलिक दोनों लेखन शैलियों में महारथ हासिल थी। उसका लेखन अपनी पिता की तरह स्पष्ट और सुन्दर होता था।

दारा बचपन से ही पढ़ने का शौक़ीन था। उम्र बढ़ने के साथ-साथ उसका पुस्तक प्रेम बढ़ता गया। उसे जगह-जगह से किताबें मँगाने और उन्हें पढ़ने का शौक़ था। उस ज़माने में, जब पुस्तकें आसानी से नहीं मिलती थीं, वह तुर्की, यूनान (ग्रीस) और मिस्र (इजिप्ट) से पुस्तकें मँगवाता था। आगरा में दारा का पुस्तकालय यमुना के तट पर था। कभी-कभी वह पुस्तकालय में जाकर पूरी रात पढ़ता रहता था। जब आगरा के स्थान पर दिल्ली राजधानी बनाई गयी तो दारा शुकोह का पुस्तकालय अनेक बैलगाड़ियों में लाद कर दिल्ली लाया गया। दिल्ली में दारा शुकोह का पुस्तकालय यमुना तट के समीप कश्मीरी गेट के नजदीक था।

दिल्ली आने के बाद दारा ने दिल्ली में अपने लिए एक पुस्तकालय का निर्माण कराया। सत्रहवीं शताब्दी में निर्मित दारा शुकोह के पुस्तकालय में अब दिल्ली के बदलते स्वरूप की कहानी को जीवन्त करने वाला संग्रहालय है। दारा शुकोह का क़त्ल कराने के बाद औरंगज़ेब ने उसकी हवेली पंजाब के सूबेदार अली मर्दान को दे दी थी। दिल्ली पर कब्ज़ा करने के बाद अंग्रेजों ने इस हवेली को रेजीडेंसी और सर डेविड आक्टरलोनी का निवास बना दिया। इस इमारत में बाद में ब्रिटिश प्रशासक लॉर्ड मेटकाफ़ भी रहा। प्रसिद्ध यात्री बिशप हेबर भी कुछ समय तक इस हवेली में रहा। 1857 के स्वतन्त्रता संग्राम के बाद इसमें पहले गवर्नमेण्ट स्कूल और बाद में दिल्ली कॉलेज ऑफ़ इंजीनियरिंग रहा। 1988 में इसे दिल्ली सरकार के पुरातत्व विभाग को सौंप दिया गया। अब यह हवेली सात दिल्लियों के

निर्माण, विकास और स्थापना की कथा सात दीर्घाओं (गैलरियों) में कहती है। इनमें से एक में दारा शिकोह के जीवन, संघर्ष और विचारों को विभिन्न माध्यमों के ज़रिये दिखाया जाता है।

मुग़ल राजकुमार वीर, भोग-विलासी और आरामपसन्द होते थे। उनकी एक मात्र दिलचस्पी लड़ाई करने और मदिरापान में रहती थी। उनमें से हरेक ख़ुद को मिर्ज़ा, गद्दी का वारिस या भावी सम्राट समझता था और उसका एकमात्र लक्ष्य तख़्त हासिल करना होता था। उनका अधिकांश समय शिविर, छावनी, हरम, शराब और नाच-गाने में बीतता था। पढ़ने-लिखने और ज्ञान प्राप्त करने में उनकी रुचि कम होती थी लेकिन दारा इसका अपवाद था। उसका अधिकांश समय पठन-पाठन, चिन्तन-मनन में बीतता था। अगर उसका जन्म किसी साधारण परिवार में हुआ होता तो वह या तो साधु-फ़क़ीर होता या लेखक-विचारक।

दादा के दरबार में बन्धक

राजकुमार ख़ुर्रम को 1617 में दक्कन का सूबेदार नियुक्त किया गया। उस समय दारा शुकोह दो वर्ष का था। ख़ुर्रम ने दक्कन क्षेत्र में बड़ी सूझ-बूझ से जनता के हित में शासन चलाया। उसने शत्रुओं से निबटने में असाधारण वीरता और जटिल राजनीतिक विवादों का समाधान करने में अद्‌भुत राजनयिक चतुराई का परिचय दिया लेकिन महारानी नूरजहां की ईर्ष्या और षड्यन्त्रों के कारण, जो क़दम-क़दम पर ख़ुर्रम के लिए काँटे बिछा रही थी, अपने पिता जहांगीर की तरह उसने भी 1622 में विद्रोह का झण्डा खड़ा कर दिया। शाही सेना द्वारा बिलोचपुर में पराजित किए जाने के बाद शाही नाराज़गी से बचने के लिए उसे देश के विभिन्न भागों यानी तेलंगाना, बंगाल, बिहार में भटकना पड़ा। इस दौरान उसकी बेग़म मुमताज़, पुत्र दारा और औरंगज़ेब उसके साथ थे। शाही सेना के लगातार दबाव के कारण ख़ुर्रम ने अन्ततः अपने पिता से माफ़ी माँगी और उसकी अधीनता स्वीकार कर ली (1625)। उसे इस शर्त पर माफ़ी मिली कि वह रोहतास और असीरगढ़ के क़िले सम्राट को सौंपे और अपने दो बच्चों—दारा शुकोह और औरंगज़ेब को दरबार में बन्धक बनाकर भेजे। शुजा पहले से ही दरबार में था। दोनों बच्चे 1625 के अन्त में लाहौर रवाना हुए। रावलपिण्डी के समीप अटोक और रोहतास के बीच दोनों बच्चों की मुलाक़ात सम्राट जहांगीर से हुई। अब ख़ुर्रम के तीन बच्चे जहांगीर के पास थे।

नूरजहां अपने प्रभाव को कायम रखने के लिए जहांगीर के बाद अपने दामाद

शहरियार को तख़्त का वारिस बनाना चाहती थी। शेर अफगन से उत्पन्न उसकी पुत्री का विवाह शहरियार से हुआ था लेकिन घटनाचक्र बड़ी तेज़ी से घूमा और इससे पहले कि नूरजहां अपनी योजना को आगे बढ़ा सके, रविवार 29 अक्टूबर 1627 को जहांगीर की मृत्यु हो गई। जहांगीर की मृत्यु के समय ख़ुर्रम सुदूर दक्षिण में था, जबकि शहरियार राजधानी के समीप था। शहरियार ने लाहौर पर धावा बोला और नूरजहां की सहायता से स्वयं को सम्राट घोषित कर दिया। उसने लाहौर का सरकारी ख़ज़ाना अपने अधिकार में ले लिया।

ख़ुर्रम की अनुपस्थिति में उसके ससुर आसफ़ ख़ाँ, नूरजहां के भाई और मुमताज़ के पिता ने अपने दामाद के हितों की रक्षा की। उसने ख़ुर्रम को जहांगीर की मौत की ख़बर भेजने के साथ खुसरो के पुत्र दाराबख़्श की ताजपोशी करा दी। इसके बाद उसने लाहौर पर हमला किया और शहरियार को बन्दी बना कर अन्धा कर दिया। इस बीच दक्कन से आगरा लौट कर ख़ुर्रम ने 4 फ़रवरी, 1628 को शाहजहां की पदवी के साथ अपना राज्याभिषेक किया। ख़ुर्रम के शाहजहां की उपाधि के साथ गद्दी सम्भालने के तीन सप्ताह बाद शाहजहां के तीनों पुत्रों को उनके नाना आसफ़ ख़ाँ दिल्ली लाए। वे 26 फ़रवरी को अकबर की मज़ार सिकन्दरा पहुँचे। उन्हें रात वहीं रुकने का आदेश दिया गया। दिन में आगरा और सिकन्दरा के मध्य एक विशेष तम्बू में मुमताज़ ने अपने बेटों से भेंट की। दूसरे दिन दारा ने दरबार में नज़र और निसार से भेंट करने के साथ अपने पिता का अभिनन्दन किया। दारा को एक हज़ार रुपये रोज का दैनिक भत्ता मंज़ूर किया गया और राज्याभिषेक के उपलक्ष्य में दो लाख रुपये नकद प्रदान किए गए।

अध्याय तीन

विवाह

शाहजहां के गद्दी सम्भालने के दो वर्ष बाद सातहज़ारी मनसबदार ख़ान जहाँ लोदी ने विद्रोह का झण्डा खड़ा किया और अपनी सेना को लेकर दक्षिण की ओर रवाना हो गया। ख़ानजहाँ लोदी की योजना दक्षिण की शिया रियासतों के साथ मिल कर मुग़लिया सल्तनत को समाप्त करना थी। उसके इन इरादों को विफल बनाने के लिए दिसम्बर 1629 में शाहजहां ने बड़ी फ़ौज लेकर स्वयं उसका पीछा किया। इस अभियान में शाहजहां की बेग़म मुमताज़ और दारा भी शाही कारवां में थे। दारा ने अभियान में कोई हिस्सा नहीं लिया। लम्बे संघर्ष के बाद ख़ानजहाँ लोदी शाही सेना के हाथों मारा गया।

इस अभियान के दौरान जब शाहजहां ख़ान देश होकर गुज़र रहा था मुमताज़ ने स्वर्गीय राजकुमार सुल्तान परवेज़ की पुत्री नादिरा बेग़म के साथ दारा के विवाह का प्रस्ताव किया। शाहजहां ने इस प्रस्ताव का स्वागत किया और आदेश दिया कि धूमधाम से इसकी तैयारी की जाए लेकिन 7 जून, 1631 को बुरहानपुर में पुत्री गौहरआरा को जन्म देने के बाद मुमताज़ की मृत्यु हो गई। लगभग ढाई वर्ष दक्षिण में बिताने के बाद 9 जून, 1632 को शाहजहां दिल्ली लौटा।

सम्राट के दिल्ली लौटने के बाद जहांआरा बेग़म की देख-रेख में दारा के विवाह की तैयारियाँ फिर शुरू की गईं। इस कार्य में अध्यापिका सित-उन-निसा ख़ानम ने जहांआरा की सहायता की। जहांआरा ने इस बात की पूरी कोशिश की कि दारा का विवाह उतनी ही धूमधाम से किया जाए, जितना अगर मुमताज़ जीवित होती तो किया जाता। विवाह पर उस समय की मुद्रा में 32 लाख रुपये खर्च किए गए। इसमें से 16 लाख रुपये जहांआरा ने दिए। दुल्हन के लिए 11 नवम्बर को सौभाग्य सूचक लाल रंग के साथ दो लाख रुपये पहले उपहार के रूप में भेजे गए। विवाह समारोह तीन महीने बाद 1 फ़रवरी, 1633 को दीवाने ख़ास में हुआ। हिनाबन्दी के अवसर पर दीवाने ख़ास में भव्य मजलिस आयोजित की गई। इसमें राज्य के

सभी अमीर, आला अफ़सर और अन्य प्रतिष्ठित लोग निमन्त्रित किए गए। समारोह और भोज में मुमताज़ की मौत के बाद सम्राट पहली बार भव्य शानदार कपड़ों में शामिल हुए। राजमहल में गाने-बजाने की अनुमति दी गई। गायकों, वादकों और नर्तकों ने अपनी कला से उपस्थित लोगों का भरपूर मनोविनोद किया। दारा को महल की महिलाओं ने और अन्य प्रतिष्ठित लोगों को सुन्दर बाँदियों ने मेंहदी लगाई और उनकी अँगुलियों में ज़री के रूमाल बाँधे। उत्सव की समाप्ति पर सभी निमन्त्रित लोगों को कमरबन्द भेंट किए गए।

दूसरे दिन शाम को दारा अपने महल से एक भव्य घोड़े पर सवार होकर दीवान-ए-आम आया। उसके साथ उसके तीनों भाई—शुजा, औरंगज़ेब और मुराद भी थे। जब दारा अभिवादन करने के बाद सिंहासन के समीप खड़ा हुआ, सम्राट ने उसे मोतियों की लड़ियों से बनी एक सुन्दर माला पहनाई और दारा के सिर पर वही सेहरा बाँधा जो जहाँगीर ने मुमताज़ के साथ विवाह की रात उसके सिर पर बाँधा था। उस समय के प्रसिद्ध क़ाज़ी मुहम्मद इस्लाम ने सम्राट की उपस्थिति में विवाह की रस्में पूरी कीं। मेहर की राशि पाँच लाख रुपये निश्चित की गई। विवाह समारोह 8 फ़रवरी, 1633 को समाप्त हुआ, जब सम्राट अपने पुत्रों और वरिष्ठ मनसबदारों के साथ दारा के निवास स्थान पर गए। दारा ने उनका समुचित सत्कार किया।

नादिरा अत्यन्त सुन्दर थी। उसका लालन-पालन, शिक्षा-दीक्षा पृथक वातावरण में हुई थी लेकिन दारा शुकोह के साथ विवाह के बाद उसने स्वयं को पूरी तरह पति के सांचे में ढाल लिया। उसने हिन्दी सीखी और हिन्दी की पुस्तकें पढ़ना शुरू किया। उसने *मजमा उल बहरैन* लिखने में दारा की सहायता की। वह दारा के साथ हर रोज़ प्रात: सूर्य नमस्कार करती थी और सांयकाल को पति अथवा अन्य लोगों के साथ खड़े होकर अग्नि देवता का अभिनन्दन करती थी।

दारा का वैवाहिक जीवन अत्यन्त सुखमय रहा। उसकी पत्नी करीमुन्निसा, जो नादिरा नाम से अधिक लोकप्रिय थी, अत्यन्त बुद्धिमान और साहसी महिला थी। वह तन-मन से सुन्दर ही नहीं, बहुत बहादुर भी थी। उसने सुख-दुख में सदैव अपने पति का साथ दिया। उत्तराधिकार युद्ध के दौरान जब औरंगज़ेब के कोप से बचने के लिए दारा पंजाब, गुजरात, राजपूताना और कच्छ के रण में भागता फिर रहा था, नादिरा ने उसे सदैव ढाढ़स बँधाया। दुर्भाग्य में उनका प्रेम कसौटी पर खरा उतरा। यद्यपि तत्कालीन प्रथा के अनुसार दारा के हरम में अनेक अन्य पत्नियाँ और दासियाँ थीं लेकिन दारा और उसकी पत्नी के बीच अथाह प्रेम था। दारा शुकोह के

आठों बच्चे—तीन पुत्र और पाँच पुत्रियाँ नादिरा से हुए। इनमें से तीन की असमय मृत्यु हो गई।

तथापि मनूसी के अनुसार, एक बार दारा की आँख एक नाचने वाली राना दिल से लड़ गई। दारा उसकी चितवन से ऐसा घायल हुआ कि अपने होशो-हवास खो बैठा। दारा ने राना दिल को अपने हरम में शामिल करना चाहा लेकिन राना दिल ने बिना विवाह किए हरम में दाखिल होने से इनकार कर दिया। शाहजहां को जब इस बात का पता लगा तो उसने विवाह का विरोध किया। दारा राना दिल के विरह में सूखने लगा। दारा के गिरते स्वास्थ्य को देखते हुए अन्त में शाहजहां को विवाह की अनुमति देनी पड़ी। राना दिल कुलीन घरों की लड़कियों की तरह पतिभक्त, पतिव्रता और उदार पत्नी सिद्ध हुई।

राना दिल के सम्बन्ध में एक कहानी प्रसिद्ध है। यह कहानी सच है या राना की निष्ठा को प्रकट करने के लिए बनाई गयी काल्पनिक रचना है, नहीं कहा जा सकता। दिल्ली के इतिहास पर अनेक पुस्तकों के लेखक महेश्वर दयाल ने अपनी पुस्तक *दिल्ली, मेरी दिल्ली* में इसका उल्लेख किया है। एक बादशाह के मरने पर या लड़ाई में हारने पर उसके परिवार, बेग़मों, हरम, धन-दौलत—सभी पर नए या विजयी बादशाह का अधिकार हो जाता था। यह प्रथा इतनी प्रचलित हो गयी थी कि कोई इसका विरोध नहीं करता था। दारा की हत्या कराने के बाद औरंगज़ेब ने बेग़म उदय पुरी को अपने महल में आने का हुक्म दिया और वह चली आई। इसके बाद राना दिल को भी यही हुक्म दिया गया लेकिन वह औरंगज़ेब के महल में नहीं गई। उसने पूछा कि बादशाह मुझे क्यों याद करते हैं?

उसे जवाब मिला कि बादशाह तुम्हें अपनी बेग़म बनाना चाहते हैं। राना दिल ने कहा कि बादशाह ने मुझ में क्या ख़ूबसूरती देखी है कि वह मुझ पर इतने मेहरबान हैं?

राना दिल को जवाब मिला, बादशाह को तुम्हारे बाल बहुत पसन्द हैं।

राना दिल ने अपने सिर के बाल काट कर औरंगज़ेब के पास भेज दिए और सन्देश भिजवा दिया आपको जो चीज़ अच्छी लगती थी वह भेंट कर दी।

बादशाह ने फिर सन्देशा भिजवाया, राना दिल तुम बहुत सुन्दर हो, हसीन हो चली आओ और हमें अपना दारा समझो।

राना दिल ने यह सुनकर कटार से अपना ख़ूबसूरत चेहरा बुरी तरह घायल कर ख़ून से लथपथ कपड़ा औरंगज़ेब के पास भेज दिया।

राना दिल का यह भाव देख औरंगज़ेब हक्का-बक्का रह गया और चुप हो गया। इसके बाद राना दिल अधिक दिन जीवित नहीं रही।

अध्याय चार

राज्य का उत्तराधिकारी, पद, वेतन और सूबेदारियाँ

शाहजहां दारा को अपना उत्तराधिकारी बनाना चाहता था। अत: उसने हमेशा दारा को अपने पास दरबार में रखा और उसे भावी ज़िम्मेदारियाँ लेने के लिए तैयार किया। शाहजहां के शासन काल के तीस वर्षों के दौरान दारा केवल साल-सवा साल दरबार से बाहर रहा। मुग़ल प्रशासन में किसी व्यक्ति का महत्व उसके मनसब से लगाया जाता था।

अकबर ने अपने साम्राज्य के प्रशासन के लिए एक केन्द्रीय नौकरशाही, मनसबदारी की व्यवस्था की थी। मनसबदार सम्राट का ऐसा अफ़सर होता था जिसके अधीन कम से कम 10 और अधिक से अधिक 5,000 सैनिक होते थे। पंचहज़ारी मनसबदार राज्य का वरिष्ठ अधिकारी और प्रतिठित सरदार होता था। मनसबदारी वंशानुगत नहीं होती थी। नियुक्ति और पदोन्नति सम्राट की इच्छानुसार की जाती थी। मनसबदारों को सम्राट की सेवा के लिए निर्धारित सैनिक रखने होते थे। सम्राट का आदेश होने पर उसे सैनिकों सहित युद्ध में जाना पड़ता था। अकबर के शासन काल के दौरान मनसबदारों को नक़द वेतन दिया जाता था। बाद के मुग़ल सम्राटों ने मनसबदारी में अपनी इच्छानुसार परिवर्तन किए। मनसबदार दो तरह के होते थे—तलवार के धनी और साहित्य, कला, धर्मशास्त्र, चिकित्सा और अन्य क्षेत्रों के प्रतिभा सम्पन्न व्यक्ति। यहाँ तक कि जनखे भी मनसबदार बनाए जाते थे।

प्रत्येक मनसबदार को निर्धारित संख्या में पैदल और घुड़सवार सैनिक रखने पड़ते थे। दारा को पहली बार 12,000 जात (पैदल) और 6,000 सवार का मनसबदार बनाया गया। पाँच वर्ष बाद वह 20,000 जात और 10,000 सवारों का मनसबदार था। शाहजहां के बीमारी से अच्छा होने के बाद वह 60,000 जात और 40,000 सवारों का मनसबदार था। दारा ने कभी कोई सैनिक सफलता हासिल नहीं की थी।

फिर भी वह 60,000 जात और 40,000 सवारों का सेनापति था।

दारा को पंजाब हिसार की जागीर भी दी गई। यह एक तरह से दारा को शाहजहां का उत्तराधिकारी बनाने की घोषणा थी। उसे इस अवसर पर 20,000 सवार और 20,000 पैदल सेना का सेनाध्यक्ष बनाया गया। दारा को इलाहाबाद, पंजाब, गुजरात और मुल्तान-कन्धार का सूबेदार भी बनाया गया। दारा ने पंजाब को छोड़ कभी किसी अन्य सूबे का प्रशासन स्वयं नहीं चलाया। पंजाब में दारा को एक वर्ष तक रहना पड़ा क्योंकि यह सूबा बल्ख में औरंगज़ेब के नेतृत्व में लड़ रही शाही सेना को गोला-बारूद और रसद भेजने का अड्डा था। इलाहाबाद का सूबा दारा के पास उत्तराधिकार के युद्ध तक रहा। वह केवल एक बार 1656-57 में इलाहाबाद गया। दारा की ओर से उसके प्रतिनिधि बाक़ी बेग़ और अन्य लोगों ने इलाहाबाद का प्रशासन किया। बेग़ दारा के हरम का प्रमुख जनखा था। दारा को 1649 में गुजरात का सूबेदार भी बनाया गया । उसने गुजरात का प्रशासन चलाने के लिए इलाहाबाद से बाक़ी बेग़ को वहाँ भेजा। दारा कभी गुजरात नहीं गया। वह 1652 तक गुजरात का सूबेदार रहा, जब उसे मुल्तान और काबुल का सूबेदार बनाया गया और कन्धार अभियान की ज़िम्मेदारी सौंपी गई। मुल्तान और काबुल का प्रशासन भी दारा की ओर से उसके प्रतिनिघियों ने किया।

वेतन, सूबेदारियाँ

दारा को 1647 में पंजाब का सूबेदार बनाया गया। यह सूबा अन्त तक, जब तक कि उत्तराधिकार के युद्ध में विजयी होने के बाद औरंगज़ेब की फ़ौजों ने उसे खदेड़ नहीं दिया, दारा के पास ही रहा। दारा ने पंजाब का प्रशासन बड़ी योग्यता से चलाया। उसने लाहौर में अनेक चौक या बाज़ार बनवाए। दारा को लाहौर विशेष रूप से प्रिय था क्योंकि सूफ़ी सम्प्रदाय के क़ादिरी सन्त मियाँ मीर यहाँ रहते थे। दारा ने सन्त की क़ब्र पर एक सुन्दर स्मारक बनवाया। दारा की पत्नी नादिरा की मृत्यु के बाद उसे भी यहीं दफ़्न किया गया।

सेनाध्यक्ष और प्रशासक के रूप में दारा का कोई उल्लेखनीय योगदान नहीं है। सेनाध्यक्ष के रूप में उसने तीन सैनिक अभियानों में भाग लिया। इनमें से दो में दोनों पक्षों के बीच कोई झड़प नहीं हुई। तीसरे में दारा ने किसी क़िस्म की सामरिक कुशलता, रणनीति और नेतृत्व का परिचय नहीं दिया।

यद्यपि दारा साम्राज्य की कोई सेवा नहीं कर रहा था, उसको अत्यन्त उदार वेतन दिया जाता था। उसके मनसब को देखते हुए उसे प्रतिवर्ष दो करोड़ पचहत्तर

लाख रुपये दिए जाते थे। कश्मीर, कांगड़ा और पंजाब में उसे विशाल जागीरें दी गईं थीं। 1656 में उसे सादुल्ला ख़ाँ की सभी जागीरें भी दे दी गईं। उसे क़ौल अलीगढ़ की फ़ौजदारी और दिल्ली आगरा के बीच के क्षेत्र की राहदारी भी दी गई। इन सबसे उसे पर्याप्त आय होती थी।

अध्याय पाँच

कन्धार अभियान

मुग़लों की विदेश नीति का आधार वर्तमान ईरान (फ़ारस) को अलग-थलग करके हिन्दुस्तान, तुर्की और ट्रांसोक्सियाना का गठबन्धन बनाना था। उत्तर-पश्चिम क्षेत्र का सैनिकों की भर्ती के लिए विशेष महत्व था। मुग़ल सेना में अधिकांश सैनिक इसी क्षेत्र के होते थे। इसके अलावा ये सभी देश सुन्नी थे, जबकि ईरान शिया था। उस युग में ईरान एक बड़ी शक्ति थी। अत: मुग़ल ईरान को सदैव शंका की दृष्टि से देखते थे। मुग़ल कन्धार पर ईरान का प्रभुत्व अपने लिए खतरे की घण्टी समझते थे। कन्धार के लिए मुग़लों और ईरान के बीच सवा सौ वर्षों तक संघर्ष रहा। इस दौरान कन्धार का स्वामित्व कई बार बदला। अकबर के बचपन के दौरान इस पर ईरान के शाह तस्मान ने अधिकार कर लिया, लेकिन मुज़फ़्फ़र हुसैन मिर्ज़ा ने 1596 में इसे मुग़लों को सौंप दिया और स्वयं उनकी सेना में शामिल हो गया। जहांगीर के शासनकाल के दौरान शाह अब्बास प्रथम ने इस पर पुन: अधिकार कर लिया लेकिन फ़रवरी 1638 में कन्धार के ईरानी गवर्नर अली मर्दान ने इसे शाहजहां को सौंप दिया और स्वयं मुग़ल दरबार में शामिल हो गया। शाहजहां ने इस क्षेत्र में अपनी स्थिति मज़बूत करने के लिए समीपवर्ती क्षेत्रों पर अधिकार किया। कन्धार के क़िले को मज़बूत बनाया और कन्धार का नया सूबा बनाया। इस सूबे में कई कबीलाई इलाक़े शामिल थे। ईरान ने 1539 और 1542 में कन्धार पर कब्ज़ा करने के लिए सैनिक तैयारियाँ कीं किन्तु आन्तरिक समस्याओं के कारण उसने कन्धार पर हमला नहीं किया।

वर्ष 1639 के शुरू में यह ख़बर मिलने पर कि ईरान कन्धार पर हमला करेगा, दारा ने ईरानियों के विरुद्ध मुग़ल सेना का नेतृत्व करने की इच्छा प्रकट की। इससे पूर्व उसने किसी सैनिक अभियान में हिस्सा नहीं लिया था। दारा की कमान में मुग़ल सेना काबुल भेजी गई। भारतीय सेना 8 फ़रवरी को काबुल पहुँची। ईरान का शाह शफ़ी तुर्की के साथ युद्ध में उलझा था। अत: ईरान ने कन्धार पर

हमला नहीं किया। पाँच-छह महीने काबुल और आसपास के क्षेत्रों में बिताने के बाद जुलाई में दारा को वापस बुला लिया गया।

सुल्तान मुराद चतुर्थ की मौत और तुर्की को इराक़ और आरमीनिया से निकालने के बाद 1640-41 में ईरानी ख़तरा बढ़ गया था। ईरान का शाह ज़ोर-शोर से युद्ध की तैयारियाँ कर रहा था। जब ये ख़बरें दिल्ली पहुँचीं तो राजकुमार दारा की कमान में एक बड़ी सेना फिर कन्धार भेजी गयी लेकिन ईरानी सेना ने मई 1642 में शाह की मौत के कारण हमला नहीं किया। दारा चाहता था कि सिस्तान, फ़रह और हरात पर हमला करके फ़ारसियों को ललकारा जाए। शाहजहां ने इसकी इजाज़त नहीं दी। दारा को दरबार में वापस बुला लिया गया। 2 सितम्बर, 1642 को लाहौर पहुँचने पर दारा का विजयी सेनापति की तरह स्वागत किया गया हालांकि युद्ध तो क्या, ईरानी सेना के साथ मामूली झड़प भी नहीं हुई थी।

जनवरी 1649 में फ़ारस के शाह अब्बास ने कन्धार पर फिर से कब्ज़ा करने के लिए विशाल सेना भेजी। शाहजहां ने भी औरंगज़ेब और सादुल्ला ख़ाँ के नेतृत्व में कन्धार में नियुक्त मुग़ल सेना की सहायता के लिए एक बड़ी सेना भेजी लेकिन कन्धार की मुग़ल सेना ने कुमुक पहुँचने से पहले ही आत्मसमर्पण कर दिया। औरंगज़ेब की कमान में मुग़ल सेना ने मई में कन्धार के क़िले की घेराबन्दी कर उस पर अधिकार करने का प्रयास किया लेकिन तीन महीने की घेराबन्दी के बावजूद जब वह क़िले पर अधिकार नहीं कर सका तो औरंगज़ेब को हिन्दुस्तान लौटना पड़ा। तीन वर्ष बाद 60,000 सैनिकों की विशाल फ़ौज के साथ औरंगज़ेब और सादुल्ला ख़ाँ कन्धार पर कब्ज़ा करने के लिए फिर भेजे गए लेकिन तीन महीने तक क़िले का घेराव करने के बावजूद जब वे क़िले पर कब्ज़ा नहीं कर सके तो उन्हें लौटना पड़ा।

औरंगज़ेब के कन्धार से विफल होकर लौटने के बाद दारा ने कन्धार पर कब्ज़ा करने के लिए सैनिक अभियान का नेतृत्व करने का प्रस्ताव किया। अत: यह फ़ैसला किया गया कि अगले बसन्त में दारा शुकोह की कमान में एक विशाल सेना कन्धार भेजी जाए। दारा को लोग विद्वान के रूप में जानते थे। उसे सैनिक ज़िम्मेदारी दिये जाने से लोगों को कुछ आश्चर्य हुआ। दारा मनमौजी, जल्दी जोश में आ जाने वाला और अत्यधिक आशावादी व्यक्ति था। उसकी कमज़ोरी यह थी कि वह आदमियों की सही परख नहीं कर सकता था, लोगों पर जल्दी विश्वास कर लेता था और कान का कच्चा था।

दारा समझता था कि वह कुछ भी कर सकता है। वह सपनों पर विश्वास करता और फ़क़ीरों, हाजियों, मुल्लाओं, उलेमाओं, साधु-संन्यासियों और तान्त्रिकों के बहकावे में आ जाता था। कन्धार अभियान के दौरान उसके दल में असाधारण शक्ति का दावा करने वाले अनेक संन्यासी, फ़क़ीर और तान्त्रिक थे। ये लोग दुश्मन को हराने के लिए ऊट-पटाँग दावे करते थे।

इनमें से कुछ को दारा अपने साथ ले गया। ये लोग अपनी शक्ति का बख़ान करके और तरह-तरह के दावे करके गुलछर्रे उड़ाते थे। इनमें से एक हिन्दू संन्यासी इन्द्रगिरि था। उसका दावा था कि उसके वश में 40 देव हैं और वह उनसे कुछ भी करा सकता है। वह दारा से शराब और ख़ुराक पाता था। फ़ारसियों ने उसे क़िले से फेंक कर उसका अन्त कर दिया।

दारा के तान्त्रिकों, जादूगरों के दल में कुछ दक्खनी साधु भी थे। उनका दावा था कि वे दारा के लिए विमान जैसा यन्त्र बना सकते हैं जो तीन सैनिकों के साथ काफ़ी हथगोलों का हुक़्क़ा यानी डिब्बउ ले जा सकता है। उनको भोजन आदि के अलावा 40 रुपये रोज़ भत्ता मंज़ूर किया गया लेकिन वे अन्ततः कुछ नहीं कर सके। दारा द्वारा लाये गए अन्य तान्त्रिक जादूगरों ने भी अपने-अपने अनुठान किए किन्तु उनका भी यही हश्र हुआ।

काबुल प्रवास के दौरान दारा से मिलने दो सूफ़ी फ़क़ीर आये। वे उसके सामने चुपचाप बैठ गए। उन्होंने अपने सिर लबादे से ढक लिये और फिर थोड़ी देर बाद उनमें से एक ने कहा "मैं देखता हूँ कि ईरान के शाह की मौत हो गयी है।" दूसरे ने कहा "मैं भी यह देखता हूँ लेकिन मैं तब तक वापस नहीं आऊँगा जब तक शाह को दफ़्न नहीं कर दिया जाता।" इन शब्दों को सुनकर दारा ने कहा, "मुझे हुए दिव्य दर्शन के अनुसार मुझे कन्धार में सात दिन से अधिक नहीं रुकना होगा। सात दिन में हम क़िले पर कब्ज़ा कर लेंगे। शाह की मौत की ख़बर सही हो सकती है।"

लाहौर से उसने कुछ काला जादू जानने वाले उलेमा भी अपने साथ लिये थे। ये लोग बढ़-चढ़ कर दावे करते थे। एक जोगी भी कन्धार आया था। उसके साथ बीस शिष्य थे। उसने फ़तह के लिए विशेष दुआ करने की इच्छा प्रकट की। इस प्रार्थना को करने के बीस दिन के भीतर क़िले की सैनिक टुकड़ियाँ आत्मसमर्पण कर देंगी। उसने दुआ करने के लिए एकान्त स्थान की माँग की। उसे मुफ़्त खाद्य सामग्री और 100 रुपये रोज भत्ता मंज़ूर किया गया। एक हाजी का दावा था कि

उसकी प्रार्थना और जादू से क़िले की तोपें तीन घण्टे तक गोले बरसाना बन्द कर देंगी। हाजी को मुफ़्त रसद और 20 रुपये दिये जाते थे। उसे दो नचनियाँ, दो जुआरी, एक भैंसा, एक भेड़ और पाँच मुर्गे उपलब्ध कराए गए।

हाजी ने शत्रु सेना का आक्रमण-गोलाबारी बन्द कराने के लिए अनेक क्रियाएँ कीं। हाजी ने कहा, ''मेरे अनुष्ठान का असर कल दिखाई देगा।'' अगले दिन तोपख़ाने के प्रमुख मीर आतिश ज़फ़र ने क़िले की प्राचीर पर कब्ज़ा करने के लिए हर तम्बू में जाकर सैनिकों को तैयार रहने का हुक्म दिया। दोपहर को हाजी आया और फिर कुछ समय बाद ग़ायब हो गया। दिन ढलने पर वह फिर आया। उसने कहा, ''मैं क़िले के भीतर गया था....मंगलवार को दोपहर मैं अपने साथ सैनिकों को ले जाऊँगा।''

फिर इस कार्यक्रम को अगले सोमवार के लिए टाल दिया गया। 26 जुलाई की रात को जादूगर ने ज़फ़र के लिए कुछ शैतानी अनुष्ठान किए। उसने एक बत्ती जलाई और उस पर कुछ उड़द के दाने छोड़े। फिर वह भयानक तरह से नाचने लगा। कभी वह ऊपर को एक गज़ उछलता और कभी जमीन पर लोट-पोट होता। नृत्य ख़त्म होने पर बत्ती के आगे एक कुत्ते, मेमने और मुर्गों की बलि दी गई। फिर उसने नचनियों, जुआरियों और चोरों से कहा, ''तुम सबकी बलि देना भी लाज़मी है लेकिन मैं तुम लोगों के बदले अपना ख़ून दूँगा। तुम लोग आज़ाद हो।''

उसने अपनी जांघ पर एक घाव किया और उससे थोड़ा ख़ून लेकर मारे गए जानवरों के ख़ून पर डाला। इसके बाद वह फिर नाचने लगा। उसका नृत्य कुछ समय तक जारी रहा। .... इसके बाद ज़फ़र को बुलाया गया और उससे बलि दिए गए पशुओं के ख़ून से अपनी तलवार धोने को कहा गया। हाजी ने ज़फ़र से कहा ''अब तुम्हारी तलवार इस्पात को काट सकती है।'' उसको यह भरोसा दिया गया कि इस अनुष्ठान के बाद वह ऐसा सूरमा हो गया है जिसे कोई मार नहीं सकता।

दूसरे दिन जब केवल चार घड़ी रात बाक़ी थी, ज़फ़र ने अपने सैनिकों को हथियारबन्द और पूरी तरह तैयार किया। इसके बाद वह हाजी को जगाने गया ताकि वह क़िले की तोपों का मुँह बन्द कर दे। हाजी ने बेदिली (अनिच्छा) से आँखें खोलीं और कहा, ''मिर्ज़ा ज़फ़र, क़िले की रक्षा तीन देव कर रहे थे। उनके साथ कल रात मेरी ज़बर्दस्त लड़ाई हुई। लड़ाई के दौरान कई बार मुझे आसमान में जाना और ज़मीन पर उतरना पड़ा। मैने दो देवों को तो काबू में कर लिया है, जो अब मेरी गिरफ़्त में हैं लेकिन तीसरा देव जो, सबसे उपद्रवी और ख़तरनाक है,

अभी भी क़िले की दीवारों की रक्षा कर रहा है। हमले को सोमवार तक के लिए स्थगित कर दो। मुझे उम्मीद है, तब तक मैं उसे काबू में कर लूँगा।''

ज़फ़र उत्साह के साथ निर्धारित दिन हाजी के पास गया। हाजी ने उससे कहा, ''मैं तीसरे देव को नहीं पकड़ सका हूँ। अगर मैं गिरफ़्त में आए दो देवों को आज़ाद नहीं करता हूँ तो वे मेरी हत्या कर सकते हैं। इसलिए हमले की योजना को छोड़ दो।''

दारा ज़बर्दस्त तैयारियों के साथ एक विशाल फ़ौज लेकर कन्धार पर हमला करने आया था। उसकी फ़ौज में 110 मुसलमान और 58 राजपूत अफ़सरों के अन्तर्गत 70,000, घुड़सवार 5,000 बन्दूकची, 3,000 धनुर्धारी, 230 हाथी, 6,000 ख़ुदाई और कटाई करने वाले और 500 भिश्ती थे। इसके अलावा उसके पास एक बड़ा तोपख़ाना था। तोपख़ाने में 7 बड़ी तोपें, 17 हवाई तोपें और 30 हल्की तोपें थीं। तोपख़ाने में कुछ इंजीनियर और यूरोपीय तोपची भी थे जिन्हें अपेक्षाकृत अच्छा वेतन दिया जाता था। दारा के अभियान दल में महावत ख़ाँ, किलिच ख़ाँ, मिर्ज़ा राजा जयसिंह, चम्पतराय बुन्देला जैसे अनुभवी और वीर सेनापति थे।

फ़ारसियों ने मुग़लों के विरुद्ध छापामार युद्ध की नीति अपनाई। वे रात में चुपचाप मुग़लों की टोह लेने के लिए निकलते और अचानक मुग़ल सेना पर पिल पड़ते और फिर ग़ायब हो जाते। वे ऐसा हर रात करते। ज़फ़र ख़ाँ, इज़्ज़त ख़ाँ और राजा राजरूप क़िले पर हमला करने के पक्ष में थे। महावत ख़ाँ, नेजावत ख़ाँ और राजा जयसिंह बिना पर्याप्त तैयारी के हमला करने के पक्ष में नहीं थे। दारा ने ज़फ़र ख़ाँ के कहने पर हमला करने का फ़ैसला कर लिया था। इसके बाद उसने इन तीन सरदारों और किलिच ख़ाँ से हमला करने के बारे में पूछा। ये सभी दारा की इच्छा और इरादा जान चुके थे। अत: इन्होंने इस विषय में स्पष्ट राय देना उचित नहीं समझा। पूछे जाने पर इन लोगों ने कहा कि हमारा काम आदेशों का पालन करना है। राजकुमार को राय केवल समकक्ष व्यक्ति ही दे सकता है। इस पर दारा नाराज़ हो गया और उसने अत्यन्त कठोर शब्दों में इन लोगों की निन्दा की और इन पर व्यंग्य बाण छोड़े। इसका नतीजा यह हुआ कि जब क़िले पर हमला (23 अगस्त, 1653) किया गया। इन सरदारों ने उसमें पूरी शक्ति और क्षमता से भाग नहीं लिया। चार घण्टे की लड़ाई में एक हज़ार सैनिक मारे गए और लगभग इतने ही घायल हुए।

राजकुमार दारा ने अपनी असंयत भाषा और अमर्यादित आचरण से साम्राज्य

के तीन शक्तिशाली सरदारों—महावत ख़ाँ, नेजावत ख़ाँ और राजा जय सिंह को नाराज़ ही नहीं किया बल्कि इज़्ज़त ख़ाँ की उपस्थिति में ज़फ़र ख़ाँ की अनुचित और अनावश्यक प्रशंसा करके अपने दो विश्वासपात्र सहयोगियों के बीच अनजाने में ईर्ष्या के बीज बो दिए।

शाही सेना ने कन्धार क़िले पर कब्ज़ा करने के अनेक प्रयास किये किन्तु सफलता उससे दूर ही रही। मुग़ल सेना कन्धार क़िले पर कब्ज़ा नहीं कर सकी। इसके अनेक कारण थे। मुग़ल सेना में एकता की कमी थी, दारा में नेतृत्व के गुणों एवं सैनिक क्षमता का अभाव था, सैनिक अफ़सरों के बीच ज़बर्दस्त ईर्ष्या और सेना में अनुशासन की कमी थी। दारा का कुछ लोगों पर अत्यधिक भरोसा करना और सेना में भाईचारे का अभाव भी पराजय का कारण था। मुग़ल सरदार व्यक्तिगत उत्कृष्टता प्राप्त करने पर ज़ोर देते थे और उनमें समान उद्देश्य के प्रति निष्ठा नहीं थी।

दारा कुछ अनुभवहीन लोगों पर अत्यधिक भरोसा करता था और वरिष्ठ, अनुभवी सेनापतियों की उपेक्षा करता था। दारा ने सभी को आगे बढ़ने का समान अवसर नहीं दिया। दारा ने अपने व्यवहार और आचरण से जयसिंह, महाबत ख़ाँ, इज़्ज़त ख़ाँ, किलिच ख़ाँ और राजा रूप सिंह को नाराज़ कर दिया। अत: इन सब ने अभियान में आधे-अधूरे मन से हिस्सा लिया। इस स्थिति में सफलता की उम्मीद कैसे की जा सकती थी ?

दारा ने तीन कन्धार अभियानों में हिस्सा लिया। पहले दो अभियानों में उसे युद्ध का सामना नहीं करना पड़ा। तीसरे युद्ध में वह कोई रण कौशल नहीं दिखा सका बल्कि अपने मुँहलगे कुछ सरदारों को अनुचित बढ़ावा देकर उसने शाही सेना के कुछ वरिठ अधिकारियों को नाराज़ कर दिया। उत्तराधिकार के युद्ध में उसे इसकी भारी क़ीमत चुकानी पड़ी। कन्धार हमले में कितने लोग मारे गए, निश्चित रूप से नहीं कहा जा सकता। तथापि, मरने वालों की संख्या किसी भी तरह दो हज़ार से कम नहीं हो सकती। फ़ारसियों ने मृत मुसलमान सैनिकों के शव दफ़्न करने के लिए मुग़ल सेना को दे दिए लेकिन हिन्दू सैनिकों के सिर काट कर चील कौवों को डाल दिये।

दारा युद्ध को सर्दियों में भी जारी रखना चाहता था लेकिन शाहजहां ने इसकी इजाज़त नहीं दी। 28 सितम्बर, 1653 को दारा हिन्दुस्तान रवाना हुआ। वह 22 नवम्बर को लाहौर और 26 दिसम्बर को शाहजहांनाबाद (दिल्ली) पहुँचा। दारा

और सुलेमान शुकोह का ऐसे स्वागत किया गया मानो वह कोई बड़ी जंग जीत कर आया हो। दरबार के उच्च पदाधिकारियों ने दोनों को दीवान-ए-आम पहुँचाया। दारा ने शाहजहां को 1,000 अशर्फ़ियाँ नज़र में पेश कीं। शाहजहां ने दारा का हार्दिक स्वागत किया। उसे ख़िलअत, निमअस्तीन और दो इराक़ी घोड़े भेंट किए।

दारा की सिफ़ारिश पर सम्राट के अगले जन्मदिन पर ज़फ़र को खाई खोदने के लिए बरकन्दाज़ ख़ाँ की उपाधि दी गई। दारा के एक और प्रिय, फ़क़ीर ख़ाँ को 2,000 जात और 1,000 सवार के पद पर बहाल किया गया। महाबत ख़ाँ, नेजाबत ख़ाँ, किलिच ख़ाँ को कोई सम्मान नहीं दिया गया। मिर्ज़ा राजा जयसिंह के पुत्र राम सिंह को 500 जात का अतिरिक्त मनसब दिया गया। मिर्ज़ा राजा को ख़िलअत दी गई। जसवन्त सिंह को छह हज़ारी और महाराजा का पद दिया गया।

अध्याय छह

सुखद और गौरवपूर्ण वर्ष

कन्धार अभियान और उत्तराधिकार युद्ध के बीच का कुछ समय दारा शुकोह के लिए बेहद सुखद और गौरवपूर्ण रहा। इस दौरान उसने साहित्यिक, राजनीतिक और कूटनीतिक क्षेत्र में उल्लेखनीय सफलताएँ प्राप्त कीं। दारा शुकोह और जहांआरा मुग़ल दरबार के सबसे प्रभावशाली और शक्तिशाली सदस्य थे। ये दोनों मिल कर सभी महत्वपूर्ण फ़ैसलों को प्रभावित करते थे। सत्ता के समस्त सूत्र लगभग उनके हाथों में थे। शाहजहां के तख़्ते ताऊस के नज़दीक दारा शुकोह का सोने का सिंहासन रहता था। शाहजहां का यह लाड़ला पुत्र अपने पिता को हर मामलों में महत्वपूर्ण सलाह देता था और अधिकांश मामलों में उसकी सलाह मान ली जाती थी।

शुजा बंगाल में, औरंगज़ेब दक्षिण में और मुराद गुजरात में था। दारा के समर्थक और हितचिन्तक समय-समय पर उसे आगामी ख़तरे (उत्तराधिकार के युद्ध) का संकेत देते थे और अपनी स्थिति मज़बूत करने को कहते थे लेकिन दारा उनकी बात को गम्भीरता से नहीं लेता था। वह अपनी साहित्यिक-आध्यात्मिक खोज में खोया रहता था। तथापि, यह कहना पूरी तरह सही नहीं है कि दारा ने अपनी स्थिति मज़बूत करने की कोशिश नहीं की। अकबर के शासनकाल से राजपूत मुग़ल प्रशासन और सेना के अभिन्न अंग थे। अकबर ने राजपूतों के साथ विवाह सम्बन्ध स्थापित करके उन्हें प्रशासन और सेना में सर्वोच्च पद सौंपे थे। दारा स्वयं अकबर की 'सुलह कुल' नीति का पक्का समर्थक था। अत: वह अन्य धर्मों को आदर एवं सम्मान से देखता था।

दारा राजपूतों को मुग़ल सेना की ढाल समझता था। अत: उसने 1846 में अपने पुत्र सुलेमान शुकोह का विवाह मिर्ज़ा राजा जयसिंह की भानजी से करने का प्रस्ताव किया था। इस विवाह के ज़रिये दारा शुकोह राजपूतों से अपने सम्बन्ध और प्रगाढ़ करना चाहता था। इसके लिए उसने मिर्ज़ा राजा को यह पत्र लिखा था, "क्योंकि राव अमर सिंह राठौर की लड़की आपकी बहिन की बेटी है, अच्छा होगा

कि उसकी सगाई कहीं और नहीं की जाए। अगर यह लड़की कोई और होती (आपकी बहिन की पुत्री नहीं होती) तो आप उसका विवाह अपनी इच्छानुसार कहीं भी कर सकते थे। मैं चाहता हूँ कि आप और आपके रिश्तेदार मेरे पुत्र सुलेमान शुकोह के साथ विवाह सम्बन्ध में बँध जाएँ। मैंने यह बात आपको इसलिए बताई है क्योंकि मैं आपको अपना सच्चा हितचिन्तक और विशेष मित्र मानता हूँ और अपनी सर्वोच्च कृपा का अधिकारी समझता हूँ।''

दारा की दृष्टि में लड़की की सबसे बड़ी योग्यता मिर्ज़ा राजा के साथ उसकी रिश्तेदारी थी। उसके साथ वैवाहिक सम्बन्ध कर वह मिर्ज़ा राजा के साथ अपने सम्बन्धों को और मज़बूत करना चाहता था। दारा नहीं चाहता था कि इस लड़की का सम्बन्ध शाहजहां के किसी अन्य पौत्र के साथ हो। यह पत्र लिखने के कुछ समय बाद इस लड़की की सगाई सुलेमान शुकोह के साथ कर दी गई। यद्यपि विवाह आठ वर्ष बाद 1654 में सम्पन्न हुआ। तीसरे कन्धार अभियान के दौरान मिर्ज़ा राजा जयसिंह और दारा शुकोह के सम्बन्धों में कटुता आ गयी थी। दारा ने विवाह सम्बन्ध करके कन्धार में उत्पन्न ग़लतफ़हमी को भी दूर करने का प्रयास किया था। इस विवाह के दो वर्ष बाद 26 अक्तूबर, 1656 को सुलेमान शुकोह का एक और विवाह ज़फ़र ख़ाँ के छोटे भाई की पुत्री के साथ किया गया। यह विवाह मुसलमान सरदारों की भावनाओं का सम्मान करने के लिए किया गया। ज़फ़र ख़ाँ के साथ मुमताज़ महल की छोटी बहन का विवाह हुआ था।

दारा ने मिर्ज़ा राजा जयसिंह की भानजी के साथ विवाह सम्बन्ध सामरिक दृष्टि से अपनी स्थिति मज़बूत करने के लिए किया था लेकिन दारा को इसका लाभ नहीं मिला। मिर्ज़ा राजा जयसिंह कन्धार अभियान के दौरान दारा से नाराज़ हो गए थे। विवाह के बावजूद उनकी नाराज़गी दूर नहीं हुई और उत्तराधिकार युद्ध के दौरान शाहजहां के जीवनकाल में ही वह दारा का साथ छोड़ औरंगज़ेब के सहयोगी बन गए। बाद में जसवन्त सिंह को दारा से अलग करने और दारा को गिरफ़्तार करने में उन्होंने जो सूझ-बूझ और तत्परता दिखाई, उससे उनकी नाराज़गी का पता चलता है। यही नहीं, उन्होंने दारा के पुत्र सिपिर शुकोह को पकड़ने और दरबार में पेश करने में भी इतनी ही कुशलता और तेज़ी दिखाई।

राजपूताना से दिल्ली लौटने के बाद शाहजहां ने 3 फ़रवरी, 1655 को दारा को अपने छियासठवें जन्मदिन पर एक भव्य दरबार में सम्मानित किया। इस अवसर पर शाहजहां ने बहुमूल्य रत्नों, मोतियों से जड़ी एक पोशाक दारा को दरबार में आने से पहले पहनने के लिए भेजी। इस पोशाक में ढाई लाख रुपये मूल्य के रत्न

जड़े थे। दारा उस पोशाक को पहन कर दरबार में आया, जहाँ शाहजहां का तुलादान किया जा रहा था। तुलादान समारोह की समाप्ति पर शाहजहां ने अपने सिर से एक 'सरबन्द' उतारा और उसे स्वयं दारा के सिर पर बाँधा। इस सरबन्द में एक गुलाबी लाल और मोतियों की दो बड़ी लड़ियाँ लगी थीं। इसका मूल्य साढ़े चार लाख रुपये आँका गया था। इसके अलावा दारा को उपहार में 30 लाख रुपये नगद और *शाह-ए-बुलन्द* की उपाधि दी गई। शाहजहां ने दारा से तख़्ते ताऊस के बगल में रखे एक स्वर्ण सिंहासन पर बैठने को कहा। थोड़ी हिचकिचाहट के बाद दारा अपने आसन पर बैठ गया।

दारा को इस सम्मान को पाकर असीम प्रसन्नता हुई। उसने अपने धार्मिक गुरु पीर मुल्ला शाह बदख़शानी को लिखा, "ख़िलअत बाँटने और पदोन्नतियों की घोषणा करने के बाद जहाँपनाह ने कहा, "मेरे बच्चे, मैंने प्रण किया है कि अब मैं तुम्हें बताए बिना और तुमसे सलाह लिए बिना कोई महत्वपूर्ण काम और कोई बड़ा फ़ैसला नहीं करूँगा।.........मैं अल्लाह का शुक्रगुज़ार हूँ कि उसने मुझे तुम जैसा पुत्र दिया।"

सम्राट ने अपने सरदारों और दरबारियों को दारा के महल में जाकर उसे मुबारकबाद देने का भी आदेश दिया। स्वयं सम्राट भी कुछ दिन बाद राजसी ताम-झाम के साथ दारा के महल में उसे शाह की उपाधि मिलने पर मुबारकबाद देने गए। इस उपाधि को पाने के बाद प्रशासन में दारा का योगदान काफ़ी बढ़ गया।

अध्याय सात

सूफ़ी सन्तों का प्रभाव

दारा अपनी यौवनावस्था में अनेक हिन्दू-मुसलमान रहस्यवादियों के सम्पर्क में आया। दारा ने उनसे उनके आचार-विचार, आराधना पद्धतियों और धार्मिक पुस्तकों की जानकारी प्राप्त की। इनमें से अनेक कट्टरता के निरर्थक बोझ से दबी व्यक्ति की आत्मा की मुक्ति के समर्थक थे। विभिन्न मतावलम्बियों के सम्पर्क से दारा का दृष्टिकोण व्यापक हुआ और वह धर्म का मूल सार समझने में समर्थ हुआ। दारा क़ादिरी शाखा के सूफ़ी सन्त मियाँ मीर और मुल्ला शाह बदख़शानी से प्रभावित हुआ। इन दोनों सन्तों ने उसे सूफ़ीवाद के उदार विचारों और शिक्षा से परिचित कराया।

दारा उदार और स्वतन्त्र विचारों के कारण कट्टरपन्थी विद्वानों की क़ुरान की व्याख्याओं को स्वीकार नहीं करता था। उसके शिक्षक मुल्ला अब्दुल लतीफ़ सुल्तानपुरी ने उसे स्वतन्त्र चिन्तन की सीख दी थी। दारा ने पवित्र क़ुरान और हदीस (पैगम्बर मुहम्मद से सम्बन्धित परम्पराएँ) का गहन अध्ययन किया था। उसने बचपन से ही सूफ़ी साहित्य का अध्ययन किया था। इसके परिणाम स्वरूप उसकी दिलचस्पी इस्लाम की उदार व्याख्या और इस्लामी रहस्यवादियों की रचनाओं के अध्ययन में थी। दारा ने इस बात को अपनी रचना *सीर-ए -अकबर* में स्वीकार किया है।

सूफ़ी विचारधारा इस्लाम का आन्तरिक रहस्यवादी विस्तार है। इस परम्परा का पालन करने वालों को 'सूफ़ी' कहा जाता है। सूफ़ीवाद की परिभाषा उस विज्ञान के रूप में की गयी है जिसका उद्देश्य हृदय का उद्धार करना और उसका ध्यान अन्य वस्तुओं से हटा कर ईश्वर की ओर लगाना है। सुप्रसिद्ध सूफ़ी शिक्षक अहमद इल अजीबा के अनुसार, "यह वह विज्ञान है जिसके ज़रिये इनसान यह जान सकता है कि ख़ुदा या ईश्वर के समीप कैसे पहुँचा जा सकता है, अपने अन्त:करण को कैसे शुद्ध रखा जा सकता है और उसे कैसे प्रशंसनीय गुणों से सुन्दर बनाया जा सकता है।"

इंद्रिस शाह के अनुसार, सूफ़ी विचारधारा विश्वव्यापी है और इसकी जड़ें इस्लाम से पुरानी हैं। सूफ़ी निश्चित सिद्धान्तों वाला कोई पन्थ अथवा सम्प्रदाय नही है। कोई भी व्यक्ति जिसे भीतरी और बाहरी ज्ञान है, सूफ़ी है। सूफ़ी मत का कोई संस्थापक या प्रवर्तक नहीं था। सूफ़ीवाद हमेशा से है। संक्षेप में सूफ़ीवाद यह जानने का प्रयास करता है कि मनुष्य का सच्चा स्वरूप क्या है? जीवन का उद्देश्य क्या है और उसे कैसे प्राप्त किया जा सकता है? आत्मज्ञान या आत्मसिद्धि में जीवन का रहस्य केंद्रित है। इसे प्राप्त करना सभी रोगों की दवा है। यही जीवन के सभी क्षेत्रों का राज है। मानवता इसे भूल गयी है अत: वह कष्ट में है। पिछले हज़ार वर्षों के दौरान सूफ़ीवाद सभी महाद्वीपों और संस्कृतियों में फैल गया है। अधिकांश सूफ़ी धर्म संघ सुन्नी हैं। वे अपना उद्गम इस्लाम के पैग़म्बर मुहम्मद से बताते हैं। कुछ मुसलमानों का मानना है कि सूफ़ीवाद इस्लाम से बाहर है।

'सूफ़ी' शब्द की उत्पत्ति *सफ़* यानी ऊन या *सफ़ा* यानी शुद्धता से हुई है। प्राचीन मुस्लिम सन्त ऊन का चोगा पहिनते थे। अल रुधावरी ने दोनों को मिला कर कहा—सूफ़ी वह है जो शुद्धता के साथ ऊन का चोगा पहिनता है। कुछ इस शब्द की उत्पत्ति *अशब अस सफ़ा* यानी पैग़म्बर मुहम्मद के ग़रीब सहयोगियों से करते हैं, जो उनकी मस्जिद के बरामदे में समय गुज़ारते थे। फ़ारसी इतिहासकार आबू रेहान अल बरूनी इस शब्द की उत्पत्ति ग्रीक शब्द *सोफ़िया* से निकालते हैं जिसका अर्थ विवेक (बुद्धिमानी) होता है।

इस्लाम के रहस्यवादी सूफ़ी कहे जाते हैं। प्रोफ़ेसर के. ए. निज़ामी के अनुसार, सूफ़ीवाद उच्च स्तर के विचारों का स्वरूप है। सूफ़ी मत भाईचारे का सन्देश देता है। वह सभी धर्मों का सम्मान करता है। उसका कहना है कि अगर तुम अपने धर्म कि का आदर करना चाहते हो तो अन्य धर्मों का आदर करो।

सूफ़ी धार्मिक जीवन की रहस्यमय व्याख्या इसके धर्म संघों और सन्तों ने की है। इस्लाम में इस तरह के बहत्तर से अधिक सम्प्रदाय हैं। इनमें से चिश्ती, सुहरावर्दी और क़ादिरी भारत में अधिक लोकप्रिय हैं। *मुजाहदत* अथवा शुद्धिकरण और *मुशाहदत* अथवा आराधना-चिन्तन के सम्बन्ध में इनमें से प्रत्येक की अपनी व्यवस्था और सिद्धान्त हैं। आराधना के तरीक़ों और फ़क़ीरों के अनुशासन के बारे में अन्तर के बावजूद ये सभी सम्प्रदाय ईश्वर के निकट पहुँचने के बुनियादी सिद्धान्तों और व्युत्पत्ति के बारे में एकमत हैं।

सूफ़ीवाद ने एक विशिष्ट जीवन दर्शन विकसित करने में महत्वपूर्ण भूमिका

अदा की है जबकि उसके विभिन्न धर्म संघों ने इस जीवन दर्शन को आम जनता तक पहुँचाने और उनके दैनिक जीवन में लागू करने का कार्य किया है। सूफ़ियों के रहस्यवादी सम्पर्क, ज्ञान सम्पन्न दयालुता और उदार दृष्टिकोण ने लोगों की आहत धार्मिक भावनाओं पर मरहम लगाने का कार्य किया। हिन्दू मुसलमान—दोनों उसकी ओर आकृष्ट हुए। कुछ मुसलमान राजा भी उससे प्रभावित हुए। अकबर चिश्ती संप्रदाय का अनुयायी था। जहांगीर का जन्म शेख़ सलीम चिश्ती के घर हुआ था जो फतेहपुर सीकरी में एक सुन्दर मकबरे में दफ़्न हैं।

चिश्ती सम्प्रदाय की स्थापना ख़्वाजा अब्दुल चिश्ती ने की थी। इसे भारत में ख़्वाजा मोईनुद्दीन ने फैलाया। वे अफ़ग़ानिस्तान में सिस्तान में पैदा हुए थे और 1192 में सुल्तान साहिब उद्दीन गोरी के साथ भारत आए थे। वे कुछ समय तक दिल्ली में रहे। 1195 में वे स्थायी रूप से अजमेर में बस गए। उनका निधन 1233 में 91 वर्ष की उम्र में हुआ। सोलहवीं शताब्दी में सम्राट अकबर ने उनकी मज़ार को एक सुन्दर दरगाह का रूप प्रदान किया। दरगाह के रख-रखाव के लिए 16 गांव प्रदान किए और उसकी देखभाल के लिए कुछ कर्मचारी रखे। इन कर्मचारियों के वंशज अभी भी दरगाह की सेवा करते हैं। अकबर ने दरगाह में एक मस्जिद, बुलन्द दरवाज़ा, शाहजहानी दरवाज़ा, निजाम दरवाज़ा, शाहजहानी मस्जिद और महफिलख़ाना बनवाया।

शाहजहां की पुत्री जहांआरा भी पहले ख़्वाजा साहेब की भक्त थी। उसने मज़ार के बाहर एक सुन्दर दालान, बेग़मो दालान बनवाया। उसने *मीनतुल अरवाह* में ख़्वाजा साहेब के बारे में लिखा है, "वहाँ से कोई मुरादी ख़ाली झोली लेकर नहीं लौटा।"

चिश्ती के शिष्य क़ुतुबुद्दीन बख़्तियार काकी ने दिल्ली में चिश्ती सम्प्रदाय स्थापित किया। उनके शिष्य शेख़ फरीद उद्दीन गंज ए शकर बाबा फरीद के नाम से जाने जाते हैं। चिश्ती संप्रदाय के सबसे प्रसिद्ध और पूज्य सन्त निज़ामुद्दीन औलिया थे। उन्हें फ़क़ीरों का सुल्तान कहा जाता है।

अमीर खुसरो निज़ामुद्दीन औलिया के शिष्य थे। आध्यात्मिकता के अलावा उन्होंने औलिया से अरबी, फ़ारसी का अपार ज्ञान प्राप्त किया। खुसरो का नाम अबुल हसन यमीनुद्दीन खुसरो था। उनका जन्म 1253 में पटियाली एटा, उत्तर प्रदेश में हुआ था। वे संगीतज्ञ, विद्वान और शायर थे। उन्हें 'क़व्वाली का जनक' कहा जाता है। क़व्वाली सूफ़ियों का भक्ति संगीत है। खुसरो ने प्रेम को उभार कर

लोगों को एक डोर में बाँधने का कार्य किया। उन्होंने बाहरी आडम्बर को छोड़ ईश्वर भक्ति का सच्चा और सरल मार्ग दिखाया। खुसरो की अधिकांश कविताएँ और रचनाएँ फ़ारसी में हैं। उन्होंने भारतीय शास्त्रीय संगीत में फ़ारसी और अरबी तत्व शामिल करके उसे समृद्ध किया। उन्होंने ख़याल और तराना संगीत शैली को जन्म दिया। कहा जाता है कि उन्होंने तबले का आविष्कार किया।

खुसरो ने हिन्दी में *कह मुकरनी, दो सुखना, पहेलियों,* निसबत और *ढकोसला* आदि की भी रचना की है। *कह मुकरनी* का अर्थ है—किसी बात को कहना और फिर उसे नकार देना। संस्कृत में इसे *प्रहेलिका* कहा जाता है। *दो सुखना* में दो सवालों का एक उत्तर बुद्धि का चमत्कार है। निसबत में दो वस्तुओं की समानता बताई जाती है। खुसरो ने कुछ द्विपदियों में फ़ारसी और हिन्दी—एक पंक्ति फ़ारसी और एक हिन्दी—दोनों का प्रयोग किया है। उन्होंने फ़ारसी-अरबी शब्दों को हिन्दीभाषियों के लिए सुगम बनाने और फ़ारसीभाषियों को हिन्दी से परिचित कराने के लिए *ख़ालिकबारी* की रचना की। यह रचना पद्य में है और सबसे अधिक पढ़ी जाती है। यह एक तरह का *अमरकोश* है। कहा जाता है कि इसकी हज़ारों प्रतियाँ ऊँटों पर लाद कर देशभर में बाँटी गयी थीं।

खुसरो भारत से प्रेम करते थे। भारत की प्रशंसा में उन्होंने लिखा था :

अगर फिर्दोस बर रू ए ज़मीन अस्त
हमीन अस्त-ओ हमीन अस्त-ओ हमीन अस्त

अगर धरती पर कहीं स्वर्ग है तो वह यहाँ है, यहाँ है, यहीं है।

उनकी कुछ रचनाएँ अवलोकन के लिए प्रस्तुत हैं:

छाप तिलक तज दीन्ही रे तोसे नैना मिलाइके,
प्रेम बटी का मदवा पिलाइके,
मतवारीकर दीन्ही रे मोंसे नैना मिलाइके।
खुसरो निजाम पै बलि-बलि जइए,
मोहे सुहागन कीन्ही रे मोंसे नैना मिलाइके।

प्रस्तुत कविता में आत्मा-परमात्मा से मिलने को व्याकुल है। उसने प्रभु भक्ति में बाहरी आडम्बर यानि तिलक, छापा लगाना छोड़ दिया है। भक्ति की मदिरा पीकर वह बेसुध हो गयी है। उसने होशो-हवास खो दिया है। वह निज़ामुद्दीन

औलिया की आभारी है जिन्होंने उसे ईश्वर मिलन का मार्ग दिखा कर आनन्दित कर दिया है। वह उन पर सर्वस्व न्यौछावर करती हैं।

उनकी एक अन्य रचना है :

खुसरो दरिया प्रेम का, उलटी वाकी धार
जो उतरा सो डूब गया, जो डूबा सो पार

खुसरो का कहना है प्रेम की नदी उल्टी बहती है। जो इसके पार गया वह डूब जाता है जो डूब जाता है वह पार पहुँच जाता है।

खुसरो भारत को अपनी जन्मभूमि, अपनी माँ और अपना देश मानते थे। उन्हें भारतीय होने पर बड़ा नाज़ था। उनका कहना था कि सात कारणों से भारत विश्व का सर्वोत्तम देश है। अपने गुरु निज़ामउद्दीन औलिया की मृत्यु पर उन्होंने कहा था।

गोरी सोवे सेज पर, मुख पर डाले केस
चल खुसरो घर आपने, रैन भई चहुँ देस।।

दारा शुकोह ने *सफ़ीनात-उल-औलिया* में मियाँ मीर के साथ अपनी पहली भेंट की चर्चा की है। इसके अनुसार, जब वह 21 वर्ष की आयु में गम्भीर रूप से बीमार पड़ा उसके पिता शाहजहां उसे सन्त के पास ले गए जिनकी कृपा से वह एक सप्ताह में बिल्कुल ठीक हो गया। दारा की पत्नी नादिरा ने सम्राट (शाहजहां) की लाहौर यात्रा के दौरान विवाह के एक वर्ष के भीतर 21 मार्च, 1631 को एक पुत्री को जन्म दिया जो कुछ ही समय बाद मर गई। लड़की की मृत्यु से दारा को ज़बर्दस्त आघात लगा। इस दौरान क़ादिरी सन्त मियाँ मीर के आध्यात्मिक सन्देश से दारा को बहुत सांत्वना मिली। मियाँ मीर लाहौर में रहते थे। दारा शुकोह की उनसे यहीं भेंट हुई।

शाहजहां के लाहौर प्रवास के दौरान 1635 की शीत ऋतु में दारा शुकोह को मियाँ मीर के सन्देश को अधिक गहराई और विस्तार से समझने का अवसर मिला। मियाँ मीर की इसी वर्ष मृत्यु हो गई। उनकी मृत्यु के बाद दारा छह वर्ष तक आध्यात्मिक गुरु की तलाश करता रहा। उसने यह समय सन्तों की जीवनी और चमत्कारों के अध्ययन में लगाया।

फ़रवरी 1640 में दारा सम्राट के साथ कश्मीर गया और वहाँ सात महीने रहा। उसने मियाँ मीर के शिष्य मौलाना शाह बदख़्शानी और अन्य सन्तों की संगत

की। उनसे आध्यात्मिक ज्ञान प्राप्त किया और क़ादिरी सम्प्रदाय की दीक्षा प्राप्त की।

शेख़ मुहसिन फ़ानी 'सूफ़ी मत के पथिक' थे। *मिरात-उल-खियाल* के अनुसार वह कश्मीर के निवासी थे। वह कुछ समय तक इलाहाबाद के सदर या दीवानी न्यायाधीश भी रहे। फ़ानी ने बल्ख के सरदार की प्रशंसा में एक पुस्तक लिखी थी। जब यह बात शाहजहां की जानकारी में आई तो उसने नाराज़ होकर फ़ानी को सदर पद से हटा दिया लेकिन उसके लिए पर्याप्त वार्षिक भत्ता मंज़ूर कर दिया। फ़ानी अत्यन्त सभ्य और सुसंस्कृत व्यक्ति थे। दारा और फ़ानी की मित्रता दारा के कश्मीर प्रवास के दौरान हुई थी। कश्मीर में फानी आध्यात्मिक सन्त के रूप में प्रसिद्ध थे। लोग बड़ी संख्या में उनसे मिलने और उनके उपदेश सुनने आते थे। फ़ानी की मृत्यु 1671 में कश्मीर में हुई।

क़ादिरी संप्रदाय ग्यारहवीं शताब्दी में शेख़ अब्दुल क़ादिर गिलानी ने शुरू किया। वह पीर दस्तगीर के नाम से अधिक जाने जाते हैं। उनका जन्म 1060 ईस्वी में गिलान में हुआ था। 18 वर्ष की उम्र में वह अध्ययन के लिए बगदाद पहुँचे। वहाँ उन्होंने इस्लामी धर्म ग्रन्थों, क़ानून और *'फ़ुका'* का अध्ययन किया। क़ादिरी संप्रदाय एशिया के सुन्नी मुसलमानों का सबसे लोकप्रिय संप्रदाय है। क़ादिरी संप्रदाय सहिष्णु और उदार है। यह लगभग तीन सौ वर्ष बाद (1482) भारत पहुँचा, जब गिलानी के वंशज *शेख़ बन्दगी मुहम्मद गौथ* भारत आए और बहावलपुर राज्य में उच में रहने लगे। गौथ की 1517 में मृत्यु हो गयी लेकिन उनके उत्साही अनुयायियों ने उनके प्रेरणास्पद सन्देश को सम्पूर्ण भारत में ख़ूब फैलाया। यह संप्रदाय उत्तर भारत, पंजाब और कश्मीर में काफ़ी फला-फूला। मियाँ मीर और मुल्ला शाह बदखशानी ने इसे संगठनात्मक रूप प्रदान किया।

दारा आध्यात्मिक क्षेत्र में एक खोजी था। वह फ़क़ीरों, साधुओं, संन्यासियों का सत्संग पसन्द करता था। क़ादिरी शाखा के सन्त मियाँ मीर और मुल्ला शाह बदख़शानी से प्रभावित होकर उसने क़ादिरी सम्प्रदाय की दीक्षा ली लेकिन *तौहिद* अथवा ईश्वर की एकता उसे अन्य सन्तों के सम्पर्क में लाई जिनके साथ उसने इस विषय में गम्भीर चर्चा की। दारा शाह मुहीबुल्ला, शाह दिलरुबा, शेख़ मुहासिन फ़ानी, सरमद, शाह मुहम्मद लिसानुल्लाह रोस्तकी, बाबा लाल दास वैरागी, कवीन्द्राचार्य सरस्वती और सन्त विद्वान जगन्नाथ के सम्पर्क में आया।

शेख़ दिलरुबा को लिखे गए दारा के छह पत्र मिलते हैं। ये पत्र दारा ने शेख़ के पत्रों के उत्तर में लिखे हैं। शेख़ के पत्र उपलब्ध नहीं हैं। दारा ने शेख़ को दरबार

में आमन्त्रित किया था लेकिन शेख़ दरबार में नहीं गए। दारा ने एक पत्र में शेख़ को लिखा है—मैं सिर के बल चल कर आपके पास आना चाहता हूँ। इससे पता लगता है कि दारा शेख़ का कितना सम्मान करता था। दारा और मियाँ मीर के बीच घनिष्ठ सम्बन्धों का संकेत दारा की रचनाओं में मिलता है। दारा ने मियाँ मीर के जीवन, चमत्कारों और शिक्षा का वर्णन अपनी रचना *सकीनात-उल-औलिया* में किया है।

दारा ने लिखा है, ''यह फ़क़ीर दारा भक्तों के उस वर्ग में से है, जो स्वाभाविक रूप से ख़ुदा (ईश्वर) की ओर आकृष्ट होते हैं ..... वह देवत्व के रहस्य को सन्तों और महात्माओं की कृपा से जान सका है। इसके बाद उसे इन लोगों की संगत से लाभ हुआ है उसने उनकी शिक्षा की असलियत के बारे में जांच की है ..... एक दिन रात को उसे प्रेरणा हुई कि ख़ुदा तक पहुँचने का सर्वोत्तम मार्ग क़ादिरी संप्रदाय होकर है।''

दारा पहले अपने पूर्वजों की तरह चिश्ती संप्रदाय के ख़्वाजा मोइनुद्दीन चिश्ती का अनुयायी था। दारा शुकोह के परदादा अकबर सन्त ख़्वाजा मोइनुद्दीन चिश्ती के भक्त थे। अकबर के बाद जहांगीर और शाहजहां भी चिश्ती सम्प्रदाय के अनुयायी थे। उसकी बहिन जहांआरा भी इसी संप्रदाय की अनुयायी थी। उसने ख़्वाजा की जीवनी 'मुनीस-उल-अखा' अथवा *आत्माओं के सुखदाता* भी लिखी थी। भाई-बहिन को चिश्ती संप्रदाय छोड़ने एवं क़ादिरी बनने में कुछ हिचकिचाहट हुई लेकिन मियाँ मीर के आकर्षक व्यक्तित्व, धर्मपरायणता और मानव प्रेम के कारण वे अन्ततः क़ादिरी संप्रदाय में दीक्षित हो गए। अब्दुल कादिर गिलानी का कहना था दोजख (नर्क) के द्वार सबके लिए बन्द कर दिये जाएँ लेकिन बहिश्त (स्वर्ग) के द्वार मुसलमानों के साथ-साथ काफ़िरों (हिन्दुओं और अन्य धर्मावलम्बियों) के लिए भी खोल दिये जाएँ। दारा उनकी इस बात से बहुत प्रभावित था।

क़ादियानी पन्थ में दीक्षित होने से दारा की आध्यात्मिक मुक्ति और आत्म ज्ञान का मार्ग खुला। उसने ज्ञान की खोज में यहूदियों, ईसाइयों और हिन्दुओं के धर्मग्रन्थों का अध्ययन किया। अपने अध्ययन के परिणाम स्वरूप वह इस नतीजे पर पहुँचा कि सभी धर्म मनुष्य को ईश्वर की ओर ले जाते हैं। उनके मार्ग अलग-अलग हैं लेकिन सभी का लक्ष्य एक है।

मियाँ मीर और शाह मुल्ला का दारा पर अत्यधिक आध्यात्मिक प्रभाव पड़ा। वह उनकी चर्चा अत्यधिक सम्मान के साथ करता है और उनके इस कथन का

ईश्वर एक है, अनेक बार उल्लेख करता है। वह उनकी इस बात से भी सहमत था कि ईश्वर के समीप पहुँचने का निश्चित मार्ग आत्मा का विस्तार करना है। दारा का विश्वास था कि बुनियादी रूप से सभी धर्मों का उद्‌देश्य समान है। उसने यह पता लगाने का प्रयास किया कि हिन्दुत्व और इस्लाम में कौन सिद्धान्त समान हैं। अमीर खुसरों की कृतियों और अन्य शोध कार्यों से उसके इस विश्वास की पुष्टि हुई।

दारा ने लिखा—दैवी शान्ति सभी धर्मों का समान उद्‌देश्य है। अपने इस विचार को उसने *रास्ता-ए-हकनुमा* में अधिक विस्तार से प्रकट किया। उसके लिए धर्म का बाहरी स्वरूप निरर्थक था। धर्म का सार और उसकी खोज उसे दिन-रात परेशान करती थी। उसका महत्व इसमें है कि उसने अकबर की तरह धर्म और राजनीति को अलग करने का प्रयास किया और प्रतिकूल परिस्थितियों में उदारवादी विचारों को पोषित किया। तीन सौ वर्षों बाद स्वतन्त्र भारत के संविधान निर्माताओं ने इन्हीं विचारों को आधार बना कर संविधान की रचना की।

कुछ लोगों का कहना है दारा का आध्यात्मवादी दृटिष्कोण और हिन्दुत्व के प्रति उसका झुकाव राजनीतिक उद्‌देश्यों के लिए था। वह हिन्दू मुसलमान—सभी वर्गों की प्रजा का स्नेहभाजन बनना चाहता था। दारा की रचनाओं को पढ़ने से स्पष्ट हो जाता है कि यह आरोप निराधार है। दारा के विचारों में राजनीति का दूसरा स्थान था। उसकी प्राथमिकता धार्मिक रहस्यवाद का अध्ययन था।

ब्रह्माण्ड की उत्पत्ति, तत्व ज्ञान और रहस्यमय प्रतीकवाद सम्बन्धी उसकी जानकारी से पता चलता है कि उसने इन विषयों का गम्भीर अध्ययन किया था। दारा शिकोह की दिलचस्पी सत्य की खोज थी।

दारा ने अपने सम्पूर्ण जीवन का अधिकांश समय और ऊर्जा हिन्दू-मुसलमानों को एक-दूसरे के निकट लाने में बिताई। उसने उस युग में दोनों धर्मों का तुलनात्मक अध्ययन करके यह सिद्ध किया कि दोनों धर्मों के बुनियादी आदर्श समान हैं। हिन्दू–मुसलमानों में मुख्य मतभेद मूर्तिपूजा को लेकर था। इस्लाम एक ईश्वर, अल्लाह में विश्वास करता था। वह मूर्तिपूजा और ईश्वर के अनेक रूपों का विरोध करता था। दारा ने हिन्दुओं के प्राचीन धर्मग्रन्थों का फ़ारसी में अनुवाद किया ताकि मुसलमान जान सकें कि हिन्दू भी एक ईश्वर को मानते हैं।

अध्याय आठ

दारा की रचनाएँ : सन्तों की जीवनियाँ

दारा के रचनाकाल को दो भागों में विभाजित किया जा सकता है। पहला है--1639 से 1647 और दूसरा है--1650-1656. पहले रचनाकाल के दौरान दारा सूफ़ी विचारधारा से प्रभावित था। 1647 में उसने यहूदी, ईसाई, हिन्दू धर्मों का गहन अध्ययन शुरू किया। वह इन धर्मों के मूल सिद्धान्तों का ज्ञान प्राप्त करके उनका इस्लाम के सिद्धान्तों से समन्वय करना चाहता था। सम्भवत: इसी दौरान वह सन्त सरमद के सम्पर्क में आया। सरमद के शिष्य अभय चन्द ने बाइबल के कुछ भाग का फ़ारसी में अनुवाद किया था। दारा शुकोह के लिए ईसाई मत की जानकारी प्राप्त करने के लिए यह पुस्तक प्रमुख साधन थी। ईसा मसीह के जीवन, शिक्षा उपदेशों और ईसाई मत से सम्बन्धित भजनों के बारे में आगरा के *जेसुइट* पादरियों के कारण काफ़ी जानकारी उपलब्ध थी। चार *जेसुइट* पादरी दारा के निकट सम्पर्क में थे। जब ये लोग अन्य धर्मावलम्बियों के तर्कों को काट कर ईसाई मत को श्रेठ ठहराते थे तो दारा विवाद को दिलचस्पी से सुनता था।

हिन्दुत्व और इस्लाम काफ़ी समय से एक-दूसरे के सम्पर्क में थे। अलबरूनी और अबुल फ़ज़ल ने हिन्दू दर्शनशास्त्र की छह पद्धतियों से मुसलमानों को परिचित करा दिया था। अकबर ने अनेक हिन्दू धर्मग्रन्थों का फ़ारसी में अनुवाद करा कर उन्हें मुसलमानों को सुलभ करा दिया था। दारा ने भी इस दिशा में महत्वपूर्ण योगदान किया। दारा के लिए उसके मुँशी बनवालीदास ने प्रसिद्ध दार्शनिक नाटक *प्रबोध चन्द्रोदय* का हिन्दी से फ़ारसी में अनुवाद किया। इस कार्य में ज्योतिषी भवानीदास ने उसकी सहायता की।

दारा के अनुसार, यौवनावस्था के शुरू में एक रात सपने में एक देवदूत (हातिफ़) ने उससे कहा कि ख़ुदा ने तुझे कृपा करके वह प्रदान किया है जो उसने कभी किसी राजा को प्रदान नहीं किया। इसके बाद दारा की भक्ति ने बौद्धिक रूप ले लिया और उसने अपने समय का उपयोग सन्तों की जीवनियाँ और उपलब्धियाँ

लिखने में लगााया। उसने यह कार्य श्रद्धा एवं भक्ति के साथ किया। इससे उसकी कल्पना को प्रेरणा और मस्तिष्क को दिशा मिली।

दारा की प्रारम्भिक रचनाएँ सूफ़ी विचारधारा, आचार-विचार, सूफ़ी सन्तों की जीवनियों, सूफ़ी सूक्तियों और आध्यात्मिक मार्ग पर चलने के विभिन्न चरणों के बारे में हैं। इन पुस्तकों में उनके अनुष्ठानों और चमत्कारों का भी वर्णन है।

दारा सन्तों के चमत्कारों से बहुत प्रभावित था। दरबार के इतिहासकार अब्दुल हामिद ने कुछ दिलचस्प घटनाओं का वर्णन किया है, जिनसे पता लगता है कि दारा सन्तों के चमत्कारों पर आँख मूँद कर भरोसा करता था। एक अवसर पर गवैये, मदारी, बाजीगर दरबार में उपस्थित लोगों का मनोरंजन कर रहे थे। शेख़ नज़ीर भी वहाँ निमन्त्रित थे जो करामात दिखाने के लिए मशहूर थे। अचानक ही वे बहुत ख़ुश होकर बुदबुदाने लगे और उन्होंने एक गिलास पानी माँगा और फिर गिलास अन्य लोगों की तरफ बढ़ा दिया। गिलास का पानी काफ़ी लोगों ने पिया। जिस किसी ने भी पानी पिया वह कहने लगा, यह तो शुद्ध शहद है। दारा शुकोह और क़ाज़ी मुहम्मद इस्लाम ने सम्राट को बताया कि आगरा में शेख़ ने हमारी मौजूदगी में एक बार पानी की एक सुराही को और दूसरी बार एक रूमाल को कबूतर बना दिया था। उन्होंने यह भी बताया कि एक बार शेख़ ने उनके हाथ में घास का एक तिनका रखा जिसे उन्होंने कीड़ा बना दिया।

राजा विक्रमजीत ने भी शेख़ नजीर के अनेक चमत्कारों का वर्णन किया। उन्होंने बताया कि एक बार मैं शेख़ नज़ीर को नमाज़ अदा करते देख रहा था। मैंने देखा कि नमाज़ अदा करते समय शेख़ की काली दाढ़ी सफ़ेद हो गयी है, उनका सिर धड़ से अलग हो गया है और फिर कुछ देर बाद फिर धड़ से मिल गया है। अब्दुल हामिद ने विकमजीत के कथन की पुष्टि की।

सफीनात-उल-औलिया दारा की पहली रचना है। इसमें इस्लाम के उदय से दारा के जीवनकाल के पच्चीसवें वर्ष तक के सन्तों का जीवन परिचय और उनकी शिक्षा का वर्णन है। क़ादिरी सम्प्रदाय के संस्थापक अब्दुल कादिर अल जिलानी के जीवन का, जो पीर दस्तगीर के नाम से अधिक जाने जाते हैं, अधिक विस्तार से वर्णन है। दारा ने इस बात पर ज़ोर दिया है कि सही मार्ग पर चलने के लिए गुरु की ज़रूरत होती है। दारा का मत था कि सन्तों के प्रयास और आशीर्वाद से दुनिया चलती है। ईश्वर हमेशा मार्गदर्शन के लिए सन्तों को भेजता है। इसलिए पैग़म्बर के बाद सन्तों का स्थान है।

पुस्तक में संक्षिप्त विषय प्रवेश के बाद छोटी-सी भूमिका है। विषय प्रवेश में दारा सभी सन्तों के प्रति सम्मान की भावना प्रकट करते हुए बारह भागों में उनका वर्गीकरण करता है। प्रत्येक वर्ग के अनुरूप उसके बारह गुण और मूल स्रोत हैं जिससे वे प्रेरणा ग्रहण करते हैं। ये हैं : ईश्वर की एकता, भक्ति, ईमानदारी, सच्चाई, नम्रता, अपने आपको ईश्वर के अधीन छोड़ देना, सन्तोष, उदारता, विश्वास और बुद्धिमत्ता, प्रेम और एकान्तवास। भूमिका में क़ादिरी सम्प्रदाय को दूसरों से श्रेष्ठ ठहराया गया है।

इसमें उनके जीवन परिचय के अलावा उनकी शिक्षा और चमत्कारों का वर्णन है। इसकी रचना दारा ने अपने जीवन के पच्चीसवें वर्ष (21 जनवरी, 1640 ई.) में की। इसकी भूमिका में दारा ने लिखा है कि मेरे हृदय में सदैव से सन्तों के लिए असीम प्रेम और श्रद्धा का भाव है और मुझे उनकी असाधारण शक्ति पर पूरा विश्वास है। *सफीनात उल औलिया* पुस्तक विभिन्न भागों में विभाजित है। दारा का कहना है, "मैंने सन्तों के जीवन और शिक्षा के बारे में लिखा है ताकि अगर लोग उनसे व्यक्तिगत सम्पर्क न कर सकें तो उनके दिव्य जीवन और शिक्षा के बारे में पढ़ कर आनन्द उठा सकें। हर किसी को सन्मार्ग पर चलने के लिए आध्यात्मिक गुरु अथवा पीर के मार्गदर्शन की ज़रूरत होती है। ईश्वर अपने भक्तों को कभी अकेला नहीं छोड़ता। वह उनको रास्ता दिखाने के लिए सन्तों को भेजता है। पैग़म्बर के बाद सन्तों का स्थान है। सन्तों की कृपा से ही ईश्वर की प्राप्ति हो सकती है।"

दारा ने अध्यात्मिक एवं चमत्कारिक शक्ति के आधार पर सन्तों का वर्गीकरण किया है। पवित्र देवदूतों की श्रेणियाँ अलग-अलग ढंग से कार्य करती हैं और उनके सदस्य अपना मार्ग निर्धारित करते हैं। इनमें से कुछ गोपनीय और कुछ प्रकट हैं। सभी सन्त एक ही तरह के कार्य नहीं करते। उनका वास्तविक कार्य चमत्कार दिखाना नहीं है। वे ईश्वर के आदेशानुसार कार्य करते हैं और स्वयं को पूरी तरह ईश्वर के अधीन सौंप देते हैं। कुछ संन्यासी हो जाते हैं और अलग होकर जीवन बिताते हैं। कुछ सांसारिक जीवन बिताते हैं लेकिन वह भीड़-भाड़ में रहकर भी एकान्त जीवन बिताते हैं। ये सभी सन्त अपने विशेष कार्य में लगे रहते हैं। अत: उनका अनादर करना उचित नहीं है। वे ईश्वर के प्रिय हैं और वेश बदल कर धरती पर घूमते हैं। लोग उन्हें पहचानते नहीं हैं। केवल प्रभु की कृपा होने पर ही उन्हें पहचाना जा सकता है। सन्तों के इस सामान्य वर्गीकरण के अलावा दारा ने कालानुक्रम से चार सौ ग्यारह सन्तों का सुबोध शैली में संक्षिप्त परिचय दिया है। इस जीवन परिचय की विशेषता इसकी सरल शैली और सही मूल्यांकन है। मनुष्य के आध्यात्मिक

मार्गदर्शन के लिए एक पीर या गुरु आवश्यक है। सन्तों की कृपा से ही ईश्वर की कृपा प्राप्त की जा सकती है। सन्तों की मण्डली के प्रयास और आशीर्वाद से हमारी धरती स्थिर है और उन्हीं की कृपा से हमें दैवी ज्ञान प्राप्त होता है।

सकीनात-उल-औलिया सन्तों की जीवनी पर दारा की दूसरी पुस्तक है। इस पुस्तक में केवल कादरी सम्प्रदाय के भारतीय सन्तों का उल्लेख है। यह पुस्तक दारा ने 28 वर्ष की उम्र में 1642 में पूरी की जब वह पंजाब का सूबेदार था। अपने इस कार्यकाल के दौरान उसकी भेंट मियाँ मीर और मुल्ला शाह बदख़शानी से हुई थी। दारा ने स्वीकार किया है कि इन दोनों सन्तों का उस पर ज़बर्दस्त प्रभाव पड़ा और इस बात से इनकार नहीं किया जा सकता कि उसने जो कुछ भी आध्यात्मिक ज्ञान प्राप्त किया, वह इन दोनो सन्तों की शिक्षा के कारण है। मियाँ मीर की मृत्यु के बाद दारा छह वर्ष तक मुल्ला शाह से शिक्षा प्राप्त करता रहा। उसने इस दौरान अपने समय का उपयोग सन्तों की जीवनियों और उनके चमत्कारों का अध्ययन करने में बिताया। इसी काल में वह आध्यात्मिक ज्ञान प्राप्ति और मुक्ति के लिए क़ादिरी सम्प्रदाय में दीक्षित हुआ। उसने शाह दिलरुबा को लिखा--ईश्वर की कृपा है कि इस गौरवशाली सम्प्रदाय के सम्पर्क में आने से इस फ़क़ीर के दिमाग़ पर लोक प्रचलित इस्लाम का प्रभाव समाप्त हो गया है और वास्तविक गोपनीय 'नास्तिकता' ने इसे अपना स्वरूप दिखाया है।

इसमें न केवल समकालीन क़ादिरी सम्प्रदाय के सन्तों का जीवन परिचय है बल्कि इसमें क़ादिरी सम्प्रदाय के सन्तों के विचार एवं अनुष्ठान के सम्बन्ध में दारा के विचार भी हैं। यह पुस्तक तीन भागों में है। पहले भाग में मियाँ मीर के जीवन, चमत्कारों और अलौकिक असाधारण उपहारों की चर्चा है। दूसरे भाग में उनकी बहिन बीबी जमाल खातून की और तीसरे भाग में उनके शिष्यों की चर्चा है।

रिसाला-ए-हकनुमा एक छोटी पुस्तिका है जिसमें सूफ़ी आचार-विचार का सार मुख्य रूप से विभिन्न सम्प्रदायों द्वारा अनुसरित शारीरिक क्रियाओं और मानव चेतना का वर्णन किया गया है। इसमें उन विभिन्न तरीकों का विवेचन भी किया गया है जिनके द्वारा विभिन्न चरणों में आध्यात्मिक पूर्णता प्राप्त की जा सकती है। यह पुस्तिका दारा शुकोह के क़ादिरी सम्प्रदाय में शामिल होने के बाद लिखी गयी है। दारा के अनुसार, 1645 में एक दिन उसे यह दैवी सन्देश मिला कि क़ादिरी सम्प्रदाय सभी धार्मिक सम्प्रदायों से श्रेष्ठ है और वह सत्य के खोजियों की सहायता और मार्गदर्शन की पुस्तिका लिखे। दारा ने तत्काल इस आदेश का पालन किया और एक वर्ष के भीतर पुस्तिका *'रिसाला-ए-हकनुमा'* की रचना की। इसमें सूफ़ी

आचार-विचार का सार था और आध्यात्मिक स्पष्टीकरण के विभिन्न चरणों का उल्लेख था। दारा ने दैवी आदेश पर बोलने का दावा किया और कहा कि इस पुस्तक को परमेश्वर या ख़ुदा की वाणी समझा जाए।

क़ादिरी सम्प्रदाय अपना मूल पैगम्बर मुहम्मद से जोड़ता है। दारा के अनुसार, प्राचीन और आधुनिक विशालकाय ग्रन्थों में जो शिक्षा है उसका अध्ययन करना आम आदमी के बस का नहीं है। अत: उसने आम आदमी के लाभ के लिए सूफ़ीवाद पर मानक ग्रन्थों का सार संग्रह *रिसाला-ए-हक़नुमा* पेश किया। पुस्तक की भाषा रहस्यपूर्ण है और उसमें स्थान-स्थान पर शायरी को उद्धृत किया गया है। यह पुस्तक सन् 1646 में पूरी हुई। इसमें आध्यात्मिक पूर्णता प्राप्त करने के तरीकों की भी चर्चा की गयी है।

हसनात-उल-आरीफिन में विभिन्न धार्मिक शाखाओं के 107 सन्तों के वचन और सूक्तियाँ हैं। दारा ने इस पुस्तक रचना के उद्देश्य को स्पष्ट करते हुए लिखा है—मेरी हमेशा से सन्तों की रचनाओं के अध्ययन में दिलचस्पी रही है। मेरी केवल एक इच्छा थी ईश्वर की एकता को प्राप्त करना। इससे पहले आनन्द-उत्साह के कुछ क्षणों में मैंने लोकोत्तर ज्ञान के विाय में कुछ शब्द कहे थे। कुछ नीच और घृणित लोगों, तुच्छ और कट्टरपन्थी व्यक्तियों ने मुझ पर इस्लामद्रोही और इस्लाम का त्याग करने का आरोप लगाया। तब मैंने ईश्वर की एकता में विश्वास करने वालों और सन्तों की सूक्तियों और कथनों को एकत्र कर पुस्तक के रूप में प्रस्तुत करने के महत्व को समझा। चूँकि रूज बहान बकली द्वारा संकलित सूक्तियाँ अलंकारिक भाषा में लिखी गयी हैं और अनेक संकेतों और उपमाओं से परिपूर्ण है, उन्हें औसत आदमी नहीं समझ सकता। अत: मैंने उन्हें सरल भाषा में पेश कर दिया है।

उपर्युक्त वक्तव्य से स्पष्ट हो जाता है कि इस समय तक दारा कट्टरपन्थी इस्लामी तत्वों की निरर्थक आलोचना से अशान्त हो गया था। धार्मिक विषयों में उसकी उदार और स्पष्टवादी घोषणाओं से रूढ़िवादी तत्व नाराज़ हो गए थे।

तरीकात-उल-हक़ीक़त सरल शैली में लिखा गया एक छोटा निबन्ध है जिसमें आध्यात्मिक मार्ग के तीस विभिन्न चरणों (मंज़िलों) और अवस्थाओं का वर्णन है। काफ़ी समय तक यह पुस्तक प्रकाश में नहीं आई। इसकी उपलब्ध प्रतियों के पाठों में अन्तर है। पुस्तक में विषय का विवेचन गद्य और पद्य—दोनों में किया गया है। पुस्तक के प्रारम्भ में सर्वव्यापी ईश्वर का गुणगान किया गया है। फिर संक्षेप में ईश्वर को समझने में मनुष्य की असमर्थता की चर्चा है। पुस्तक में कहा गया है

ईश्वर सर्वशक्तिशाली है। वह सर्वत्र है। वह काबे और सोमनाथ—दोनों में है। वह गिरजाघरों, मन्दिरों और मस्जिदों में है। पुस्तक के उद्देश्य को स्पष्ट करते हुए दारा ने लिखा है : "ईश्वर की प्रशंसा और गुणगान के बाद, जो धर्म और विश्व का प्रमुख है, यह बात विद्वानों और तत्वज्ञानियों को स्पष्ट हो जानी चाहिए कि जब सत्य के देवदूत और पूर्ण मार्गदर्शक ने मेरी कल्पना के नमूने को प्रतिबिम्बित किया तो मेरे सामने इसके अलावा और कोई चारा नहीं था कि मैं उसे लिपिबद्ध कर प्रकट करूँ।" इस पुस्तक में अनेक चतुष्पदियाँ, छन्द और कविताएँ हैं। उनसे पुस्तक अधिक मोहक हो जाती है।

इसकी कुछ पाण्डुलिपियों में रहस्यवादी सिद्धान्तों पर आत्मनिष्ठ प्रवचन हैं। पुस्तक में गद्य और पद्य—दोनों का प्रयोग किया गया है। इसकी शैली अलंकृत और लच्छेदार है। पुस्तक में आध्यात्मिक मार्ग की तीस मंजिलों का उल्लेख है। पुस्तक 30 भागों में विभाजित है। दारा द्वारा सन् 1639-1646 के दौरान लिखी गयी ये पुस्तकें उसके आध्यात्मिक जीवन के महत्वपूर्ण चरण पर प्रकाश डालती हैं। दारा ने अपने 15 वर्ष के रचनाकाल के दौरान अनेक पुस्तकें लिखीं।

इस काल में दारा पक्का मुसलमान था। पैगम्बर और उनकी शिक्षा पर उसकी पूरी निष्ठा थी। दारा का मानना था कि 'अल्लाह' शब्द सबसे उम्दा और बढ़िया नाम है। यह नाम समान रूप से मुसलमानों और ग़ैर-मुसलमानों के लिए पूज्य है। दारा ने अपने विचारों के लिए मौलिकता का दावा नहीं किया। उसका कहना था कि मैंने सिर्फ़ सूफ़ी धर्मग्रन्थों का सार प्रस्तुत किया है। दारा ने इस्लाम के बाहरी स्वरूप पर ज़ोर देने वाले कट्टरपन्थी मुल्ला-मौलवियों की आलोचना की है और उनके लेखन को नकली सिक्का कहा है। वह ज़ोर देकर कहता है कि *रिसाला-ए-हकनुमा* में जो कुछ लिखा गया है, वह पैगम्बर मुहम्मद के आचार-विचार, आराधना, उठने-बैठने और काम करने के अनुरूप है। कुछ लोग दारा पर हिन्दू और तिब्बती विचार थोपने का आरोप लगाते हैं लेकिन ये विचार सूफ़ी साहित्य में काफ़ी पहले से पाए जाते हैं। उसने अपने पीर से इन्हें प्राप्त करके केवल दोहरा दिया है।

दारा तपस्या के स्थान पर नैतिक त्याग को आवश्यक समझता था। उसकी राय में सांसारिकता भगवान को याद न करना है। घर-गृहस्थी करना सांसारिकता नहीं है। दारा साफ़ शब्दों में कहता था कि मेरा रास्ता ईश्वर की कृपा प्राप्त करना है, कष्ट सहन का नहीं है। वह बिना त्याग अथवा तपश्चर्या किए ईश्वर की ओर आकृष्ट हुआ।

दारा क़ादिरी हो गया था लेकिन क़ादिरी सम्प्रदाय में शामिल होने वालों के लिए जो कठोर संयम और शारीरिक त्याग आवश्यक है, दारा ने उसकी उपेक्षा की। दारा जिस विचारधारा का पालन करता था उसमें कोई कष्ट, कोई तपस्या नहीं थी.........कोई त्याग नहीं था। सभी कुछ सरल, मनोहारी और स्वतन्त्र था। ख़ुदा (ईश्वर) अपने प्राणियों को कष्ट नहीं देता है, वह आराम देता है। वह अपने लोगों को रास्ते पर लाता है और उनका मेहमानों की तरह स्वागत करता है। वह उन्हें अपराधियों की तरह दण्ड नहीं देता।

इस्लाम की भावना त्याग, तपस्या, कष्ट सहन की नहीं है बल्कि आसक्ति एवं मुक्ति की है। विश्व के क्रियाकलापों से प्रभावित हुए बिना उनमें भाग लेने की है। दुनिया की धूमधाम के बीच एकान्तवास की है। यही आध्यात्मिक प्रगति की कसौटी है।

अध्याय नौ

दारा की रचना : मजमा-उल-बहरैन

दारा शिकोह इस पुस्तक पर पिछले पाँच-छह वर्षों से कार्य कर रहा था। यह पुस्तक उस ज़माने में जब आम लोगों की नज़र में हिन्दुत्व और इस्लाम परस्पर विरोधी और अलग समझे जाते थे, समानता और तादात्म दिखाने का प्रयास करती है। दारा का कहना था कि दोनों धर्म भाषा और अभिव्यक्ति यानी विचारों को प्रकट करने के तरीकों के कारण अलग लगते हैं। दारा ने *'मजमा-उल-बहरैन'* के 22 अनुच्छेदों में दोनों धर्मों के उन विचारों को प्रकट किया है जो उन्हें एक-दूसरे के निकट लाते हैं। उसका यह प्रयास अत्यन्त साहसिक और क्रान्तिकारी था।

सन 1647 का वर्ष दारा के जीवन को बदलने वाला वर्ष था। उसने विभिन्न धर्मों का तुलनात्मक अध्ययन किया लेकिन उसने वर्षों तक इस विषय पर अपनी राय प्रकट नहीं की। अपने परदादा अकबर की तरह उसने विद्वान पण्डितों, प्रमुख सूफ़ी सन्तों और ईसाई मिशनरियों को एकत्र करना शुरू किया। दारा को हिन्दी, फ़ारसी और संस्कृत का अच्छा ज्ञान था। इस दौरान वह अपना सारा समय विद्वानों के सत्संग में बिताता था।

इसी वर्ष उसकी पुस्तक 'मजमा-*उल-बहरैन* (महासागरों का मिलन) पूरी हुई। यह एक मौलिक और विद्वतापूर्ण रचना है। इसमें उसने क़ुरान और वेदान्त के सिद्धान्तों में सामंजस्य स्थापित करने का प्रयास किया है। दारा के अनुसार, यद्यपि ऊपरी तौर पर देखने पर इस्लाम और हिन्दू धर्म एक-दूसरे से अलग दिखते हैं पर मूल रूप से वे एक हैं। दारा सत्य का खोजी था। ज्ञान का प्यासा था। ईश्वर एक है खोज के दौरान उसने पाया कि हिन्दू एकेश्वरवाद में इस सत्य को स्पष्ट रूप से व्यक्त किया गया है।

दारा ने शुरू से ही इस्लामी रहस्यवाद के अध्ययन में रुचि ली। अनेक मुसलमान और हिन्दू रहस्यवादियों के सम्पर्क में आ कर दारा ने उनसे धर्म का सार

तत्व और सूफ़ियों की आराधना के तौर-तरीके सीखे। दारा पर कट्टरपन्थी मौलवियों ने इस्लाम त्यागने और उसे बदनाम करने का आरोप लगाया। लेकिन इस आरोप में सच्चाई नहीं है कि दारा हिन्दू हो गया था। दारा ने कभी भी इस्लाम धर्म का त्याग नहीं किया। उसने अपने सभी ग्रन्थों में अल्लाह, इस्लाम के संस्थापक और उनके वंशजों की वन्दना की है। उसने इस्लाम को धार्मिक कट्टरता और मतान्धता से मुक्त करने का प्रयास किया। वह अपने परदादा अकबर की तरह *'सुलह-कुल'* या सभी के साथ शान्ति की नीति का अनुयायी था।

विद्वानों की संगत में उसने विभिन्न धर्मों का तुलनात्मक अध्ययन शुरू किया। इस दौरान उसने इन धर्मों के आचार्यों एवं विद्वानों के साथ इस विषय में गम्भीर विचार-विमर्श और बहस की। दारा ने इस्लाम और हिन्दू धर्म में अनेक समानताएँ खोजीं। अपने स्वतन्त्र चिन्तन और उदार विचारों के कारण वह विश्व बन्धुत्व का पैरोकार बन गया। इस दौरान उसका अध्ययन और लेखन भी चलता रहा। *मजमा-उल-बहरैन* अथवा 'महासागरों का मिलन' पुस्तक में दारा ने हिन्दू धर्म एवं इस्लाम के बीच समानताओं को प्रकट करने का प्रयत्न किया है। यह एक गम्भीर, विद्वतापूर्ण और मौलिक रचना है। उस युग में जब हिन्दू और मुसलमान एक-दूसरे को गहरे सन्देह और अविश्वास की दृष्टि से देखते थे, यह एक अनूठा प्रयास था। दारा ने यह प्रमाणित करने का प्रयास किया किया यद्यपि इस्लाम और हिन्दू धर्म दिखाई देने में एक-दूसरे से सर्वथा अलग लगते हैं किन्तु मूल रूप से वह एक हैं।

मजमा-उल-बहरैन अपने ढंग का पहला प्रयास था जो दोनों धर्मों के बीच सामंजस्य स्थापित करता है। इस पुस्तक में दारा ने हिन्दू धर्म और इस्लाम के बीच मौजूद समानताओं की खोज करने का प्रयास किया है। दारा ने इस्लाम को तत्कालीन कट्टरता और मुल्ला-मौलवियों की संकीर्णता से मुक्त करने का प्रयास किया। दारा का कहना था कि इस्लामी एकेश्वरवाद वेदान्त के निकट है। उसने इस्लाम और हिन्दू धर्म को कभी परस्पर विरोधी नहीं समझा।

दारा उस समय हिन्दू-मुसलमानों के बीच की खाई को पाटने में विफल रहा लेकिन उसके विचारों और कार्यों से अनेक लोगों को प्रेरणा मिली। दारा समकालीन धर्मों का तुलनात्मक अध्येता था। उसने आजीवन 'ईश्वर एक है' विषय का अध्ययन किया। उसने तुलनात्मक प्रक्रिया के ज़रिये यह सिद्ध करने का प्रयास किया कि सृष्टि की उत्पत्ति के सम्बन्ध में हिन्दू धर्मग्रन्थों और क़ुरान में व्यक्त विचारों में कोई अन्तर नहीं है।

मजमा-उल-बहरैन का महत्व इस बात में है कि यह दो धर्मों के सिद्धान्तों में समानता और एकता को प्रदर्शित करता है। यह उन बिन्दुओं पर ज़ोर देता है जहाँ दोनों धर्मों के सिद्धान्त मिलते हैं।

मजमा-उल-बहरैन की भूमिका में दारा ने लिखा है, "इस्लाम और विधर्मी (हिन्दुत्व)—दोनों तेज़ी से उसकी (ईश्वर प्राप्ति की) ओर बढ़ रहे हैं : दोनों ज़ोर-ज़ोर से पुकार रहे हैं, वह एक है और कोई उसकी प्रभुसत्ता का भागीदार नहीं है।" पुस्तक के प्रारम्भ में सनाई का यह पद दिया गया है : उसके नाम पर जो अनाम है, आप उसे किसी भी नाम से पुकारें, वह आपकी पुकार सुनता है।"

लोग नामवाले ईश्वर की पूजा, आराधना या इबादत करने को सहमत नहीं होते, क्योंकि हर संप्रदाय उसे अलग-अलग नाम से पुकारता है। इसलिए दारा ने लगभग तीन सौ पचास वर्ष पहले इस्लाम और हिन्दू धर्म को, एक-दूसरे के नजदीक लाने का प्रयास किया। दारा ने उन्हें एक नया सन्देश सुनाया "उसके नाम पर, जिसका कोई नाम नहीं है लेकिन जो स्वयं को इच्छानुसार किसी भी नाम से प्रकट करता है; उस प्रियतम की बार-बार जयकार हो, जो अपने सुन्दर चेहरे पर हिन्दू धर्म और इस्लाम को धारण किये हुए है, दो परस्पर बिन्दुओं की तरह जो विरोधी हैं.............दोनों में से कोई उसके सुन्दर चेहरे को ढक नहीं सकता। हिन्दू धर्म और इस्लाम—दोनों इस घोषणा के साथ उसकी खोज में हैं। वह बिना सहयोगी के है, वह हर वस्तु में प्रकट होता है, वही प्रारम्भ और अन्त है और उसके अलावा किसी अन्य का अस्तित्व नहीं है। वह पड़ोसी, मित्र और सहयात्री है। वह फ़क़ीर की पोशाक के धागे में है और सम्राट की पोशाक में है.............महान सम्मेलनों और उपेक्षित कोनों में लोग हैं, जो उसे जानते हैं।"

दारा ने लिखा है : सूफ़ियों के सच्चे धर्म का पता लगाने और रहस्यवादी प्रेरणा प्राप्त करने के बाद मैंने भारतीय एकेश्वरवादियों के सिद्धान्त जानने चाहे। चरम सत्य को जानने और रहस्यवादियों के सच्चे धर्म के रहस्यों एवं सूक्ष्मता का निश्चित रूप से पता लगाने और यह महान उपहार प्रदान किए जाने के बाद मेरी प्रबल इच्छा भारतीय एकेश्वरवादियों के धर्म के आचार्यों-विद्वानों से, जिन्होंने ज़बर्दस्त साधना से ईश्वर, प्रज्ञा, बुद्धि और धार्मिक अन्तर्दृष्टि प्राप्त कर ली थी, बहस करने की हुई। बहस के बाद मुझे उनकी और अपनी सत्य की खोज करने और उसे समझने में कोई अन्तर नहीं लगा।

हिन्दू धर्म के इन आचार्यों-विद्वानों से लगातार बहस करने के बाद मैंने दोनों

पक्षों के विचार संकलित किए और उनके प्रमुख बिन्दुओं को लेकर *मजमा-उल बहरैन* पुस्तिका की रचना की। यह सत्य को जानने वाले दो समूहों की सच्चाई और प्रज्ञा (बुद्धि) का संग्रह है। जहाँ विवेकी और बुद्धिमान व्यक्तियों को इस पुस्तिका से अत्यन्त आनन्द मिलेगा, मूर्ख, जिन्हें अन्तर्दृष्टि नहीं है, इससे कोई लाभ नहीं उठाएँगे।

मजमा-उल-बहरैन एक विचारणीय और मौलिक रचना है। इसमें पवित्र क़ुरान और ब्रह्म विद्या के सिद्धान्तों में सामंजस्य स्थापित करने का पहला गम्भीर प्रयास किया गया है। दारा केवल यह दिखाना चाहता था कि इस्लाम और हिन्दुत्व में कोई विरोधाभास नहीं है। दारा केवल यह चाहता था कि हिन्दू और मुसलमान जो सैकड़ों वर्षों से भारत में एक साथ रह रहे हैं, एक-दूसरे के धर्म के बारे में ग़लत और सतही विचारों के आधार पर राय कायम न करें बल्कि दोनों धर्मों में विद्यमान सत्य को समझने की कोशिश करें।

कट्टरपन्थी मुल्ला-मौलवियों ने *मजमा-उल-बहरैन* में प्रकट किए विचारों पर तीखी प्रतिक्रिया व्यक्त की। *आलमगीरनामा* के लेखक मुहम्मद काज़िम ने लिखा, "दारा शुकोह ने बाद के वर्षों के दौरान स्वयं को स्वतन्त्र चिन्तन और धर्मद्रोही (इस्लाम विरोधी) विचारों तक सीमित नहीं रखा, जो उसने *तसव्वुफ़* अथवा सूफ़ीवाद के नाम से अपनाए थे ,बल्कि उसने हिन्दुओं के धर्म के प्रति अपना झुकाव प्रकट किया। वह सदैव ब्राह्मणों, योगियों, संन्यासियों की संगत में रहता था और इन भ्रम पैदा करने वालों को सच्चा शिक्षक, विद्वान समझता था। वह उनकी पुस्तक *वेद* को ईश्वरीय वाणी (स्वर्ग से प्रकट की गई) समझता था। वह इस पुस्तक को उत्कृष्ट और प्राचीन मानता था और इसके अनुवाद में लगा रहता था। इन विकृत या भ्रष्ट मतों को मान कर उसने विधिसम्मत (इस्लामी कानून), प्रार्थना (नमाज़), उपवास (रोज़ा) और अन्य दायित्वों को छोड़ दिया। यह स्पष्ट हो गया कि अगर दारा शुकोह को गद्दी मिली और उसने अपनी हुकूमत कायम की तो इस्लाम की नींव ख़तरे में पड़ जाएगी।"

सर जदुनाथ सरकार और *सियर-उल-मुताखिरिन* के लेखक के अनुसार '*मजमा-उल-बहरैन*' दारा की मृत्यु का कारण बना। रूढ़िवादी, कट्टरपन्थी समकालीन इतिहासकारों और धार्मिक नेताओं ने दारा पर स्वतन्त्र और विधर्मी विचारों को बढ़ावा देने का आरोप लगाया। इसीलिए उलेमाओं ने दारा के ख़िलाफ़ मौत का फ़तवा जारी कर दिया। उस दौरान भारत में रहे कुछ विदेशी यात्रियों ने भी इस विचार का समर्थन किया कि दारा के उदार विचारों और *मजमा-उल-बहरैन* के

लेखन के कारण दारा को मौत की सजा दी गई लेकिन मुग़ल ख़ानदान के इतिहास और चुगताइयों की परम्परा से इस विचार की पुष्टि नहीं होती। मुराद ने तो कोई पुस्तक नहीं लिखी थी, उसके विरुद्ध धर्म विरुद्ध आचरण करने का कोई फ़तवा जारी नहीं किया गया था फिर उसे क्यों मारा गया? शुजा का लगातार पीछा करके उसे बंगाल छोड़ कर अराकान जाने और मघों द्वारा मारे जाने के लिए क्यों बाध्य किया गया? जहांगीर और शाहजहां ने अपने पिता के विरुद्ध क्यों विद्रोह किया?

दारा कोई पुस्तक लिखता या न लिखता, गद्दी का दावेदार होने के कारण पराजित होने पर उसे मरना ही था। यह सच है कि दारा की हत्या को उचित ठहराने के लिए उसके ख़िलाफ़ उलेमाओं से फ़तवा जारी करवा लिया गया था लेकिन इस तरह के फतवे तो धन दे कर आसानी से प्राप्त किए जा सकते हैं। स्वयं औरंगज़ेब के विरुद्ध धर्म विरोधी आचरण करने और विद्रोह को उचित ठहराने के लिए उसके एक पुत्र ने फ़तवा जारी करवाया था।

इसमें कोई सन्देह नहीं है कि हिन्दू धर्मग्रंथ पढ़ने, उनके बारे में लिखने और उनका अनुवाद करने के लिए दारा पर इस्लाम के आचार-विचार को छोड़ने और हिन्दुओ से मिलने का आरोप लगाया गया है।

यह आरोप सर्वथा ग़लत है कि दारा हिन्दू हो गया था। दारा ने इस्लाम को तत्कालीन कट्टरता और मतान्धता से मुक्त करने का प्रयास किया था। दारा सूफ़ी सन्तों से प्रभावित था। उनके प्रभाव में उसके विचारों में स्वतन्त्र चिन्तन का विकास हुआ। उसने *मजमा-उल-बहरैन* में भी कहा है,"रहस्यवाद (सूफ़ी विचारधारा) समानता पर आधारित है, यह धार्मिक दायित्वों का परित्याग है।"

एक अन्य स्थान पर उसने कहा है, "मेरे मित्र, मैंने जो कुछ लिखा है,.........वह काफ़ी कष्ट उठा कर, अनुसंधान करके लिखा है और वह मेरी प्रेरणा के अनुरूप है। सम्भव है कि आपने उसे किसी पुस्तक में न पढ़ा हो, किसी से न सुना हो, लेकिन वह पवित्र क़ुरान की दो आयतों के अनुसार है। अब अगर वह व्याख्या कुछ निकम्मे लोगों को अप्रिय लगती है, तो मुझे इसका कोई भय नहीं है; तब निश्चय ही अल्लाह आत्मनिर्भर है, दुनिया की ज़रूरतों के ऊपर है।"

कहा जाता है कि प्रसिद्ध विद्वान जगन्नाथ मिश्र ने दारा को इस्लामी रहस्यवाद और हिन्दू दर्शनशास्त्र के परस्पर विरोधी दिखाई देने वाले सिद्धान्तों में समान तत्वों की खोज करने का सुझाव दिया। अपने अध्ययन और हिन्दू विद्वानों के साथ विचार-विमर्श के बाद वह इस नतीजे पर पहले ही पहुँच चुका था कि प्राचीनकाल में हिन्दू

एकेश्वरवादी थे। अतः दारा ने मुसलमानों को इस बात से परिचित कराने के लिए *मजमा उल बहरेन* लिखने का फ़ैसला किया। दारा सोचता था कि उसके लेखन से दोनों धर्मों के मतावलम्बी एक-दूसरे के निकट आएँगे लेकिन इस्लामी कट्टरवादियों को लगा कि दारा हिन्दू धर्म को इस्लाम से श्रेष्ठ साबित करने का प्रयास कर रहा है।

एक अन्य स्थान पर सत्य की खोज पर अपने दृष्टिकोण को स्पष्ट करते हुए दारा ख़्वाजा अहरार को उद्धृत करता है, "अगर मुझे पता लगता है कि पाप में डूबा एक काफिर (ग़ैर मुसलमान) एकेश्वरवाद का राग अलाप रहा है, मैं उसके पास जाता हूँ, उसकी बात सुनता हूँ और उसका आभारी होता हूँ।"

दारा ने अपने जीवनकाल में 'ईश्वर की एकता' यानी ईश्वर एक है, विषय का अध्ययन किया। वह अनेकता में एकता देखता था। उसने तुलनात्मक प्रक्रिया के ज़रिये यह सिद्ध करने का प्रयास किया कि सृष्टि की उत्पत्ति के सम्बन्ध में हिन्दुओं और क़ुरान में व्यक्त विचारों में अन्तर नहीं है। दारा के इन विचारों को इस्लामी कट्टरपन्थियों ने अधार्मिक और इस्लाम की तुलना में हिन्दुत्व के गुणों की प्रशंसा करने वाला कहा। उनका ऐसा कहना हास्यास्पद था। दोनों धर्मों के बुनियादी आदर्शों के अवलोकन से पता चलता है कि दोनों धर्मों द्वारा प्रयुक्त अभिव्यक्ति के तरीके एक परिवर्तनीय सच्चाई के विभिन्न चरण हैं।

दारा ने पवित्र क़ुरान का गम्भीर अध्ययन किया था लेकिन वह अपने खुले और उदार विचारों के कारण क़ुरान की कट्टरपन्थी व्याख्याओं को स्वीकार नहीं करता था। उसने सूफ़ी विद्वानों की रचनाओं का भी अध्ययन किया था। विभिन्न धर्मों के सन्तों और धार्मिक विद्वानों के सम्पर्क में आने से उसका दृष्टिकोण अधिक व्यापक था और वह सभी धर्मों का समान रूप से सम्मान करता था।

दारा ने इस्लाम को तत्कालीन संकीर्णता, असहिष्णुता और कट्टरता से मुक्त कर उसकी भाई-चारे और विश्व बन्धुत्व की भावना को प्रकट करने की कोशिश की। दारा का मानना था कि विश्व की उत्पत्ति और उपनिषदों में प्रकट किए गए एकेश्वरवाद के विचार पवित्र क़ुरान में प्रकट किए गए विचारों से मिलते हैं। प्राचीन भारतीय दर्शनशास्त्र और इस्लाम का ईश्वर एक है। दोनों एक ही विचार को प्रकट करते हैं। अतः वह इन दोनों धर्मों की मूलभूत एकता पर ज़ोर देता था। उसने कभी भी इस्लाम और हिन्दू धर्म को परस्पर विरोधी नहीं समझा।

अध्याय दस

दारा के अनुवाद : *सीर-ए-अकबर* और *भगवद्गीता*

दारा की सबसे बड़ी उपलब्धि मूल संस्कृत से सरल फ़ारसी गद्य में 52 उपनिषदों का अनुवाद था। *सीर-ए-अकबर* अथवा महान रहस्य 1657 में छह महीनों के दौरान पूरा किया गया। वेदों में संकलित दार्शनिक निबन्धों को उपनिषद कहा जाता है। 'उपनिषद' शब्द की रचना 'सद' धातु से हुई है। *सद* का अर्थ होता है—बैठना और *उप* का अर्थ होता है—समीप अर्थात आचार्य के समीप बैठकर गूढ़ ज्ञान प्राप्त करना।

दारा ने अपने अनुवाद को *सीर-ए-अकबर* (महान रहस्य) या *सीर-उल-असरार* (रहस्यों का रहस्य) कहा। उसने काफ़ी सोच-विचार कर उपनिषदों के अनुवाद के लिए ये दो उपयुक्त नाम चुने थे। वैदिक ऋषियों ने उपनिषदों को, *गुह्यदगुह्यतम,* सबसे बड़ा रहस्य कहा था। दारा ने अनुवाद के प्रारम्भ में ईश्वर की प्रशंसा की है उसके सारतत्व की तुलना बिन्दु से की है जिसमें लम्बाई-चौड़ाई और गहराई नहीं होती, जिसका विभाजन नहीं किया जा सकता और जो सर्वव्यापी है। सभी कहते हैं कि भगवान है, उनका अस्तित्व स्वयंसिद्ध है लेकिन वह कैसे हैं? उनका वर्णन *'नेति नेति'* करके किया जा सकता है।

दारा ने *सीर-ए-अकबर* की प्रस्तावना में हिन्दू दर्शनशास्त्र या तत्वज्ञान पर अपने दृष्टिकोण को स्पष्ट करते हुए लिखा है कि मुझे विभिन्न धर्मों के आचार्यों से मिलने के अनेक अवसर मिले और ईश्वर की एकता के विषय में उनके विचार सुने लेकिन उनकी धार्मिक पुस्तकों में जो सिद्धान्त प्रतिपादित किए गए थे उनसे मैं सन्तुष्ट नहीं हुआ। यद्यपि मैं प्रत्येक सम्प्रदाय की गूढ़ ज्ञानवादी ईश्वरीय लालसा का अवलोकन करने और एकेश्वरवाद पर उनकी उदात्त अभिव्यक्ति से प्रभावित हुआ और मैंने उनकी धर्मशास्त्र विषयक पुस्तकों का वर्षों तक अध्ययन और अनुसरण

किया, इससे मेरी ईश्वर की एकता सम्बन्धी जानकारी प्राप्त करने की इच्छा प्रबल होती गई। मेरे दिमाग़ में कुछ सूक्ष्म सन्देह उत्पन्न हुए जिनके समाधान की मुझे कोई सम्भावना नहीं दिखाई दे रही थी। *पवित्र क़ुरान* इस विषय में पूरी तरह लाक्षणिक है और इस समय इस विषय को समझने वाले दुर्लभ हैं। मेरी इच्छा इस विषय में सभी ईश्वरप्रदत्त पुस्तकों में प्रकट किए गए विचारों को एकत्र करने की हुई।

ईश्वरीय एकता की इस खोज में मुझे पता लगा कि हिन्दू एकेश्वरवादियों ने इस सिद्धान्त का स्पष्ट प्रतिपादन किया है। अत: मैं इस बात पर विचार करने लगा कि एकेश्वरवाद के बारे में भारत में वाद-विवाद इतना सुस्पष्ट क्यों है। प्राचीन भारत के रहस्यवादी और ब्रह्मविज्ञानी ईश्वर की एकता को स्वीकार करते हैं और वे एकीकरणवादियों के विचारों में कोई त्रुटि नहीं पाते हैं।

एक उत्साही रहस्यवादी और ईश्वर की एकता के ज़बर्दस्त समर्थक के रूप में दारा ने पूर्णता की खोज की। चूँकि सत्य का यह खोजी बुनियादी एकता चाहता था अत: वह उपनिषदों का फ़ारसी में ठीक और सही अनुवाद चाहता था। दारा का मानना था कि उपनिषद एकेश्वरवाद का ख़ज़ाना हैं। केवल कुछ ही भारतीयों को उनकी अच्छी जानकारी है। वह इस रहस्य को भी हल करना चाहता था कि मुसलमानों से इसे क्यों छिपाया गया। इस बात को स्वीकार करते हुए कि हिन्दुओं को वेदों के ज़रिये यह ज्ञान पहले प्राप्त हुआ उसने 1657 में उपनिषदों का अनुवाद *सीर-ए-अकबर* या महान रहस्य पूरा किया। इस कार्य को करने में उसका कोई सांसारिक उद्‌देश्य (हित) नहीं था। दारा का विश्वास था कि उपनिषद ईश्वरीय ज्ञान देने वाली पहली पुस्तक है। इनकी शिक्षा पवित्र क़ुरान के अनुरूप है।

अपने इस कथन के समर्थन में वह पवित्र क़ुरान की इस आयत का उल्लेख करता है।

वास्तव में एक पुस्तक है, जो छिपी है। उसे केवल पवित्र लोग छुएँगे। उसमें दुनिया के मालिक का ज्ञान है। क़ुरान 56 : 78-81

सीर-ए-अकबर में निम्नलिखित अनुच्छेद हैं : प्रस्तावना, अनुवादित उपनिषदों की सूची, संस्कृत-फ़ारसी शब्दों की शब्दावली, चार भागों में उपनिषदों का अनुवाद। ऋग्वेद से तीन उपनिषद , यजुर्वेद से बारह उपनिषद , सामवेद से एक उपनिषद और अथर्ववेद से छत्तीस उपनिषद।

दारा के जीवनकाल में *सीर-ए-अकबर* की कोई चर्चा नहीं हुई। उत्तराधिकार के युद्ध में पराजय के बाद दारा को क़त्ल कर दिया गया। लोग उसके उपनिषदों के

अनुवाद भूल गए। दारा की हत्या के 115 वर्ष बाद, वर्ष 1775 में *जेंद-ए-अवस्था* के खोजकर्ता एनक्कीटिल डुपरों को बंगाल के नवाब शुजाउद्दौला के दरबार में फ्रांस के रेजीडेण्ट एम. जेनटाइल द्वारा भेजी गयी *सीर-ए-अकबर* की एक पाण्डुलिपि प्राप्त हुई। इस पाण्डुलिपि में 247 पृठों में पचास उपनिषदों के अनुवाद थे। डुपरों ने इस पाण्डुलिपि का एक अन्य पाण्डुलिपि से मिलान करने के बाद इसका फ्रांसीसी और लैटिन भाषाओं में अनुवाद किया। लैटिन अनुवाद वर्ष 1801 में पेरिस में दो भागों में प्रकाशित हुआ। मैक्सम्यूलर के अनुसार, इस अनुवाद की ओर अनेक विद्वानों का ध्यान आकृष्ट हुआ लेकिन यह इतनी कठिन शैली में लिखा गया था कि इसे समझने के लिए शोपेनहावर जैसे बिल्ली की तरह तेज़ नज़र वाले कुशाग्र, निर्भीक दार्शनिक की जरूरत थी, जो भूलभुलैया में पड़े धागे की खोज कर सके। यह पहली रचना थी जिसने पश्चिमी देशों को भारतीय दर्शनशास्त्र की जानकारी दी। शोपेनहावर ने पुस्तक की प्रशंसा में कहा कि इस पुस्तक में विचारों का विशाल ख़ज़ाना है, जो जटिल भाषा के बोझ से दबा था। इस पुस्तक का पढ़ना मेरे लिए अत्यन्त आनन्ददायक और फलदायक अध्ययन था।

दारा शुकोह के अनुवाद से यूरोपीय जनता की भारत और संस्कृत के अध्ययन में दिलचस्पी बहुत बढ़ी। उसी वर्ष फ्रांज़ मिश्चेल ने पुस्तक का जर्मन अनुवाद किया। दारा के फ़ारसी अनुवाद का महत्व इस बात में है कि इसने भारतीय दार्शनिक विचारों को उस समय यूरोप में एशियाई देशों की सबसे अधिक पढ़ी और समझी जाने वाली फ़ारसी भाषा में उपलब्ध कराया। इस पुस्तक के प्रकाशन के बाद यूरोप के लोगों ने भारत और संस्कृत के अध्ययन में रुचि लेनी शुरू की। यह स्वीकार किया गया कि संस्कृत एक अत्यन्त समृद्ध भाषा है और उसके अध्ययन के लिए यूरोपीय देशों के विश्वविद्यालयों में संस्कृत विभागों की स्थापना की गई।

अपने उदार विचारों के कारण दारा की इच्छा अन्य धर्मों के बारे में जानने की हुई। उसने अलग-अलग धर्मों—ईसाई, जैन, पारसी ,हिन्दू धर्म को मानने वाले विद्वानों को बुलाकर उनसे चर्चा की। इस विचार-विमर्श के फलस्वरूप उसकी इच्छा हिन्दू धर्मग्रन्थों के अध्ययन की हुई। उनको पढ़ने के बाद उसे लगा कि अन्य लोगों को भी इसे पढ़ना चाहिये। अत: उसने उपनिषदों का अनुवाद शुरू किया।

दारा ने यह कार्य 42 वर्ष की उम्र में 28 जून, 1657 को पूरा किया। यह कार्य मंज़िले निगम बोध घाट महल में किया गया। कुछ लोगों का कहना है कि यह अनुवाद कार्य बनारस में कई वर्ष बिता कर 150 संस्कृत विद्वानों की सहायता से किया गया। दारा के नाम पर बनारस और इलाहाबाद में दारागंज मुहल्ले भी हैं

लेकिन इस बात की पुष्टि में कोई प्रमाण नहीं है कि दारा इस अवधि के दौरान इन दोनों नगरों में गया था। *पादशाहनामा* के अनुसार, दारा सन् 1657 में इलाहाबाद या बनारस नहीं गया। दारा के अनुसार उसने स्वयं उपनिषदों का अनुवाद किया। दारा ने कुछ स्थानों पर उपनिषदों के मूल पाठ का अनुवाद करने के स्थान पर उपनिषदों पर शंकर (आदिशंकराचार्य) की व्याख्या का अनुवाद कर दिया है। दारा ने ऐसा किसी प्रकार के भ्रम को दूर करने और शुद्धता के लिए किया।

बर्नियर के अनुसार, बनारस से दर्जनों पण्डित अनुवाद कार्य में सहयोग के लिए बुलाए गए। दारा की यह इच्छा उसकी आध्यात्मिक खोज का नतीजा थी। वह हिन्दू धर्मग्रन्थों के अध्ययन से अथवा हिन्दू साधु-संन्यासियों के सत्संग से कोई लाभ और यश प्राप्त नहीं करना चाहता था। वह अपने दादा अकबर की तरह हिन्दू-मुसलमानों के बीच एकता स्थापित करने का पक्षधर था। अकबर ने मुसलमानों को हिन्दुओं के धार्मिक ग्रन्थों से परिचित कराने के लिए उनका अनुवाद कराया था।

कुछ आलोचकों की राय में इस अनुवाद में जान नहीं है। अधिकांश स्थानों पर अनुवाद शाब्दिक है और गहन अन्तर्ज्ञान और महान आध्यात्मिकता से विहीन है। फिर भी, विभिन्न धर्मों का तुलनात्मक अध्ययन करने वाले व्यक्ति के लिए यह महत्वपूर्ण रचना है।

कुछ अन्य आलोचकों की राय में 'आत्मा' और 'रूह' के सम्बन्ध में हिन्दू और इस्लामी विचारों में व्यापक अन्तर है। तथापि, पुस्तक की उपयोगिता इसलिए है कि यह पहली बार दोनों धर्मों को एक-दूसरे के समीप लाने का प्रयास करती है, उनमें समानता खोजती है। दारा ने मध्ययुग के असहिष्णु, कट्टरता और अज्ञानता के वातावरण के बावजूद एक नई विचार पद्धति, भाईचारा बनाने का नया रास्ता दिखाया। यह रास्ता भारत की सहिष्णुता और सभी धर्मों को समान आदर देने की परम्परा के अनुसार था। 300 वर्ष बाद महात्मा गाँधी ने इसी विचार को यह कहकर मुखरित किया :-

ईश्वर अल्लाह तेरो नाम, सबको सन्मति दे भगवान

दारा शुकोह ने कुछ विद्वान पण्डितों की सहायता से *भगवद्गीता* के 18 अध्यायों का 1655-57 के बीच फ़ारसी में अनुवाद किया। यह हिन्दुओं के सबसे उच्च और सर्वोत्तम धर्मग्रन्थ को फ़ारसी में आकर्षक रूप से पेश करने का प्रयास था। दारा शुकोह का अनुवाद अन्य धर्मावलम्बियों की पवित्र पुस्तकों में उसकी जिज्ञासा का नतीजा था। *भगवद्गीता* के फ़ारसी में अनेक अनुवाद हुए हैं। दारा

शुकोह ने सम्पूर्ण संस्कृत पाठों का अनुसरण करते हुए अनुवाद किया है। दारा शुकोह के अनुवाद की एक प्रति इंडिया ऑफ़िस लायब्रेरी और एक ब्रिटिश संग्रहालय में है। उसके अनुवाद की कुछ अन्य प्रतियाँ भी कुछ लोगों के पास हैं लेकिन उनके पाठ मिलते नहीं हैं और वे अधूरी और त्रुटिपूर्ण हैं।

इसी के कुछ समय बाद उसकी प्रेरणा और आदेशों पर *योग वाशिष्ठ* का अनुवाद किया गया। दारा अलबरूनी की तरह संस्कृत का विद्वान तो न था लेकिन संस्कृत अच्छी तरह समझता था। यह बात इससे प्रमाणित होती है कि *योग वाशिष्ट* के पुराने अनुवाद से वह सन्तुष्ट नहीं था। उसने व्यक्तिगत दिलचस्पी लेकर उसका दोबारा अनुवाद कराया। दारा ने बड़े मनोयोग से हिन्दुओं के धर्मग्रन्थों का अध्ययन किया। उसे यौगिक और वेदान्त दर्शनशास्त्र की अच्छी जानकारी थी।

सुप्रसिद्ध अरब यात्री अलबरूनी ने 11वीं शताब्दी में पतंजलि के *योग सूत्र और सांख्य सूत्र* का अरबी में अनुवाद करके इस्लामी जगत को योग के दर्शनशास्त्र-विचारों- से परिचित करा दिया था। *योग वाशिष्ठ* संस्कृत में योग अथवा मीमाँसात्मक अथवा गूढ़ दर्शनशास्त्र के विषय में पहली और हिन्दू एकेश्वरवाद पर संस्कृत की महत्वपूर्ण पहली रचना है। यह सत असत का विवेचन करती है। अकबर के आदेश पर *योग वाशिष्ठ* का फ़ारसी में अनुवाद किया गया था। इसके अलावा इस ग्रन्थ के समय-समय पर और भी कई अनुवाद किए गए।

दारा इन अनुवादों से सन्तुष्ट नहीं था। उसका मत था कि ये अनुवाद *योग वाशिष्ठ* की बारीकियों और उसके पाठ के भाव को सही तरीके से प्रकट नहीं कर सके हैं। अत: उसने 1656 में आदेश दिया कि चूँकि इस पवित्र पुस्तक के अनुवाद अब दुर्लभ हैं और सत्य के खोजियों के लिए विशेष लाभप्रद सिद्ध नहीं हुए हैं, मेरी इच्छा है कि विद्वानों के परामर्श और सहायता से इसका फिर से अनुवाद किया जाए।

मेरे इस आदेश का मुख्य कारण यह है कि यद्यपि मैंने शेख़ सूफ़ी के अनुवाद को पढ़ कर उससे लाभ उठाया है तथापि मुझे दो सन्त सपने में आए। उनमें से एक लम्बे थे। उनके बाल सफ़ेद थे और दूसरे छोटे थे और बिना बालों के थे। पहले वाशिष्ठ थे और दूसरे रामचन्द्र थे। क्योंकि मैं पहले ही *योग वाशिष्ठ* के अनुवाद में उनके बारे में पढ़ चुका था, मैं उनकी ओर स्वाभाविक रूप से आकृष्ट हुआ और मैंने उनको प्रणाम किया। वाशिष्ठ मेरे ऊपर बहुत मेहरबान हुए और उन्होंने मेरी पीठ थपथपाई और रामचन्द्र से कहा कि मैं उसका भाई हूँ क्योंकि वह

और मैं--दोनों सत्य के खोजी हैं। उन्होंने रामचन्द्र से कहा कि मुझे गले लगा लें। रामचन्द्र ने मुझे बड़े प्रेम से गले लगाया। इसके बाद वशिष्ठ ने रामचन्द्र को कुछ मिठाई दी। मैंने उसमें से थोड़ी लेकर खाई। इसके बाद *योग वाशिष्ठ* का फिर से अनुवाद करने की मेरी इच्छा ने ज़ोर पकड़ लिया।

अध्याय ग्यारह

दारा का दीवान और कला प्रेम

कुछ समय पूर्व तक अनुमान था कि दारा का दीवान, कविता संग्रह, काल के थपेड़े खा कर समाप्त हो गया है लेकिन उसकी दो प्रतियाँ काफ़ी खोज के बाद उपलब्ध हो गयी हैं। एक प्रति ख़ान बहादुर ज़फ़र हसन के पास थी। दूसरी बहादुर सिंह सिंघी के निजी पुस्तकालय में थी। दूसरी प्रति का विवरण उपलब्ध नहीं है। उनका कुछ भाग नष्ट हो गया है और कुछ पढ़ा नहीं जा सकता। दारा के दीवान में 133 गज़लें और 28 रुबाइयाँ हैं। दीवान *शिकस्ता* लिपि में लिखा गया है। कुछ लोगों के अनुसार, इस दीवान का नाम *इकसीर-ए-आज़म* है लेकिन नाम के सम्बन्ध में विद्वानों में मतभेद है। दीवान में संग्रहीत दारा की कविताएँ मनोवैज्ञानिक, भावात्मक, आध्यात्मिक और बौद्धिक हैं। इसलिए वे अधिक लोकप्रिय नहीं हुईं।

दारा की मृत्यु के २०० वर्ष बाद *ख़ज़ीनत-उल-आसफ़िया* के लेखक ने दारा की शायरी की प्रशंसा की। उसने लिखा, "दारा की कविताएँ उसके मुँह से निकलने वाले मोतियों की तरह हैं या उसकी कविता क्षितिज से निकलने वाले एकेश्वरवाद के सूर्य के समान है। उसकी शायरी को समझने के लिए एकाग्रता और बुद्धि आवश्यक है।" अफदल उद्दीन सरख़ुश ने दारा की शायरी की ख़ूबियों की प्रशंसा करते हुए लिखा है,"मुहम्मद दारा शुकोह उर्फ़ शाह-*ए-बुलन्द इक़बाल* सम्राट शाहजहां के तख़्त का उत्तराधिकारी, अच्छी मनोवृत्ति और ऊँची कल्पना का राजकुमार था। उसका व्यक्तित्व सुदर्शन था। वह सहिष्णु था और रहस्यवादियों का–सा जीवन बिताता था। वह साधु-सन्तों का मित्र, दार्शनिक और एकेश्वरवादी था। वह उदार विचारों वाला और बुद्धिमान था। उसने अपनी चतुष्पदी और ग़ज़लों में सूफ़ी विचार पेश किए हैं। क़ादिरी सम्प्रदाय से जुड़े होने के कारण उसने 'क़ादिरी' उपनाम ग्रहण किया है।

दारा ने प्राचीन फ़ारसी साहित्य का गहरा अध्ययन किया था। उसकी रचनाओं में अनेक सुप्रसिद्ध फ़ारसी शायरों की रचनाओं के उद्धरण हैं। *सफ़ीनात-उल-औलिया*

में 34 और *हसनात-उल-अरीफ़ान* में 41 कवियों की उक्तियाँ हैं। दारा ने अपने जीवन परिचय सम्बन्धी तीन संस्मरणों में सूफ़ीवाद, दर्शनशास्त्र, इतिहास और जीवन परिचय सम्बन्धी फ़ारसी के 'मानक ग्रन्थों' का बड़े पैमाने पर उपयोग किया। रूमी, जामी और सनाई दारा के प्रिय कवि थे। दारा सनाई को अपना गुरु और मार्गदर्शक मानता था। उसने अपनी रचनाओं में उसका अनुसरण किया है।

दारा की कविता के दो प्रमुख विषय हैं—सूफ़ीवाद और क़ादिरी संप्रदाय। कुछ आलोचकों के अनुसार, दारा की लेखन शैली अत्यन्त रूखी और नीरस है। उसमें कल्पना का अभाव है। तथापि, वह दारा के सर्वेश्वरवाद के विचारों को शक्तिशाली ढंग से प्रकट करती है। दारा का *दीवान* उसके जीवन और विचारों को समकालीन लेखकों के पक्षपातपूर्ण वर्णन की अपेक्षा अधिक बेहतर ढंग से प्रकट करता है। दारा का धार्मिक विश्वास और क़ादिरी पन्थ के प्रति उसकी निष्ठा उसके दीवान में बहुत अच्छी तरह प्रकट होती है।

भारत में फ़ारसी शैली की चित्रकला की शुरुआत सोलहवीं शताब्दी में अकबर ने कराई थी। उसने फ़ारसी चित्रकारों के साथ-साथ परम्परागत धार्मिक शैली के भारतीय चित्रकारों को भी बढ़ावा और संरक्षण प्रदान किया। इन दोनों शैलियों के चित्रकारों के मिलन से कालान्तर में भारतीय फ़ारसी चित्र शैली का विकास हुआ। इसकी शुरुआत पुस्तकों में चित्रकारी के साथ हुई।

अबुल फज़ल के अनुसार, अकबर के शासनकाल के दौरान देश में 100 से अधिक ख्यातिप्राप्त कलाकार थे। उन दिनों *ख़ुशनवीसी* को भी कला का दर्जा प्राप्त था। ख़ुशनवीस शाही फ़रमान तैयार करते थे और सम्राट की ओर से अन्य राजाओं, महाराजाओं और जागीरदारों को पत्र लिखते थे।

दारा सुलेख और चित्रकला में दिलचस्पी लेता था। उसने स्वयं लिखा है कि मैंने *ख़ुशनवीसी* (सुलेख) में प्रवीणता हासिल कर ली है और कला के पारखियों ने इसे स्वीकार कर लिया है। उन दिनों भारत, तुर्की और फ़ारस में *ख़ुशनवीसी* की आठ शैलियाँ प्रचलित थीं। दारा की *ख़ुशनवीसी* के अनेक नमूने विभिन्न पुस्तकालयों और संग्रहालयों में हैं। ग़ुलाम अली हस्त कलाम के अनुसार, दारा ने राजकुमार के रूप में व्यस्त जीवन बिताने और विभिन्न धर्मों के अध्ययन के लिए समय देने के बावजूद इतनी सुन्दर ख़ुशनवीसी की है कि कोई उसकी बराबरी नहीं कर सकता।

ख़ुशनवीसी में दक्षता हासिल करने के बाद दारा की दिलचस्पी लघु चित्रकला में हुई क्योंकि दोनों के बीच घनिष्ठ सम्बन्ध हैं। दारा दरबार और अध्ययन में व्यस्त

होने के बावजूद साहित्य और कला का प्रेमी और संरक्षक था। उसका *मुरक़्क़ा* (लघु चित्रों की एलबम) इसका प्रमाण है। इसे 1641-42 में पूरा किया गया। दारा ने यह मुरक़्क़ा अपनी प्रिय पत्नी नादिरा को अपनी सुन्दर लिखावट में समर्पित किया। इस मुरक़्क़ा की प्रति *इंग्लैण्ड* में *इण्डिया ऑफ़िस* में सुरक्षित है। दारा लघु चित्रों का प्रशंसक और संग्रहकर्ता था। उसने अपनी इस भावना को मुरक़्क़ा की प्रस्तावना में प्रकट किया है। *मुरक़्क़ा* में 78 पृष्ठ और 30 लघुचित्र हैं। इसके अलावा इसके कुछ पृष्ठों पर सजावट और 30 तत्कालीन ख़ुशनवीसों के हस्ताक्षर हैं। कला के जानकारों के अनुसार, *मुरक़्क़ा* कोहिनूर के समान बेशकीमती है।

दारा ने *मुरक़्क़ा* की प्रस्तावना में पैगम्बर मुहम्मद, पहले चार ख़लीफ़ाओं और अपने पिता शाहजहां की प्रशंसा की है। दारा शुकोह के *मुरक़्क़ा* में 78 पन्ने हैं। दारा ने लघु चित्रों पर अपने सुन्दर अक्षरों से टिप्पणी की है। उसने एलबम की मुक्तकण्ठ से प्रशंसा की है। पुस्तक का शुरू और अन्तिम पृष्ठ अलंकृत है। शेष पृष्ठों पर लघु चित्र, कुछ में सुलेख में दारा के हस्ताक्षर हैं।

दारा ललितकलाओं—चित्रकारी, संगीत और नृत्य—का संरक्षक था। दारा के बनाए कुछ अत्यन्त उत्कृष्ट कोटि के चित्र हैं। उसकी एलबम में उसके बनाए चित्रों का संग्रह है। उसे अपने पिता शाहजहां की तरह इमारतें बनवाने का भी शौक़ था। उसने अनेक सुन्दर इमारतों का निर्माण कराया। लाहौर में मियाँ मीर और नादिरा बेग़म के स्मारक, दिल्ली में उसका पुस्तकालय, श्रीनगर कश्मीर में अख़ुनमुल्ला शाह की मस्जिद और परीबाग़ महल उसकी उत्कृष्ट रुचि के परिचायक हैं।

अध्याय बारह

बाबा लाल और दारा की बातचीत

बाबा लाल बैरागी दारा के समकालीन हिन्दू सन्त थे। विल्सन के अनुसार उनका जन्म मालवा, राजपूताना में हुआ था। पण्डित शिवनारायण के अनुसार, वह खत्री थे। उनका जन्म कसूर में हुआ था। वह बटाला के समीप ज्ञानपुर में रहते थे। वह महान सन्त चेतन स्वामी के शिष्य थे। उन्होंने अपना निवास सरहिन्द के नज़दीक ज्ञानपुर में बनाया और वह लोगों को अपने संप्रदाय में दीक्षित करने लगे। वह एकेश्वरवाद में विश्वास करते थे। उनका सम्प्रदाय वेदान्त और सूफ़ीवाद से प्रभावित था। बाबा लाल एक ईश्वर, निरंकार ब्रह्म की उपासना करते थे। उनके अनुयायी 'बाबा लाली' कहे जाते हैं।

बाबा लाली अपने कपाल में गोपीचन्दन का टीका लगाते हैं और राम की आराधना करते हैं। वे भक्तिमार्गी हैं लेकिन आश्चर्य की बात यह है कि वे अवतारवाद को नहीं मानते हैं। उनके सम्प्रदाय की मुख्य विशेषताएँ रहीं : एकात्मवादी दैव में विश्वास, सांख्यवादी सृष्टि रचना, आत्मा की अमरता पर विश्वास और मुक्ति का आधार कर्म। योगिक, वेदान्तिक और सूफ़ी सिद्धान्तों का पूजा और प्रार्थना—दोनों में पालन। बाबा लाली सम्प्रदाय ने कबीरपन्थियों, खाकी-मलूक दासियों और सेना-पन्थियों के सिद्धान्तों से बहुत कुछ ग्रहण किया है।

बाबा लाल 1649 में जब दिल्ली में थे, दारा शुकोह उनकी ओर आकृष्ट हुआ लेकिन उनकी भेंट चार वर्ष बाद लाहौर में हुई, जब दारा कन्धार अभियान से लौट रहा था। दोनों के बीच सात मुलाक़ातें हुई। प्रत्येक मुलाक़ात में दारा ने कुछ प्रश्न किए और बाबा लाल ने उनका युक्तिसंगत उत्तर दिया। पहली मुलाक़ात ज़फ़र ख़ाँ के निवास पर हुई। दूसरी मुलाक़ात बादशाह बाग़ में सराय अनवर महल में हुई। तीसरी और छठी धनबाई बाग़ में हुई, चौथी शाहगंज के समीप आसफ़ ख़ाँ के महल में हुई। पाँचवीं निखलानपुर के समीप गावान के शिकारगाह में हुई। सातवीं मुलाक़ात तीन दिन तक चली और यह कहाँ हुई, स्पष्ट नहीं है।

दारा शुकोह ने अपनी रचना *हसनात-उल-अरीफ़न* में बाबा लाल की एक सूक्ति अंकित की है। "बाबा लाल, जिनका मैंने दूसरी जगह उल्लेख किया है, एक मुड्या और कबीरपन्थी थे। उन्होंने मुझसे कहा कि आध्यात्मिक गुरु चार तरह के होते हैं। पहले सोने की तरह होते हैं, जो दूसरों को अपनी तरह नहीं बना सकते। दूसरे कीमियागार की तरह होते हैं जो दूसरों को सोने में बदल सकते हैं लेकिन वे सोने के गुण प्राप्त नहीं कर सकते। तीसरे चन्दन के वृक्ष की तरह होते हैं जो कुछ ख़ास क़िस्म के पेड़ों को अपनी सुगन्ध दे सकते हैं। चौथे आदर्श शिक्षक और ऐसी मोमबत्ती की तरह होते हैं जो हज़ार मोमबत्तियों को प्रकाशित कर देती है। बाबा लाल ने दारा से कहा, 'शेख़ मत बनना, सन्त मत बनना, चमत्कार करने वाला मत बनना, निराभिमानी और निष्कपट फ़क़ीर बनना।"

दारा शिकोह और बाबा लाल के बीच विचार-विमर्श के मुग़ल शैली के अनेक चित्र मिलते हैं। एक लघु चित्र में दारा बाबा लाल की बगल में बैठा है। एक अन्य चित्र में दारा बाबा लाल के साथ गम्भीर चर्चा कर रहा है। इन चित्रों में से तीन उन सात बैठकों के हैं जो दारा शिकोह और बाबा लाल के बीच लाहौर में हुईं।

दारा और बाबा लाल के बीच सवाल-जबाब का यह दौर नौ दिन तक चला। यह बातचीत बड़े सद्भावनापूर्ण माहौल में हिन्दी में हुई जिसे एक कॉपी में लिख लिया गया। बाद में इस बातचीत का सार राय चन्द्रभान ब्राह्मण ने फ़ारसी में अनुवाद किया। दारा बाबा लाल का बहुत सम्मान करता था। उसने अपनी जिज्ञासाओं के समाधान के लिए जो सवाल पूछे, बाबा लाल ने एक मित्र की तरह दारा की जिज्ञासाओं का समाधान किया। इस चर्चा के सबसे महत्वपूर्ण अंश वे हैं जिनमें दारा शुकोह एक मुसलमान के रूप में अपने धार्मिक अनुभवों का हिन्दू शब्दावली में विश्लेषण करता है क्योंकि यह चर्चा दारा शुकोह और बाबा लाल के आन्तरिक स्वरूप और विचारों को प्रकट करती है इसलिये इसके कुछ अंश प्रस्तुत हैं

दारा के प्रश्न और बाबा लाल उत्तर

दारा शुकोह : नाद और वेद में क्या अन्तर है?

बाबा लाल : जैसा राजा और उसके आदेश में है। राजा नाद है और वेद उसका आदेश है।

दारा शुकोह : चन्द्रमा की रोशनी क्या है, उसका काला धब्बा क्या है, और उसकी सफ़ेदी का क्या कारण है?

बाबा लाल : चन्द्रमा में कोई सफ़ेदी नहीं है, वह रंगविहीन पिण्ड है जिस पर सूरज की किरणें पड़ती हैं। उसकी सफ़ेदी समुद्र का प्रतिबिम्ब है और काला धब्बा इस धरती की ज़मीन है।

दारा शुकोह : अगर वह प्रतिबिम्ब है तो सूर्य में भी क्यों नहीं दिखाई देता?

बाबा लाल : सूर्य आग के गोले के समान है, जबकि चाँद पानी के गोले के समान है, पानी में प्रतिबिम्ब होता है लेकिन आग में नहीं।

दारा शुकोह : भारत की जनता के लिए मूर्ति पूजा का क्या महत्व है और किसने इस प्रथा का आदेश दिया ?

बाबा लाल : प्रथा के विकास में सारा ज़ोर दिमाग़ को ध्यान में लगाना है। वह जिसे आत्मा (सर्वव्यापी ईश्वर) का ज्ञान है, उसे रूप या आकार की चिन्ता नहीं है; लेकिन जिस किसी को आन्तरिक चेतना नहीं है, उसे स्वयं को बाहरी स्वरूप से जोड़ना चाहिए। ठीक उसी तरह जैसे अविवाहित लड़कियाँ गुड्डे-गुड़ियों से खेलती हैं लेकिन विवाहित होने के बाद वे उनसे खेलना बन्द कर देती हैं। मूर्ति पूजा की भी यही स्थिति है। वह जिसे ईश्वर का ज्ञान नहीं है, निश्चय ही किसी स्वरूप द्वारा उसे प्राप्त करने का प्रयास करेगा। जैसे ही उसे अन्तर्चेतना हो जाएगी, वह बाहरी स्वरूप को छोड़ देगा।

दारा शुकोह : सृष्टा (सृष्टिकर्त्ता) और सृष्टि के बीच का अन्तर क्या है? मैंने यह प्रश्न किसी से पूछा था। उसने पेड़ और बीज के उत्तर की तुलना करके मेरे प्रश्न का उत्तर दिया। क्या यह सही है या नहीं?

बाबा लाल : सृष्टा महासागर के समान है और सृष्टि पानी से भरी सुराही के समान। यद्यपि सुराही और महासागर में पानी समान है। दोनों में ज़बर्दस्त अन्तर है।

दारा शुकोह : परमात्मा और जीवात्मा क्या है? जीवात्मा का परमात्मा से कैसे मिलन होता है?

बाबा लाल : शराब पानी से बनती है। अगर इसे जमीन पर गिरा दिया जाए, उसकी अशुद्धि सतह पर रह जाती हैं, जबकि पानी ज़मीन में प्रवेश कर जाता है और शुद्ध हो जाता है। मनुष्य के बारे में भी,

जो अभी जीवात्मा है, ऐसा ही है। अगर वह अपने अस्तित्व के साथ पाँच इन्द्रियों की तलछट को छोड़ देता है उसका परमात्मा से मिलन हो जाता है।

दारा शुकोह : जीवात्मा और परमात्मा का क्या अन्तर है?

बाबा लाल : सार में कोई अन्तर नहीं है।

दारा शुकोह : तब दण्ड और पुरस्कार स्पष्टतया कैसे साथ-साथ बने रहते हैं?

बाबा लाल : यह शरीर के सांचे से अंकित चिन्ह है, ऐसा गंगा और उसके पानी के साथ है।

दारा शुकोह : इस उदाहरण से क्या अन्तर निर्दिष्ट होता है?

बाबा लाल : अन्तर बहुपक्षीय और असीमित है। वास्तव में, अगर गंगा का पानी किसी सुराही में डाला जाए और उसमें शराब की एक बूँद मिल जाए तो सुराही का सब पानी दूषित माना जाएगा। इसके विपरीत, एक लाख सुराहियों की शराब गंगा में छोड़ी जाए तो गंगा फिर भी गंगा ही रहेगी। इस प्रकार परमात्मा पूर्ण रूप से शुद्ध है, जबकि आत्मा (जीवात्मा) यहाँ रहने से मैली हो गयी है। अगर वह यहाँ रहना छोड़ देती है तब आत्मा परमात्मा हो जाती है लेकिन जब तक वह यहाँ अस्तित्व में रहती है वह हमेशा आत्मा(जीवात्मा) रहेगी।

दारा शुकोह : अगर सबको यह पता लग जाता है कि मैं सदैव फ़क़ीर के चोले को पहनना पसन्द करता हूँ, लोग अपनी मान-मर्यादा बढ़ाने के लिए दरवेश (फ़क़ीर) की पोशाक धारण करेंगे। लेकिन अन्त में उनके वास्तविक स्वरूप का पता लग जाएगा और इसका उनके हृदय पर काफ़ी असर पड़ेगा। एक राजा को इससे दूर रहना चाहिए।

बाबा लाल : कोई भी इस रास्ते को बन्द करने में सफल नहीं होगा (अर्थात्, संन्यासी का चोला धारण करना)। जिसे ईश्वर के अनुयायी धारण करते हैं, ठीक उसी तरह है जैसे एक आदमी कभी पारस पत्थर पाने की आशा में बटिया एकत्र करता है (उसे ऐसा करने से रोका नहीं जा सकता)। इसके अलावा, दरवेश, जो सभा में दरवेश की पोशाक में आता है काफ़ी पुण्य कमाता है; जब वह जाने की

इजाज़त लेता है तो लोग उसकी सेवा करते हैं और उसके प्रति अगाध श्रद्धा प्रकट करते हैं, और यह पर्याप्त पुरस्कार है।

दारा शुकोह : कभी-कभी यह कहा जाता है कि दैवी मिलन से लोग सत्व को प्राप्त कर लेते हैं। यह कैसे कहा जा सकता है कि यह मिलन दैवी सत्व को प्राप्त कर लेता है?

बाबा लाल : जब कोई लोहे को आग में डाल कर लाल कर लेता है और वह आग का रंग ले लेता है, वह आग की तरह काम करने लगता है।

दारा शुकोह : यह रिवाज है कि जब मुसलमान मरता है, उसे दफ़्न किया जाता है और हिन्दुओं को जलाया जाता है, लेकिन जब कोई दरवेश हिन्दू लिबास में मरता है उसके लिए क्या किया जाएगा?

बाबा लाल : पहले तो, दफ़्न किया जाना या जलाया जाना भौतिक शरीर की अन्तिम क्रिया का तरीका है। दरवेश अपने शरीर की चिन्ता नहीं करता, जिसे उसने ईश्वर मिलन की प्राप्ति के लिए त्याग दिया है। वह अपने भौतिक शरीर को उच्च स्थायी निवास के लिए जहाँ कोई भौतिक अस्तित्व नहीं है, त्याग देता है जैसे कि साँप अपने बिल में प्रवेश करते समय अपनी छोड़ी हुई केंचुली के बारे में नहीं सोचता है, दरवेश को भी अपने शरीर की चिन्ता नहीं होती। लोग उसके साथ जो करना चाहे करें।

दारा शुकोह : एक आदमी ने मुझसे कहा, "कम बुराई करना" मैंने पूछा, "इसका क्या अर्थ है, कम बुराई?" उसने उत्तर दिया, "कम बुराई" मैंने कहा, "बुराई करना तो बुराई करना है, अब चाहे कितनी ही बुराई की जाए।" उसे कैसे नापा जा सकता है?

बाबा लाल : हम उसे चोट नहीं पहुँचा सकते जो हमसे बड़ा और मज़बूत है। जो हमारे बराबर है वह बदला ले सकता है लेकिन हमें उसे कोई चोट नहीं पहुँचानी चाहिए, जो हमसे कमजोर है। 'कम बुराई करो' सलाह में यही संकेत दिया गया है।

दारा शुकोह : स्वतंत्र इच्छा ईश्वर है (या बुद-ए-हकीकी); धर्मग्रन्थों में यह भी कहा गया है कि हर किसी को स्वतंत्र इच्छा प्राप्त है। हम इसे कैसे स्वीकार कर सकते हैं?

बाबा लाल : स्वतन्त्र इच्छा ईश्वर है, जिसकी प्रभुसत्ता उदात्त है। यह सभी में विद्यमान होती हैं।

दारा शुकोह : हम दोनों बातों को कैसे मान सकते हैं?

बाबा लाल : जब बच्चा माँ के गर्भ में था, उसके अन्दर स्वतन्त्र इच्छा दैवी विधान थी, जिसने उसकी रक्षा की और विकास के लिए उसका पोषण किया; उस समय और कोई नहीं था। बच्चा जब जन्म ले लेता है आधी स्वतन्त्र इच्छा प्राणी मात्र के लिए ईश्वरीय कृपा और दया है जो माँ की छाती में दूध पैदा करती है। (अर्थात आधी ईश्वर के पास रहती है), शेष आधी बच्चे को मिल जाती है, क्योंकि जब बच्चा रोता है, उसकी माँ उसे दूध पिलाती है। जब बच्चा बड़ा हो जाता है और मानव की लालसाओं से परिचित हो जाता है, और विभिन्न कार्यों—अच्छे या बुरे—में व्यस्त हो जाता है, वह स्वयं स्वतन्त्र इच्छा हो जाता है; क्योंकि ईश्वर भले या बुरे से ऊपर है।

दारा शुकोह : दिल का क्या महत्व है?

बाबा लाल : दिल का कार्य 'मैं' और 'तुम' कहना है, यानी कहने का अर्थ है— दो के बीच उत्पन्न होने वाला (अभिकथन) द्वैतभाव : क्योंकि दिल दिमाग़ को हर दिशा में—पिता, माता, भाई, पत्नी और बच्चों की ओर—ले जाता है, जिनके साथ वह स्नेह करने लगता है। हम जानते हैं कि दो के बीच स्नेह दिलों के मिलन से होता है।

दारा शुकोह : दिल का रूप-रंग जिसे देखा नहीं जा सकता, कैसा है?

बाबा लाल : दिल का रूप-रंग हवा के झोंके के समान है।

दारा शुकोह : इसे कैसे जाना जा सकता है?

बाबा लाल : ठीक उस तरह जैसे हवा दिखाई नहीं देती, लेकिन पेड़ों को उखाड़ देती है। उसी तरह दिल पाँच इन्द्रियों में हलचल पैदा करता है। यह हम में है, फिर भी दिखाई नहीं देता। इस तरह दिल हवा के झोंके के समान है।

दारा शुकोह : दिल का क्या कार्य है?

बाबा लाल : दिल हमारे दिमाग़ का दलाल है।

दारा शुकोह : इसे कैसे जाना जा सकता है?

बाबा लाल : इसे पाँच इन्द्रियों से जाना जा सकता है—जो दुनिया के आनन्द प्राप्त कराती हैं और उन्हें दिमाग़ में ले जाती हैं, दिमाग़ स्वयं भोग विलास के इन प्रलोभनों पर माहिज (अनुरक्त) हो जाता है। इस प्रकार दिल खरीदार के लिए दुकान से सामान खरीदता है और कमीशन प्राप्त करने के बाद हट जाता है, लाभ-हानि खरीदार और विक्रेता को होता है। इस तरह यह एक दलाल का काम करता है और यही इसका कार्य है।

दारा शुकोह : फ़क़ीर की नींद क्या कही जाती है?

बाबा लाल : यह निन्द्रा वह है जिसमें आदमी दुनिया की सभी इच्छाएँ छोड़ देता है और स्वयं को 'तुम' और 'मैं' से मुक्त कर देता है, और नींद के दौरान उसे सपने में दुनियादारी की कोई वस्तु नहीं दिखाई देती। फ़क़ीर की नींद को शायद *जोग निद्रा* कहते हैं क्योंकि यह इस दुनिया के आवागमन से मुक्त है, जो मुक्ति है।

दारा शुकोह : 'उद्‌बोधन' (बेदारी) क्या है जिसमें जानवर, वनस्पति, खनिज आदि अपने विकास के चार चरण पूरा करते हैं?

बाबा ला : इसे विश्व का पूरा विकास (*गर्दिशी-ए-फलक*) कहा जाता है। विश्व एक शरीर है जिसका सिर उत्तर, पैर दक्षिण, आँखें सूरज और चन्द्रमा हैं, हड्डियाँ पर्वत और चट्टानें हैं, चमड़ी धरती है, नाड़ी समुद्र है, ख़ून समुद्र का पानी और चश्मे हैं, झाड़ियाँ और वन इसके बाल हैं और आकाश इसके कान हैं।

दारा शुकोह : आकाश एक है कान दो हैं, क्यों?

बाबा लाल : क्योंकि दोनों कान एक ही शब्द सुनते हैं।

दारा शुकोह : *रामायण* में कहा गया है कि जब राम ने लंका पर विजय प्राप्त की तो दोनों पक्षों के अनेक लोग मारे गए। उसके बाद राम ने मृतकों पर अमृत छिड़का। इस पर उनकी पूरी सेना फिर से जीवित हो गयी लेकिन रावण की सेना पर, जो युद्ध में मारी गयी थी, अमृत का कोई प्रभाव नहीं हुआ। अमृत के गुणों को जानते हुए कि जब वह मृतकों पर छिड़का जाता है, वे फिर से जीवित हो जाते हैं तो

रावण की सेना के जीवित न होने का क्या कारण है?

बाबा लाल : इसका कारण है कि युद्ध क्षेत्र में रावण की सेना सदैव राम के बारे में सोचती थी। धर्मनिष्ठ लोग सच्चे हृदय से ध्यान करके जब मुक्ति प्राप्त कर लेते हैं तो वे फिर से मानव शरीर में नहीं लौटते। क्योंकि वे रणभूमि में मारे गए थे और मृत्यु से पूर्व उनके दिमाग़ में सदैव राम का नाम था, रावण की सेना ने मुक्ति प्राप्त की और उनके प्राण शरीर में नहीं लौटे।

दारा शुकोह : रावण ने सीता का अपहरण करने के बाद उसके साथ छेड़छाड़ और दुर्व्यवहार क्यों नहीं किया?

बाबा लाल : सीता वास्तव में धर्म है और इसलिए उसकी शैतान के साथ किसी तरह की कोई तुलनात्मक समानता नहीं थी।

दारा शुकोह : शैतान कोई भी रूप धारण कर सकता है। उसने राम का रूप धारण क्यों नहीं किया?

बाबालाल : सीता राम के रूप से प्रेम करती थी, लेकिन जब रावण अपने रूप में आता था, वह उससे पीड़ित नहीं हुई। राम के विशेष गुण उसके भीतर इतने अधिक समा गए थे कि वह राम को चाहे वह किसी रूप में प्रकट होते, पहचान लेती।

दारा शुकोह : क्या पवित्र अक्षर *ओम्* (ॐ) कहने से स्वर्ग पहुँचा जा सकता है?

बाबा लाल : *ओम्* (ॐ) अक्षर अन्य सभी अक्षरों में सर्वोत्तम है और इसका पाठ करने से ऐसा होता है। यह कहना उस व्यक्ति के सम्बन्ध में सही है, जो असली और नकली की पहचान कर सकता है—हालांकि दोनों समान दिखाई देते हैं—और जिसका ज्ञान शुद्ध और प्रदूषणमुक्त है।

दारा शुकोह : हिन्दू धार्मिक विचार के अनुसार, श्रीकृष्ण अपने सच्चे स्वरूप में बृजधाम में गोपियों के सामने प्रकट हुए। क्या उस स्वरूप को मानव आँखों से देखा जा सकता है?

बाबा लाल : जो लोग माया जाल में फँसे हैं, उन्हें यह देहरहित स्वरूप नहीं दिखाई दे सकता; यह केवल फ़क़ीरों और साधुओं को दिखाई दे

सकता है जिन्होंने अपने भौतिक और दैहिक मनोभावों का दमन कर लिया है, और जो अपनी भावनाओं को नियन्त्रण में रखना जानते हैं। इसके साथ ही, जो इनका उन्मूलन नहीं करते ताकि उनका दिमाग़ भटक न जाए।

दारा शुकोह : फ़ारसी ग्रन्थों में कहा गया है ईश्वर ने चार तत्वों से मनुष्य को बनाया (धरती, जल, अग्नि और वायु) जबकि भारतीय विचारों के अनुसार मनुष्य की रचना पाँच तत्वों (पंचभूत) से की गई। पाँचवाँ तत्व क्या है?

बाबा लाल : पाँचवाँ तत्व आकाश है जिसका नाम श्रवण शक्ति भी है, जिसके ज़रिये मनुष्य भले-बुरे का अनुभव कर सकता है। श्रवण शक्ति लोगों को ईश्वर के समीप ले जाती है।

दारा शुकोह : हिन्दू धर्मग्रन्थों में कहा गया है कि जो कोई काशी में मरता है उसे स्वाभाविक रूप से मुक्ति मिल जाती है। यह एक असाधारण चमत्कार है। क्या इससे पुण्यात्मा और पापी बराबर नहीं हो जाएँगे?

बाबा लाल : सच तो यह है कि काशी वास्तविक अस्तित्व (वजूद) का प्रतिनिधित्व करती है और जो उस अवस्था में मरता है उसकी मुक्ति हो जाती है।

अध्याय तेरह

दरबार की राजनीति

मुग़ल दरबार दो दलों में बँटा हुआ था। पहले दल में विदेशी, ईरानी (फ़ारसी), अफ़ग़ान, तूरानी तथा उत्तर-पश्चिम क्षेत्र के अन्य निवासी थे। इनका नेतृत्व सादुल्ला ख़ाँ एवं औरंगज़ेब करते थे। दूसरे दल में दो-तीन पीढ़ियों या अधिक समय से भारत में बसे विदेशी मुसलमान, राजपूत, बाड़ा के सैयद—पैगम्बर मुहम्मद के वंशज—और नए मुसलमान थे। इनका नेतृत्व दारा और राव छत्रसाल करते थे। शाहजहां की पुत्रियों में से रोशनआरा औरंगज़ेब की, जहांआरा दारा की और गौहर आरा मुराद की पक्षधर और समर्थक थी। रोशनआरा, जहांआरा दरबार की राजनीति में सक्रिय थीं, लेकिन गौहरआरा की कोई भूमिका नहीं थी। दरबार के दोनों दल एक-दूसरे से भयंकर ईर्ष्या करते थे और दूसरे पक्ष को हमेशा नीचा दिखाने के प्रयास में रहते थे। सादुल्ला ख़ाँ और औरंगज़ेब की पार्टी सैनिकवादी पार्टी और दारा एवं जहांआरा की पार्टी शान्ति पार्टी कही जाती थी।

पहले पक्ष का नेता सादुल्ला ख़ाँ शाहजहां का वज़ीर था। सादुल्ला ख़ाँ अत्यन्त योग्य और वफ़ादार कर्मचारी था। दारा सादुल्ला ख़ाँ की योग्यता और सुन्नी धर्मान्धता से घृणा करता था। वास्तव में यह दो शक्तिशाली लोगों के अहम् का टकराव था। दारा सादुल्ला ख़ाँ को परेशान करने का कोई अवसर हाथ से नहीं जाने देता था। शाहजहां कभी पुत्र प्रेम के कारण दारा का पक्ष लेता था, कभी न्याय एवं प्रशासन के हित में सादुल्ला ख़ाँ का पक्ष लेता था। सादुल्ला ख़ाँ और दारा की दुश्मनी के क़िस्से उनकी मृत्यु के बाद भी चर्चा का विषय रहे थे।

ख़ाफ़ी ख़ाँ के अनुसार, एक अवसर पर दारा ने सम्राट से शिकायत की कि सादुल्ला ख़ाँ ने मुझे तो निर्जन और उजाड़ परगने दिए हैं जिनसे कोई आय नहीं होती है और स्वयं समृद्ध एवं सम्पन्न परगने ले लिए हैं। सादुल्ला ख़ाँ को जब यह बात पता चली तो उसने दारा के प्रतिनिधि को बुलाया और उसके कर्मचारियों द्वारा बर्बाद किए गए परगने स्वयं ले लिये और अपने परगने दारा को दे दिये। दो-एक

वर्ष बाद यह पाया गया कि दारा के कर्मचारियों के अत्याचारों और कुशासन के कारण इन परगनों की लगान वसूली लगभग समाप्त हो गयी है।

एक अन्य अवसर पर सादुल्ला ख़ाँ के साथ दारा के अनुचित व्यवहार पर शाहजहां ने नाराज़गी ज़ाहिर की। एक दिन दारा के दीवान भारमल ने शाही ख़ज़ाने पर दारा के 10 लाख रुपये बकाया दिखा कर उसकी माँग की। शाहजहां ने दारा का यह हिसाब (फ़र्द) जाँच के लिए सादुल्ला ख़ाँ को भेज दिया। सादुल्ला ख़ाँ ने अपनी टिप्पणी में लिखा—पहले तो इतनी बड़ी रकम शाही ख़ज़ाने से नहीं दी जा सकती। फिर यह माँग नियमानुसार नहीं है। पिछली प्राप्तियों और ख़र्च और वर्तमान लेखे का अन्तर नहीं दिया गया है। सम्राट के चले जाने के बाद दारा ने सादुल्ला ख़ाँ को कुछ कठोर शब्द कहे। सम्राट को इसकी सूचना दीवान-ए-ख़ास के निरीक्षक (मुशर्रफ) के दैनिक रोजनामचे से मिली। शाहजहां ने फ़ौरन पत्र लिख कर राजकुमार दारा के आचरण की निन्दा की, "भारमल तुम्हारे हितों की रक्षा करता है और सादुल्ला का काम मेरे हितों की देखभाल करना है। तुम्हारे दफ़्तर को इस हिसाब को ठीक से बनाना चाहिये था और तुम्हें यह देखना चाहिए था कि क्या इसे सादुल्ला मंज़ूर करेंगे ...... निस्सन्देह दरबार के कर्मचरियों के साथ अनुचित व्यवहार करना बहुत बुरा है, उनका दिल जीतना प्रशंसनीय है।" सम्राट ने सादुल्ला ख़ाँ को ज़री के काम किए हुए महमूदी थान के कई टुकड़े उपहार स्वरूप भेजे।

मुग़ल दरबार में कोई काम बिना सिफ़ारिश के नहीं होता था। सम्राट जिसकी सिफ़ारिश को जितना अधिक महत्व देते थे उसकी उतनी अधिक पूछ होती थी। सिफ़ारिश करने वाले ये दरबारी अपनी सिफ़ारिशों की अच्छी-ख़ासी कीमत वसूल करते थे। कोई भी व्यक्ति—चाहे वह विदेशी राजदूत, सर थामस रो हों या सम्राट की कृपा पाने का इच्छुक कोई विद्वान या किसी राजा-रजवाड़े का प्रतिनिधि—बिना किसी दरबारी की सहायता के सम्राट तक नहीं पहुँच सकता था। ये दरबारी इन लोगों से अपनी सिफ़ारिश की पूरी कीमत वसूल करते थे।

दारा और सादुल्ला ख़ाँ की शत्रुता और प्रतिस्पर्धा से शाहजहां कभी-कभी दुखी हो जाता था। दारा लोगों के आँसुओं को देखकर पसीज जाता था। अपराधी और शाही कोप के शिकार दरबारी दारा शुकोह के पास पहुँच जाते थे और रो कर, गिड़गिड़ा कर एवं अपनी व्यथा-कथा सुना कर दारा को अपनी सिफ़ारिश करने के लिए तैयार कर लेते थे। दारा की इस आदत से खिन्न हो कर शाहजहां ने एक अवसर पर कहा था, "निस्सन्देह राजकुमार दारा को सभी साधन, राजसत्ता और एक राजा की टीम-टाम प्राप्त है, लेकिन लगता है कि उनकी ईमानदार आदमियों

से शत्रुता है, वह बुरे आदमियों के लिए अच्छे और अच्छे आदमियों के लिए बुरे हैं।''

सादुल्ला ख़ाँ उन लोगों के लिए बहुत अच्छा था जो उसके रास्ते में आड़े नहीं आते थे लेकिन अपने विरोधियों के साथ वह बड़ी कठोरता से पेश आता था। फिर यह दो शक्तिशाली व्यक्तियों की महत्वाकांक्षाओं का संघर्ष था। दारा समझता था कि सादुल्ला ख़ाँ उसके पिता के साथ उसका भी नौकर है। सादुल्ला इस स्थिति को स्वीकार करने के लिए तैयार नहीं था क्योंकि वह स्वयं को बुद्धि, प्रतिभा, साहस एवं योग्यता में दारा से श्रेष्ठ समझता था। दारा के पक्ष में केवल इतना कहा जा सकता है कि उसने अपने प्रभाव का इस्तेमाल कभी किसी को नुक़सान पहुँचाने के लिए नहीं किया। यह सच है कि अनेक अयोग्य, बेईमान, कपटी एवं धूर्त लोगों पर विश्वास करने के कारण उसने नुक़सान उठाया बल्कि अन्त में जान भी गँवाई।

दारा उदार हृदय और दयालु था। किसी के कष्ट दूर करने, सहायता देने और शाही मुआफ़ी देने में उसे असीम आनन्द प्राप्त होता था। मालिक जीवन के समर्थकों के आँसुओं से पिघल कर उसने मालिक जीवन को मौत के मुँह से बचाया था। जीवन की विद्रोही गतिविधियों के लिए शाहजहां ने उसे हाथी से कुचले जाने का आदेश दिया था। दारा की सिफारिश पर शाहजहां ने उसकी जान बख़्श दी लेकिन दग़ाबाज़ मालिक जीवन ने इस उपकार का बदला दारा शुकोह की मौत का जाल बुन कर दिया। मालिक जीवन अकेला दगाबाज नहीं था। ऐसे लोगों की लम्बी सूची है जिन पर दारा शुकोह ने उपकार किया लेकिन उन लोगों ने उसके साथ धोखा किया।

श्रीनगर पर हमला

श्रीनगर का राज्य (वर्तमान गढ़वाल क्षेत्र—पौड़ी गढ़वाल, चमोली, टिहरी गढ़वाल, उत्तरकाशी)—हिमालय क्षेत्र में स्थित होने के कारण मुसलमानी आक्रमण से मुक्त रहा था। कहा जाता है कि मुहम्मद तुग़लक ने चीन पर आक्रमण करने के लिए इस क्षेत्र में तेरहवीं शताब्दी में एक विशाल सेना भेजी थी जो बर्फीले तूफान में फँस कर तबाह हो गई। शाहजहां को बताया गया कि गढ़वाल के राजा के पास अथाह दौलत है और उसके राज्य में सोने की खानें हैं। अत: शाहजहां ने 1636 में गढ़वाल पर हमला करने का आदेश जारी किया। सहारनपुर के फ़ौजदार नजाबत ख़ाँ (शाहरुख़ मिर्ज़ा के पुत्र मिर्ज़ा शुजा) को सेना की कमान सौंपी गई। गढ़वाल में उस समय रानी कर्णावती का शासन था। रानी ने मुग़ल सेना को अपने क्षेत्र में

काफ़ी भीतर तक आने दिया और फिर उस पर छापामार हमले किए। इस युद्ध में सैकडों मुग़ल सैनिक मारे गए और काफ़ी संख्या में सैनिक बीमार हो कर मरे। रानी के सैनिकों ने सैकड़ों मुग़ल सैनिकों को बन्दी बनाया और फिर उनके नाक-कान काटकर उन्हें मुक्त कर दिया। इसी से वह 'नक कटी रानी' कहलाई। नजाबत ख़ाँ अपने बचे हुए सैनिकों के साथ किसी तरह रानी के क्षेत्र से निकल आया।

शाहजहां ने 1654 में एक बार फिर श्रीनगर के राजा पृथ्वीचन्द के विरुद्ध अजमेर के फ़ौजदार ख़लीलुल्ला ख़ाँ के नेतृत्व में 8,000 सैनिकों का एक अभियान दल भेजा। ख़लीलुल्ला ख़ाँ की सहायता के लिए सिरमौर के राजा सौभाग्य प्रकाश और कुमाऊँ के राजा बहादुरचन्द भी इस अभियान दल में शामिल हुए। मुग़ल सेना ने श्रीनगर राज्य की सीमा के भीतर काफ़ी दूर तक अधिकार कर लिया। उन्होंने हरिद्वार के ऊपर स्थित दून क्षेत्र में अड्डा बनाया। ख़लीलुल्ला ख़ाँ की सहायता के लिए चतुर्भुज चौहान को भेजा गया। दो वर्ष तक लड़ाई चलती रही। 1856 में दून स्थित शाही फ़ौज की अतिरिक्त सहायता के लिए दिल्ली से मीर आतिश क़ासिम ख़ाँ को 4,000 घुड़सवारों के साथ भेजा गया।

राजा पृथ्वीचन्द इस लम्बे युद्ध से थक गए थे। उन्होंने लड़ाई समाप्त करने के लिए जहांआरा के साथ खतो किताबत शुरू की। पृथ्वीचन्द ने लिखा "मैं मुग़ल दरबार का स्वामीभक्त सेवक हूँ। मुझे बेवजह परेशान किया जा रहा है। अगर राजकुमार दारा मेरी ओर से बीच-बचाव करें तो मैं अधीनता स्वीकार करने को तैयार हूँ।" उसने अपने पुत्र मेदिनी सिंह को दारा के पास भेजा। दारा ने उसे दरबार में पेश किया। मेदिनी सिंह ने सम्राट को अपने पिता की ओर से 1000 अशर्फ़ियाँ भेंट कीं। सम्राट ने कृपापूर्वक उसके पिता के सभी अपराध क्षमा कर दिए और उसको क़ीमती ख़िलअत, जड़ाऊ दस्तबन्द, बढ़िया अरबी घोड़ा और सुनहरी जीन प्रदान की।

गोलकुण्डा और बीजापुर के विरुद्ध कार्रवाई

गोलकुण्डा और बीजापुर—दोनों की नज़र कर्नाटक की उपजाऊ भूमि पर थी। दोनों उस पर अधिकार करना चाहते थे। दोनों विवाद को शाहजहां के पास ले गए। दरबार में सादुल्ला ख़ाँ गोलकुण्डा और बीजापुर को साम्राज्य में मिलाने का पक्षधर था। दारा एवं जहांआरा इसका विरोध करते थे। जब औरंगज़ेब गोलकुण्डा पर अधिकार करने की पूरी तैयारी कर चुका था, दारा और जहांआरा के हस्तक्षेप से शाहजहां ने औरंगज़ेब को गोलकुण्डा पर अधिकार करने से रोक दिया गया। वास्तव

में, इस पूरे मामले में औरंगज़ेब ने न केवल सम्राट को अँधेरे में रखा बल्कि उनके आदेशों को दबाया। शाहजहां ने सादुल्ला और औरंगज़ेब के असर में आकर कुछ समय तक क़ुतुब शाह के विरुद्ध ज़्यादती होने दी लेकिन जब दारा ने गोलकुण्डा की सच्ची स्थिति स्पष्ट की तो सम्राट की न्याय भावना जाग गयी और वह औरंगज़ेब के छिपे इरादों को समझ गए।

औरंगज़ेब को 1652 में दक्षिण के मुग़ल सूबों का सूबेदार बना कर भेजा गया था। सादुल्ला ख़ाँ और औरंगज़ेब की सैनिकवादी पार्टी इन दोनों रियासतों को मुग़ल साम्राज्य में मिलाने के पक्ष में थी। इस विषय में दोनों पार्टियों का विरोध और संघर्ष भी उत्तराधिकार का एक कारण बना। शाहजहां ने औरंगज़ेब को कन्धार लेने का एक और अवसर नहीं दिया था, अत: वह नाराज़ था। दक्षिण पहुँच कर औरंगज़ेब का एकमात्र उद्‌देश्य उत्तराधिकार के भावी युद्ध के लिए सैन्य बल और साधन जुटाना था।

इस उद्‌देश्य की प्राप्ति के लिए वह गोलकुण्डा और बीजापुर की कमज़ोर और धनी रियासतों पर कब्ज़ा करना चाहता था। अत: उसने इसके लिए युद्ध करने की योजना बनाई। युद्ध के लिए उसने एक बड़ी सेना संगठित की, अपने अफ़सरों को युद्ध के लिए प्रशिक्षित किया और हथियारों, गोला-बारूद का भण्डार एकत्र किया। इसी के साथ उसने युद्ध के लिए धन जुटाने का प्रबन्ध किया। यह सब उत्तराधिकार के युद्ध में काम आया।

औरंगज़ेब की नज़र पहले गोलकुण्डा पर पड़ी। उसने गोलकुण्डा के सुलतान से हून और रुपये की विनिमय दर बदलने के कारण 20 लाख रुपये बक़ाया ख़िराज की माँग की और गोलकुण्डा के वज़ीर मीर जुमला को अपने साथ मिला कर उसे अपने मालिक के ख़िलाफ़ दग़ाबाज़ी करने के लिए तैयार किया। औरंगज़ेब के मित्र सादुल्ला ख़ाँ ने सम्राट की लालच भावना का फ़ायदा उठा कर इस अन्यायपूर्ण अभियान के लिए उनकी सहमति प्राप्त की।

औरंगज़ेब ने शाहजहां द्वारा अब्दुल्ला क़ुतुबशाह को लिखे पत्र को चालाकी और धूर्तता से दबा कर गोलकुण्डा के सर्वनाश की तैयारी की। उसने अचानक गोलकुण्डा पर हमला कर दिया जबकि शाहजहां ने मीर जुमला के परिवार की मुक्ति और औरंगज़ेब को ख़ुश करने के लिए उसे केवल '*शक्ति प्रदर्शन*' की इजाज़त दी थी लेकिन औरंगज़ेब के इरादे कुछ और थे। वह अब्दुल्ला क़ुतुबशाह की हत्या करके गोलकुंडा की रियासत को मुग़ल सल्तनत में मिलाना चाहता था।

मुग़ल सेना ने हैदराबाद पर कब्ज़ा कर लिया और अब्दुल्ला क़ुतुबशाह को गोलकुण्डा के क़िले में घेर लिया। ठीक इसी समय दारा और जहांआरा के हस्तक्षेप से गोलकुण्डा बच गया।

औरंगज़ेब ने गोलकुण्डा युद्ध के दौरान प्राप्त लूट के माल का बड़ा हिस्सा अपने पास रखा और केवल नगण्य भाग शाही ख़ज़ाने को भेजा। इस विषय में शाहजहां और औरंगज़ेब के बीच अशोभनीय विवाद हुआ। इस मामले में तत्कालीन इतिहासकारों ने औरंगज़ेब को दोषी ठहराया है। अपनी ईमानदारी सिद्ध करने के लिए औरंगज़ेब ने अनेक मिथ्या तर्क पेश किए और लूट का समस्त माल लौटाने की पेशकश की।

अब्दुल्ला क़ुतुब शाह को दारा के निम्नलिखित पत्रों (15 मार्च, 1656) से स्थिति स्पष्ट हो जाती है "29वीं जमादी-उल-अव्वल (15 मार्च, 1656) मुल्ला अब्दुस समद आए और अपने साथ आप श्रीमन्त के लिखे तीन पत्र (अर्ज़दस्त) लाए जो जहाँपनाह, मेरी यशस्वी बहिन और मुझे सम्बोधित करके लिखे गए थे। मैंने तीनों पत्र जहाँपनाह के सामने रख दिए.... उन्होंने कृपा करके आपके पक्ष में एक फ़रमान लिखा और उसे आपको देने के लिए शाइस्ता ख़ाँ को भेजा ताकि यह बात स्पष्ट हो जाए कि सम्राट ने ...... *वास्तव में गोलकुण्डा की घेराबन्दी और आपके क्षेत्र पर कब्ज़ा करने के कोई आदेश नहीं दिये थे।* इसके विपरीत, यह इच्छा प्रकट की गयी थी कि वे अपने साथ मीर मुहम्मद सईद के पुत्रों और परिवार के अन्य सदस्यों को लेकर वापिस लौट जाएँ।"

औरंगज़ेब और उसके समर्थकों ने उपर्युक्त फ़रमान के आधार पर दारा पर साजिश करने और पीठ में छुरा भोंकने का आरोप लगाया। यह आरोप निराधार है। वास्तव में औरंगज़ेब शाहजहां के आदेश की अवहेलना करके भावी संघर्ष के लिए धन और सैन्यबल इकट्ठा करना चाहता था। यही नहीं, वह अब्दुल्ला क़ुतुब शाह की जान लेना चाहता था। उसने अपने पुत्र सुलतान मुहम्मद को आदेश दिया था कि वह गोलकुण्डा के सुलतान को अपने जाल में फँसा कर उसकी हत्या कर दे। वह इस कार्य को चतुराई, चुस्ती-फुर्ती और हाथ की सफ़ाई से अनजाम दे।

शाहजहां ने फ़रवरी के शुरू में शाही फ़रमान जारी करके अब्दुल्ला को माफ़ी दे दी थी। उसने फ़रमान के साथ अब्दुल्ला क़ुतुब शाह के लिए शाही पोशाक भी भेजी थी लेकिन औरंगज़ेब ने यह कहकर कि इस समय पत्र देने से समझौते की शर्तों को अन्तिम रूप देने में कठिनाई आएगी, अब्दुल्ला को माफ़ी का पत्र नहीं

दिया। औरंगज़ेब ने स्वयं समझौते की शर्तों की बातचीत को लम्बा खींचा। मीर जुमला को लिखे गए एक पत्र में औरंगज़ेब ने स्वयं स्वीकार किया है "क़ुत्ब-उल-मुल्क अब मुझसे माफ़ी माँग रहा है। उसका प्रस्ताव है कि उसकी माँ मुझसे भेंट करने आएगी और उसकी पुत्री का विवाह मेरे पुत्र के साथ किया जाएगा लेकिन मैं उसका विनाश चाहता हूँ।"

गोलकुण्डा के मामले में औरंगज़ेब दोहरे अपराध का दोषी है। उसका पहला अपराध है—गोलकुण्डा पर अकारण हमला करना। यही नहीं, उसने अब्दुल्ला क़ुतुब शाह को एक गुप्त समझौता (अहदनामा) करने पर मजबूर किया। इसके अनुसार, अब्दुल्ला की मौत के बाद औरंगज़ेब के पुत्र को ब्याही उसकी पुत्री की सन्तान गोलकुण्डा रियासत की वारिस होगी। अब्दुल्ला के अन्य वारिसों का रियासत पर कोई हक़ नहीं होगा। इस समझौते के लिए सम्राट से कोई अनुमति नहीं ली गयी थी बल्कि उन्हें इसका पता भी नहीं था। जब यह समझौता पुष्टि के लिए सम्राट के पास आया तो उन्होंने मंज़ूर करने से इनकार कर दिया।

गोलकुण्डा में अपनी सफलता से उत्साहित होकर औरंगज़ेब ने बीजापुर को अपना अगला निशाना बनाया। लगभग इसी समय बीजापुर के सुलतान मुहम्मद आदिल शाह की मौत हो गई। औरंगज़ेब ने आदिल शाह की मौत में बीजापुर पर कब्ज़ा करने के अपने इरादों को पूरा करने का अवसर देखा। बीजापुर एक स्वतन्त्र रियासत थी और उसने मुग़ल सम्राट के साथ हुए अपने समझौते का पूरी तरह पालन किया था। औरंगज़ेब ने बीजापुर पर अधिकार करने के लिए यह आरोप लगाया कि आदिल शाह का उत्तराधिकारी अली आदिल शाह द्वितीय की अवैध सन्तान है। उसने सम्राट से अनुरोध किया कि बीजापुर की सल्तनत एक हरामी (जारज़) व्यक्ति के हाथों में जाने देने के बदले उसे लोगों की भलाई के लिए साम्राज्य में मिला लिया जाए।

सम्राट से मंज़ूरी मिलने की आशा में उसने अपनी फ़ौज को लामबन्द किया और बीजापुर के शासन को अस्त-व्यस्त करने के लिए उसके कर्मचारियों के लिए ख़ज़ाना खोल दिया। शाहजहां ने कुछ समय तक औरंगज़ेब को हमले की मंज़ूरी नहीं दी लेकिन फिर नए वज़ीर मीर जुमला के दबाब में, जो दरबार की सैनिकवादी पार्टी में शामिल हो गया था, हमले की मंज़ूरी दे दी। यह माना जाता था कि मीर जुमला को दक्कन की राजनीति की अच्छी जानकारी थी। इसके अलावा, मीर जुमला अच्छा जौहरी था और उसके पास हीरे-जवाहरात का बेहतरीन भण्डार था। उसने शाहजहां को हीरे, लाल और पुखराज भेंट करके यह मंज़ूरी प्राप्त की।

युद्ध की मंज़ूरी देना सर्वथा अनैतिक एवं अन्यायपूर्ण था। शाहजहां ने बीजापुर के मामले में औरंगज़ेब को 'जैसा उचित समझे वैसा करे' का अधिकार प्रदान किया। साम्राज्य विस्तार का लालच, मीर जुमला का दबाव और उपहारों ने उसकी न्याय भावना को समाप्त कर दिया था। औरंगज़ेब ने फुर्ती से बीदर और कलियानी के क़िलों पर कब्ज़ा कर लिया। इस बीच शाही फ़ौजों का एक बड़ा दस्ता भी औरंगज़ेब की सहायता के लिए पहुँच गया। बीजापुर का पतन अवश्यम्भावी था। छह महीने की लड़ाई के बाद जब विजयश्री औरंगज़ेब के अत्यन्त निकट थी कि अचानक सम्राट ने औरंगज़ेब से सलाह किए बिना बीजापुर अभियान समाप्त करने का आदेश दिया। महाबत ख़ाँ, राव छत्रसाल और मीर जुमला के लिए फ़रमान जारी किए गए कि वे औरंगज़ेब की औपचारिक अनुमति की प्रतीक्षा किए बिना तत्काल मुग़ल और राजपूत फ़ौजों को लेकर राजधानी पहुँचें।

महाबत ख़ाँ और राव छत्रसाल तो सम्राट के आदेशानुसार दिल्ली पहुँच गए लेकिन मीर जुमला को दिल्ली आने से रोकने के लिए औरंगज़ेब ने गिरफ़्तार कर लिया और उसकी सम्पत्ति जब्त कर ली। औरंगज़ेब और मीर जुमला घनिष्ठ सहयोग में काम कर रहे थे। मीर जुमला की गिरफ़्तारी दिखावे के लिए थी।

औरंगज़ेब के समर्थकों का आरोप है कि शाहजहां के यह दोनों फ़रमान दारा के अनुरोध पर लिखे गए थे। यह फ़रमान औरंगज़ेब को अपमानित करने और उसके पर कतरने के लिए दारा शुकोह के षड्यन्त्र का हिस्सा था। इस बारे में तत्कालीन इतिहास में कोई उल्लेख नहीं है। मुहम्मद सलीह कम्बूह की रचना *अमल-ए-सलीह* के अनुसार, औरंगज़ेब की सेना का सामना कर सकने में अपनी असमर्थता को देखते हुए आदिल शाह ने अपना दूत इब्राहिम बिचित्तर ख़ान, राजकुमार दारा के पास भेजा और उसके ज़रिये शान्ति की प्रार्थना की। यह सब इतनी जल्दी और अचानक हुआ कि सभी लोग स्तब्ध रह गए। परिवर्तन इतनी तेज़ी और निर्णायक तरीके से किया गया था कि लोगों ने समझा कि यह सब दारा के अनुरोध पर किया गया होगा।

प्रतीत होता है कि शाहजहां, औरंगज़ेब की बढ़ती शक्ति और सैनिक सफलताओं से आशंकित हो गया था। उसे यह ख़तरा सताने लगा था कि औरंगज़ेब उसे तख़्त से बेदख़ल न कर दे। शाहजहां को बार-बार इस बात की याद आने लगी कि उसने तख़्त पाने के लिए कैसे अपने पिता जहांगीर के ख़िलाफ़ विद्रोह किया था, अपने बड़े भाई और अन्य सगे-सम्बन्धियों की हत्या की थी। शाहजहां औरंगज़ेब को गहरे अविश्वास की दृष्टि से देखता था और इस कारण उसके प्रति कभी-कभी उसका

व्यवहार अनावश्यक रूप से कठोर हो जाता था।

शाहजहां को यह भी आशंका थी कि औरंगज़ेब दक्षिण की सूबेदारी का इस्तेमाल गद्दी प्राप्त करने के लिए न करे। उसने शुजा को लिखा था "मैं औरंगज़ेब को दक्षिण से हटाने के बारे में गम्भीरता से सोच रहा हूँ।" लेकिन शाहजहां अपनी योजना लागू करने से पहले ही 6 सितम्बर, 1657 को गम्भीर रूप से बीमार पड़ गया। उसकी बीमारी की ख़बर जल्दी ही उसकी मौत की अफ़वाह में बदल गई। उसके तीनों पुत्र, जो अलग-अलग सूबों के सूबेदार थे, शायद इसका इन्तज़ार कर रहे थे। उत्तराधिकार का युद्ध शुरू हो गया था। मुराद ने साम्राज्य के बँटवारे के लिए औरंगज़ेब के साथ समझौता किया। दारा ने मुराद और औरंगज़ेब को अलग करने का प्रयास किया, किन्तु उसे इसमें सफलता नहीं मिली।

अध्याय चौदह

उत्तराधिकार के नियम का अभाव

प्रारम्भिक वर्षों के दौरान इस्लाम में राजशाही की व्यवस्था नहीं थी। उत्तराधिकार का कोई नियम नहीं था। पिता के बाद राज्य का वारिस पुत्र हो, यह ज़रूरी नहीं था। बाद में जब वंशानुगत शासन की व्यवस्था हुई तो बड़े पुत्र को उत्तराधिकारी बनाने का नियम नहीं माना गया। तैमूर के ख़ानदान का हर राजकुमार ख़ुद को गद्दी का वारिस, मिर्ज़ा समझता था। मिर्ज़ा, जिसे शासन करने का जन्मजात अधिकार है। हर राजकुमार इसके लिए हथियार उठाने और निकट सम्बन्धियों की हत्या करने को तैयार रहता था। उनकी महत्वाकांक्षाओं पर कोई नियन्त्रण नहीं था। राजगद्दी के लिए विद्रोह करना, सगे-सम्बन्धियों की हत्या करना, उन्हें अन्धा बनाना, क़ैदख़ाने में डाल देना, ज़हर देना—बुरा नहीं समझा जाता था। मुग़ल ख़ानदान का इतिहास सिंहासन के लिए पिता के विरुद्ध विद्रोह करने, भाइयों और निकट सम्बन्धियों की हत्या करने और षड्यन्त्रों की घटनाओं से भरा पड़ा है।

मुग़लों में मंगोलों-तुर्कों, तैमूर-चंगेज़ ख़ाँ और कबीलाई हमलावरों का ख़ून था। यद्यपि फ़ारसी (ईरानी) भाषा और संस्कृति के प्रभाव से मुग़लों में कुछ नफ़ासत आ गयी थी तथापि, मंगोलियाई प्रभाव के कारण उनमें अनावश्यक हिंसा, बल प्रयोग एवं निर्दयता के तत्व शामिल थे। भारत पर अधिकार करने के बाद बाबर केवल चार वर्ष तक जीवित रहा। उसके बाद उसका बड़ा बेटा तख़्त का वारिस बना। हुमायूँ ने अपने पिता की इच्छानुसार अपने भाई अकसरी को सम्भल, हिन्दाल को अलवर और कामरान को कन्धार-काबुल का सूबेदार बना दिया। इन भाइयों ने क़दम-क़दम पर हुमायूँ के लिए काँटे बोए। उसके इलाक़े पर जबरन कब्ज़ा किया, विपत्ति में उसकी सहायता नहीं की और उसके साथ हर अवसर पर शत्रुता का व्यवहार किया। कामरान का आचरण तो इतना निन्दनीय था कि मुग़ल सरदारों के ज़बर्दस्त दबाब में हुमायूँ को उसे अन्धा करने का आदेश देना पड़ा।

अकबर को भी निकट सम्बन्धियों के षड्यन्त्रों का सामना करना पडा। उसके

स्थान पर कामरान के पुत्र अब्दुल क़ासिम को गद्दी पर बिठाने की चेष्टा की गई। बाद में विद्रोहियों ने अकबर के भाई मुहम्मद हाकिम के साथ मिल कर अकबर को गद्दी से हटाने का प्रयास किया। अकबर के पुत्र सलीम (बाद में जहांगीर) ने उसके विरुद्ध विद्रोह का झण्डा खड़ा किया और उसके प्रिय सहयोगी अब्दुल फ़ज़ल की हत्या करवा दी। यह भी सन्देह है कि उसके इशारे पर अकबर को ज़हर देकर मारा गया।

अकबर की मृत्यु के समय गद्दी का कोई और दावेदार नहीं था। राजकुमार मुराद की 1599 में मृत्यु हो गयी थी। 1604 में राजकुमार दानियाल भी अत्यधिक शराब पीने से काल का ग्रास बन चुका था। राजा मान सिंह एवं ख़ान-ए-आज़म अज़ीज़ कोका ने जहांगीर के स्थान पर उसके पुत्र खुसरो को गद्दी पर बिठाने का षड्यन्त्र किया लेकिन अन्य सरदारों के विरोध के कारण उन्हे अपना प्रयास छोड़ देना पड़ा।

जहांगीर के गद्दी पर बैठने के छह महीने बाद खुसरो ने बग़ावत की जो कुचल दी गई लेकिन दो वर्ष बाद उसे गद्दी पर बिठाने के लिए फिर षड्यन्त्र किया गया। जहांगीर ने चार षड्यन्त्रकारियों को मौत की सज़ा दी और खुसरो को अन्धा करवा दिया। अभागे खुसरो का शेष जीवन भी कष्ट में ही बीता। 1616 में नूरजहां के सुझाव पर उसे आसफ़ ख़ाँ के सुपुर्द कर दिया गया, जिसने उसे ख़ुर्रम (बाद में शाहजहां) के सुपुर्द कर दिया। ख़ुर्रम खुसरो को गद्दी के लिए अपना प्रतिद्वन्द्वी समझता था। अत: वह उसे दक्कन अभियान के दौरान अपने साथ ले गया और 1622 में उसकी हत्या करवा दी।

जहांगीर के जीवनकाल में नूरजहां अत्यन्त शक्तिशाली हो गयी थी। जहांगीर ने राजकाज की सभी ज़िम्मेदारियाँ उसे सौंप दी थीं। नूरजहां की कुटिल चालों के विरोध में, और जल्दी गद्दी प्राप्त करने के लिए ख़ुर्रम ने विद्रोह किया। उसे जनता और सरदारों का उतना समर्थन नहीं मिला जितना मिलना चाहिए था। शाही सेना ने हर जगह उसका पीछा किया। शाही सेना से बचने के लिए उसे दक्कन और बंगाल में इधर-उधर भागना पड़ा। अन्त में ख़ुर्रम ने अपने पिता के सामने घुटने टेक दिये।

जहांगीर की मौत के बाद भी उत्तराधिकार का संघर्ष हुआ। खुसरो की हत्या कर दी गयी थी। परवेज़ अत्यधिक शराब पीने से 1626 में मर चुका था लेकिन शहरयार जिन्दा था। ख़ुर्रम दक्कन में था। शहरयार ने लाहौर पर हमला किया और शाही ख़ज़ाने और शस्त्रागार पर कब्ज़ा करने के बाद स्वयं को सम्राट घोषित कर

दिया। ख़ुर्रम के ससुर आसफ़ ख़ाँ (नूरजहां के भाई) ने अपनी अँगूठी के साथ ख़ुर्रम को हरकारों के ज़रिये ख़बर भेजी। ख़ुर्रम के आने से पहले उसने खुसरो के लड़के दावरबक्श को बादशाह बना दिया। इसके बाद उसने बड़ी फ़ौज लेकर लाहौर पर हमला किया। शहरयार को बन्दी बनाकर अन्धा कर दिया गया।

इस बीच ख़ुर्रम तेज़ी से आगरा लौटा। फ़रवरी 1628 में आगरा पहुँच कर वह अबुल मुज़फ़्फ़र शिहाबुद्दीन मुहम्मद साहिब-ए-किरण शाहजहां बादशाहगाज़ी की उपाधि के साथ तख़्त पर बैठा।

अध्याय पन्द्रह

शाहजहां की बीमारी

जहांगीर की मृत्यु के बाद अपने ससुर आसफ़ ख़ाँ की सहायता से ख़ुर्रम शाहजहां की उपाधि के साथ गद्दी पर बैठा। उसने अपने बड़े भाई खुसरो की हत्या पहले ही करा दी थी। शहरयार को आसफ़ ख़ान ने पहले ही अन्धा करा दिया था। अत: गद्दी के लिए कोई दावेदार नहीं था। तथापि, शाहजहां ने इस आशंका से कि भविष्य में उसे कोई चुनौती न दे, अपने अनेक सगे-सम्बन्धियों की हत्या करवाई। उसका यह कार्य अन्यायपूर्ण ही नहीं, एकदम अनुचित था। कालान्तर में आगरा के क़िले में बन्दी जीवन बिताकर उसे इसकी क़ीमत चुकानी पड़ी। शाहजहां का शासनकाल अद्‌भुत वैभव, शानोशौक़त, दिल्ली के लाल क़िले, जामा मस्जिद और ताजमहल के निर्माण के लिए प्रसिद्ध है लेकिन शाहजहां का अन्तिम समय आगरा के क़िले में एक क़ैदी के रूप में बीता।

सितम्बर 1657 में शाहजहां बीमार पड़ा। लगभग एक सप्ताह तक उसकी हालत गम्भीर रही। तख़्त के लिए संघर्ष शुरू हो गया। दारा ने दरबार में अपने भाइयों के वकीलों (प्रतिनिधियों) को बन्द करवा दिया। इससे उन्हें दरबार की भरोसेमन्द सूचनाएँ मिलनी बन्द हो गईं। अत: अफ़वाहों का बाज़ार गर्म हो गया।

दरबार के अनेक उच्च अधिकारी औरंगज़ेब से मिले हुए थे। अत: वे, दारा तख़्त न पा सके, इसका जाल बुनने लगे। इन षड्यन्त्रकारियों में प्रमुख थे—शाही ख़ज़ाने का प्रमुख अधिकारी ज़फ़र ख़ाँ और दानिशमन्द, जो यह नहीं चाहते थे कि दारा तख़्त हासिल करे। उन्हें अन्य कई अधिकारियों का समर्थन था लेकिन दारा को इसकी भनक भी नहीं थी। वह इन्हें अपना वफ़ादार सेवक समझता था।

दारा के चरित्र की सबसे बड़ी कमज़ोरी यह थी कि उसे लोगों की पहचान नहीं थी। इस दौरान अफ़वाह फैल गयी कि शाहजहां की मौत हो गयी है और दारा उसे छिपा रहा है। इस अफ़वाह को समाप्त करने के लिए शाहजहां ने झरोखा

दर्शन देना शुरू किया इसके बाद एक शाही दरबार भी किया गया लेकिन अफ़वाहों ने थमने का नाम नहीं लिया। कहा गया कि झरोखा दर्शन देने वाला व्यक्ति एक जनखा है, जिसे शाहजहां के कपड़े पहना दिए गए हैं। यह भी कहा गया कि दारा ने शाहजहां को क़ैद करके राजगद्दी सम्भाल ली है।

शाहजहां के चारों पुत्र गद्दी के दावेदार थे। शाहजहां अपने सबसे बड़े पुत्र दारा को अपना उत्तराधिकारी बनाना चाहता था। उसने एक वर्ष छोड़ कर राज-काज सिखाने के लिए उसे हमेशा अपने पास दरबार में रखा। दारा को समय-समय पर अनेक सूबों का सूबेदार बनाया गया। दारा दरबार में सम्राट के साथ रहता था। अत: वह इन सूबों का प्रशासन चलाने वहाँ नहीं गया। उसके स्थान पर उसके प्रतिनिधि इन सूबों का प्रशासन चलाते थे। दारा केवल एक बार पंजाब सूबे के मुख्यालय, लाहौर में एक वर्ष तक रहा।

दारा के मनसबों पर समय-समय पर वृद्धि की गई। उसे देश के विभिन्न स्थानों पर जागीरें प्रदान की गईं। शाही ख़ज़ाने के दरवाज़े उसके लिए हमेशा खुले रहते थे। उत्तराधिकार युद्ध शुरू होने के समय वह 60,000 जात का सेनापति था, जो उसके तीन भाइयों के मनसबों में सबसे अधिक था। शाहजहां के तीन पुत्रों में से औरंगज़ेब दक्कन का, शुजा बंगाल-बिहार का और मुराद गुजरात का सूबेदार था। तीनों भाई दारा से ईर्ष्या करते थे। चारों भाइयों को प्रशासन और सैनिक मामलों का पर्याप्त अनुभव था। दारा दिल्ली के तख़्त पर न बैठ पाए, इसके लिए उन्होंने अनौपचारिक गठबन्धन किया था। गठबन्धन का जनक और प्रेरक औरंगज़ेब था। पहला गठबन्धन शुजा और औरंगज़ेब ने 1652 में आगरा में किया। दोनों भाई बड़ी धूमधाम और शानो-शौक़त से मिले और उन्होंने एक-दूसरे का ज़बर्दस्त स्वागत-सत्कार किया। दोनों ने हमेशा एक-दूसरे का साथ देने की कसमें खाईं। आपसी दोस्ती को मज़बूत करने के लिए शुजा की पुत्री गुलरुख़बानू की सगाई औरंगज़ेब के बड़े पुत्र सुलतान महमूद से कर दी गई। इसके कुछ समय बाद मालवा प्रान्त में हो कर दक्कन के लिए गुज़रते हुए औरंगज़ेब ने मुराद से दोराहा में भेंट की। इसके बाद तीनों भाई एक-दूसरे के सम्पर्क में रहे। इसके अलावा, मुराद और औरंगज़ेब के बीच शुजा के विरुद्ध एक और गठबन्धन था। दोनो भाई शुजा को अपना भावी दुश्मन समझते थे।

इसी दौरान तीनों भाइयों के बीच पत्र-व्यवहार की पक्की व्यवस्था की गई, ताकि वे एक-दूसरे से निरन्तर सम्पर्क में रहें। दिसम्बर के मध्य में मुराद ने अपने विश्वस्त दूत के ज़रिये औरंगज़ेब को एक पत्र और गोपनीय सन्देश भेजा। लगभग

इसी समय औरंगज़ेब ने भी एक सन्देश भेजा। इससे पहले मुराद ने शुजा को औरंगज़ेब के सूबे से हो कर एक पत्र भेजा था। इस पत्र-व्यवहार का उद्देश्य अपने माता-पिता की बीमारी से उत्पन्न स्थिति पर विचार करना और दारा को दिल्ली के तख़्त पर बैठने से रोकना था।

शाहजहां मुराद को कोई महत्व नहीं देता था लेकिन शुजा और औरंगज़ेब का गठबन्धन उसे दारा और अपने लिये ख़तरे की घण्टी लगा। शाहजहां ने दोनों भाइयों के पुत्र-पुत्रियों के बीच विवाह सम्बन्ध करने पर नाराज़गी ज़ाहिर की। उसने औरंगज़ेब को सलाह दी कि सगाई को समाप्त कर दिया जाए। शाहजहां ने शुजा को अपने साथ लेने का भी प्रयत्न किया। उसने शुजा से शिकायत की कि दक्कन में औरंगज़ेब का शासन पूरी तरह विफल रहा है। उसने शुजा को बंगाल-बिहार के बदले दक्कन के पाँच राज्यों की सूबेदारी देने का प्रस्ताव किया। इस विषय में कोई प्रगति क्यों नहीं हुई, कोई सूचना नहीं है।

औरंगज़ेब चतुर, बुद्धिमान और कूटनीतिज्ञ था। वह सोच-विचार कर काम करने के पक्ष में था लेकिन मुराद में धैर्य का अभाव था। वह जल्दबाज था। वह जटिल राजनीतिक मामलों में भी धैर्य से विचार नहीं कर सकता था। शाहजहां की बीमारी के दौरान दारा अपने पिता के साथ था। उसने बड़े प्रेम और आदर के साथ अपने पिता की चिकित्सा की व्यवस्था की और बीमारी के दौरान लगातार उसकी सेवा-सुश्रुषा की। उसने शाहजहां की बीमारी के दौरान तख़्त हथियाने का कोई प्रयास नहीं किया। तथापि, वह अपने पिता के नाम से आदेश जारी करता रहता था। उसने अपनी स्थिति मज़बूत करने का भी प्रयास किया क्योंकि शाहजहां ने उसे कुछ दरबारियों और बड़े शाही अधिकारियों के सामने अपना उत्तराधिकारी घोषित कर दिया था।

उसने औरंगज़ेब के मित्र मीर जुमला को वज़ीर पद से हटा दिया और महाबत ख़ाँ तथा अन्य शाही अधिकारियों को दक्कन से दरबार में लौटने के आदेश जारी किए। शाहजहां के स्वस्थ हो जाने, झरोखा दर्शन देने और दरबार करने के बावजूद अफ़वाहों का बाज़ार गर्म था। लोग अफ़वाहों पर ज़्यादा विश्वास करते थे। इससे चारों ओर भ्रम एवं अव्यवस्था की स्थिति पैदा हो गई।

शाहजहां ने दारा को पंजाब में हिसार की जागीर और 'शाह-ए-बुलन्द' की उपाधि से अलंकृत करके अपना उत्तराधिकारी तो घोषित कर दिया था किन्तु उसने उत्तराधिकार के युद्ध को रोकने के लिए समय पर कोई क़दम नहीं उठाए। तैमूर

ख़ानदान में सत्ता के लिए समय-समय पर जो ख़ून ख़राबा हुआ था उससे शाहजहां परिचित था। उसने स्वयं गद्दी के लिए अपने बड़े भाई खुसरो और अनेक निकट सम्बन्धियों की हत्या कराई थी। अपने पिता के विरुद्ध बग़ावत की थी। दारा के विरुद्ध शुजा और औरंगज़ेब के गठबन्धन और मुराद और औरंगज़ेब की मित्रता की भी उसे जानकारी थी। उसने औरंगज़ेब और शुजा के पुत्र-पुत्रियों के विवाह का भी विरोध किया था। वह इसे दारा और अपने लिए चुनौती समझता था। फिर भी, उसने औरंगज़ेब और शुजा की शक्ति कम करने और उन्हें नियन्त्रित करने के कोई ठोस उपाय नहीं किए। उसको ग़लतफ़हमी थी कि उसके पुत्र सत्ता हासिल करने के लिए हथियार नहीं उठाएँगे और उसके आदेशों का पालन करेंगे।

अध्याय सोलह

उत्तराधिकार का युद्ध

शाहजहां के चारों पुत्र ख़ुद को गद्दी का असली उत्तराधिकारी समझते थे। दारा दरबार में शाहजहां के साथ रहता था और उसका प्रिय तथा विश्वासपात्र था। शेष तीन पुत्र दारा को गहरे सन्देह और अविश्वास से देखते और उससे घृणा करते थे। औरंगज़ेब कट्टरवादी था जबकि दारा उदार और स्वतन्त्र विचारों का था। औरंगज़ेब दारा को अपनी महत्वाकांक्षा पूरी करने में प्रमुख अड़चन मानता था। वह दारा को नियन्त्रित करने के लिए अपने दोनों भाइयों के साथ साँठ-गाँठ करता रहता था। इसी के साथ वह दोनों भाइयों को गहरे शक़ से देखता था। औरंगज़ेब को इसके लिए दोष नहीं दिया जा सकता क्योंकि गद्दी के लिए निकट सम्बन्धियों को अपने रास्ते से हटाना उस युग में सामान्य बात समझी जाती थी।

चारों भाइयों में औरंगज़ेब सबसे योग्य, साहसी, वीर और कुशल रणनीतिकार था। दक्षिण के सूबेदार के रूप में उसने उच्चकोटि की प्रशासनिक योग्यता का परिचय दिया। औरंगज़ेब अपने उदार व्यवहार से लोगों को आसानी से अपना मित्र बना लेता था। औरंगज़ेब ने उत्तराधिकार के युद्ध के लिए स्वयं को शुरू से तैयार किया था। दक्षिण की सूबेदारी के दौरान उसने इसके लिए साधन—धन, आधुनिक हथियार, प्रशिक्षित सैनिक—जुटाए। इसके अलावा उसने दिल्ली तथा अन्य महत्वपूर्ण ठिकानों में अपने जासूस नियुक्त किए जो उसे महत्वपूर्ण घटनाओं की पल-पल की ख़बरें देते थे। उसने दरबार के उमरा (बड़े सरदारों) और शाही सेना के बड़े अधिकारियों को भी अपने पक्ष में करने के प्रयास किए। उसने अधीनस्थ राजाओं को उपहार भेज कर उनके साथ मधुर सम्बन्ध स्थापित किए।

औरंगज़ेब को सन्देह और आशंका थी कि दारा उसकी हत्या करवा सकता है। सम्भवत: यह उसकी अपनी सोच का प्रतिबिम्ब था। उसने जिस प्रकार दारा और मुराद की हत्या कराई और शुजा को मरने के लिए अराकान में शरण लेने को विवश किया, उससे पता लगता है कि वह गद्दी के लिए भाइयों की हत्या करना

या कराना मामूली बात समझता था।

शाहजहां की बीमारी की ख़बर लगते ही तीनों पुत्रों ने आगामी संघर्ष के लिए सैन्य तैयारी शुरू कर दी। बीमारी की ख़बर जब अफ़वाहों से मौत में बदली तो शुजा और मुराद ने क्रमश: राजमहल और अहमदाबाद में अपना राज्यभिषेक कर लिया। औरंगज़ेब चतुर और धूर्त था। वह जल्दबाज़ी में कोई काम नहीं करना चाहता था। अत: उसने अनुकूल अवसर आने का इन्तजार करना बेहतर समझा। उसने दक्कन में शासन के सब सूत्र अपने हाथ में ले लिए। उसने दक्कन स्थित शाही सेना के तोपख़ाने के अधिकारी मीर जुमला को क़ैद कर लिया और युद्ध सामग्री पर कब्ज़ा कर लिया। मीर जुमला की गिरफ़्तारी महज दिखावा था। दोनों मिल कर काम कर रहे थे। रोशनआरा उसे दिल्ली की सभी ख़बरें पहुँचाती थी। अन्य स्थानों पर नियुक्त औरंगज़ेब के जासूस, दोस्त और समर्थक भी उसे ज़रूरी ख़बरें देते रहते थे। औरंगज़ेब ने इस बात की पक्की व्यवस्था की कि उसकी सैन्य तैयारियों की कोई ख़बर दिल्ली न पहुँचे।

उसने शुजा को सत्ता ग्रहण करने के लिए शुभकामनाएँ भेजीं। मुराद को लिखा कि मेरी तख़्त हासिल करने में कोई दिलचस्पी नहीं है लेकिन तख़्त शुजा और दारा के पास किसी हालत में नहीं जाना चाहिए।

औरंगज़ेब समझता था कि मुराद और शुजा से आसानी से निपटा जा सकता था। उसे असली ख़तरा दारा से था। दारा को शाहजहां का समर्थन था। साम्राज्य का ख़ज़ाना और हथियारों का भण्डार आगरा में था और साम्राज्य के सभी उमरा (बड़े सरदार) और राजा महाराजा अभी शाहजहां के साथ थे। यद्यपि औरंगज़ेब ने उसमें सेंध लगानी शुरू कर दी थी। उसने कई शक्तिशाली *उमरा* को अपनी ओर मिला लिया था। सभी कट्टरपन्थी दरबारी, जिनकी संख्या अधिक थी, औरंगज़ेब के समर्थक थे। वे उसे उगता सूरज समझते थे। साम्राज्य के अधिकांश बड़े अधिकारी भी औरंगज़ेब के समर्थक थे। तीनों भाइयों ने यह प्रचार करके कि शाहजहां मर चुके हैं और जो आदमी शाहजहां होने का दावा करता है वह एक जनखा है, जिसे शाही लिबास पहिना दिया जाता है, भ्रम की स्थिति पैदा कर दी थी।

औरंगज़ेब तेज़ी से आगे बढ़ कर आगरा और दिल्ली पर अधिकार कर लेना चाहता था। उसने यह प्रचारित किया कि वह ख़ुद अपनी आँखों से देखना चाहता है कि सम्राट का स्वास्थ्य कैसा है। सम्राट और दारा औरंगज़ेब के असली उद्देश्य को समझते थे। इसलिए उन्होंने धर्मट और सामूगढ़ में उसे चुनौती दी लेकिन दारा के

पक्ष के अनेक लोग औरंगज़ेब से मिले हुए थे और उन्होंने निर्णायक घड़ी में दारा के साथ दग़ाबाज़ी की।

शाहजहां स्वास्थ्य में सुधार होने के बाद 18 अक्टूबर को आगरा चला गया लेकिन उसके पुत्रों को अपने पिता के स्वास्थ्य लाभ का समाचार पा कर ख़ुशी नहीं हुई। उन्होंने यह मानने से इनकार कर दिया कि शाहजहां जीवित है। वे दरबार से जारी हर फ़रमान को जाली अथवा दारा के दबाव में जारी किया गया बताते थे। जहांआरा ने युद्ध को टालने, भाइयों को समझाने और उनमें सुलह कराने का हर सम्भव प्रयत्न किया लेकिन तीनो भाइयों ने उसकी बात को कोई महत्व नहीं दिया।

दारा से सम्राट के स्वास्थ्य लाभ का समाचार मिलने के बाद मुराद ने औरंगज़ेब को लिखा कि मुझे दारा का पत्र मिला है। सम्राट ठीक हो गए हैं और सरकारी काम-काज निपटा रहे हैं। औरंगज़ेब ने उत्तर दिया कि यह सब झूठ है। दारा ने ज़हर देकर सम्राट की हत्या कर दी है। उनकी हड्डियाँ क़िले में दफ़्न कर दी गयी हैं। दारा ने सभी जगह अपने आदमी नियुक्त कर दिए हैं। मुझसे बरार ले लिया गया है। ख़लीलुल्ला को दिल्ली का गवर्नर बना दिया गया है। क़ासिम ख़ाँ को तुम्हारी जगह गुजरात का गवर्नर बनाया जा रहा है। बिहार और मालवा के सूबे दारा ने स्वयं ले लिए हैं। अत: हमें दारा का मिल कर मुकाबला करना चाहिए। बुरहानुपर पहुँचने पर औरंगज़ेब ने शाहजहां को पत्र लिख कर उसके स्वास्थ्य के बारे में पूछा। उसने आशा व्यक्त की कि सम्राट दारा की सत्ता हथियाने पर रोक लगाएँगे और स्वयं सरकार का काम-काज करेंगे। औरंगज़ेब को पत्र का कोई उत्तर नहीं मिला।

औरंगज़ेब काफ़ी समय से युद्ध की तैयारी कर रहा था। अपने दक्कन प्रवास के दौरान उसने अपनी सेना भी बढ़ा ली थी। इसके अलावा, उसने गोलकुण्डा और बीजापुर रियासतों से काफ़ी धन वसूल कर लिया था। औरंगज़ेब ने मीर जुमला का बेहतरीन तोपख़ाना अपने अधिकार में कर लिया था जिसमें काफ़ी यूरोपीय गोलन्दाज थे। औरंगज़ेब सावधानी से उचित अवसर पर आगे बढ़ने के पक्ष में था लेकिन मुराद जिसके साथ उसका गठबन्धन था, तत्काल कूच करने की ज़िद कर रहा था। मुराद के दबाब में दोनों भाइयों की सेना उत्तर दिशा की ओर रवाना हुई और उज्जैन के समीप दिपालपुर में उनका मिलन हुआ। दोनों की संयुक्त सेना उज्जैन की ओर बढ़ी और उसने गम्भीरा नदी के तट धर्मट पर मोर्चा बनाया। औरंगज़ेब मुराद से कहता था कि आप शासन करने के सर्वथा योग्य हैं और मैं आपको गद्दी पर बैठाने के लिए जान लड़ा दूँगा। उसने मुराद को सलाह दी कि वह गद्दी पाने के लिए जनता के सामने रूढ़िवादी सुन्नी और इस्लाम का रक्षक-समर्थक होने का

दावा करे। मुराद ने गद्दी पाने के लिए औरंगज़ेब की सलाह के अनुसार धार्मिक लबादा इतनी अच्छी तरह ओढ़ा कि आश्चर्य होता है। अहमदाबाद के विलासी आमोदप्रिय सूबेदार मुराद ने इस्लाम का विरोध करने के लिए दारा को धमकी दी और अपने बड़े भाई को 'मुलहिद' कहा ।

यह सब करने के बावजूद मुराद को आशंका थी कि कि उसका पीर या मार्गदर्शक उसके साथ कपट तो नहीं करेगा? अत: उसने औरंगज़ेब पर इस बात के लिए दबाव डाला कि वह समझौते की शर्तों को लिखित रूप में उसके पास भेजे। समझौते में इस बात का स्पष्ट उल्लेख होना चाहिए कि उसे क्या मिलेगा। औरंगज़ेब ने उत्तर भारत की ओर कूच करने से पहले मुराद के सन्देहों को दूर करने के लिए उसे एक समझौता—अहदनामा—भेजा। इसमें कहा गया था कि काफ़िर दारा को हटाने के बाद मुराद को पंजाब, सिन्ध, कश्मीर और अफ़ग़ानिस्तान के सूबे मिलेंगे। वह वहाँ स्वतन्त्र राजा की तरह राज्य करेगा। मुग़ल सल्तनत का शेष भाग औरंगज़ेब के पास रहेगा। युद्ध में प्राप्त लूट का एक तिहाई मुराद और दो तिहाई औरंगज़ेब को मिलेगा। यह समझौता इन पवित्र शब्दों के साथ समाप्त होता था, "मैं बिना देरी किये तुम्हें इस क्षेत्र में जाने की अनुमति दूँगा। इस बात के समर्थन में मैं ख़ुदा और पैगम्बर मुहम्मद की क़सम खाता हूँ।"

शुजा की चुनौती

शाहजहां का दूसरा पुत्र शुजा आदतों, स्वभाव और जीवन शैली में अपने दादा जहांगीर के समान था, जिसके साथ वह बचपन में रहा था। शुजा बुद्धिमान, वीर, लेकिन आलसी और विलासप्रिय था। वह अत्यधिक शालीन और शिष्ट था। अपने दादा जहांगीर की तरह वह आमोद-प्रमोद और मदिराप्रेमी था। वह कुशल सैनिक, सन्तुलित राजनीतिज्ञ और मानवीय गुणों से परिपूर्ण व्यक्ति था लेकिन उसके ये गुण आमोद-प्रमोद, मनोविनोद और विलासिता के कारण कभी-कभी प्रकट होते थें।

बंगाल की धन-धान्य से परिपूर्ण धरती ने शुजा की महत्वाकांक्षाओं को जगा दिया लेकिन उसकी ऊर्जा को समाप्त कर दिया था। सत्रह वर्ष के शान्तिपूर्ण वैभव सम्पन्न जीवन से उसकी तलवार में ज़ंग लग गया था। उसका और उसके सहयोगियों का पूरी तरह से रूपान्तरण हो गया था। बर्नियर के अनुसार, शुजा अपने भाई दारा से अधिक विवेकशील, बुद्धिमान और सतर्क इरादों तथा आचरण का युवक था। वह बोलचाल में बेहतर और जोड़-तोड़ और षड्यन्त्र करने में माहिर था। वह

उदारता से धन एवं पद बाँट कर शक्तिशाली अमीर-उमरा को अपने वश में करना आता था लेकिन वह भोग विलास का ग़ुलाम था। औरतों की संगत में वह दिन-रात नाचने-गाने और मदिरापान में अपना होशो-हवास खो देता था।

शुजा को प्रान्तीय राजधानी राजमहल में पता लगा कि शाहजहां गम्भीर रूप से बीमार हैं। बाद की अफ़वाहों में गम्भीर बीमारी मौत में बदल गई। शुजा ने अपनी ताजपोशी की क्योंकि उसने पहले से तैयारी कर रखी थी। उसकी सेनाओं ने दिल्ली पर कब्ज़ा करने के लिए फ़ौरन बिहार में प्रवेश किया। हथियारों से लैस उसकी नावें साथ-साथ गंगा में आगे बढ़ीं। बिहार क्षेत्र को पार करके शुजा की सेनाएँ 24 जनवरी को बनारस पहुँच गईं।

शुजा के विद्रोह की ख़बर मिलने के बाद दारा के दबाव में शाहजहां उसके विरुद्ध शाही सेना भेजने को तैयार हुआ। उसे भ्रम था कि शुजा के विरुद्ध सेना भेजने की जरूरत नही है क्योंकि शाही फ़रमान मिलते ही वह राजमहल चला जाएगा। इस मामले में दारा की सोच यथार्थवादी थी। दिसम्बर में राजकुमार सुलेमान शुकोह के सेनापतित्व में 22 हज़ार सैनिकों का दल शुजा के विरुद्ध भेजा गया। मिर्ज़ा राजा जयसिंह सुलेमान शुकोह के संरक्षक और मुख्य सलाहकार बनाए गए। शाहजहां का विचार था कि शाही सेना को देखते ही शुजा रास्ते पर आ जाएगा और दोनों सेनाओं के बीच कोई युद्ध नहीं होगा लेकिन दारा अपने पिता की राय से सहमत नहीं था। वह शुजा के इरादों को अच्छी तरह समझ गया था। अत: उसने अपने सभी विश्वस्त और सुयोग्य कर्मचारी अपने पुत्र के साथ भेज दिये। दारा का ऐसा करना दुर्भाग्यपूर्ण और अदूरदर्शी था। सामूगढ़ युद्ध में उसे स्वामीभक्त, विश्वसनीय और सुयोग्य कर्मचारियों की कमी की बहुत बड़ी कीमत चुकानी पडी।

सुलेमान शुकोह युवा और कुशल सेनाध्यक्ष था। वह उत्साह और तेज़ी से पूर्व की ओर रवाना हुआ। उसने अपने वृद्ध संरक्षक से भी शीघ्र से शीघ्र मिलने का अनुरोध किया लेकिन मिर्ज़ा राजा जयसिंह असमंजस की स्थिति में था। दिल्ली से रवाना होने से पूर्व सम्राट ने उससे कहा था कि अगर शुजा बिहार से शान्तिपूर्वक लौट जाए तो युद्ध को टाल देना। सम्राट विद्रोही पुत्र को दबाना भी चाहते थे और उसके जीवन की रक्षा भी करना चाहते थे। मिर्ज़ा राजा मुग़ल शहज़ादे के ख़ून से अपने हाथ नहीं रँगना चाहता था। उसे यह भी भय था कि सुलेमान शुकोह उससे अति उत्साह में ऐसा कोई कार्य नहीं करा दे जिससे सम्राट नाराज़ हो जाएँ।

राजधानी में दारा शीघ्र और निर्णायक कार्रवाई चाहता था जिससे शाही सेना

शीघ्र आगरा लौट सके। वह दक्षिण से आने वाले तूफान से आशंकित था। शाही सैनिकों की समझ में यह नहीं आ रहा था कि वह क्या करें, शाही सेना के कूच के बाद किसको ख़ुश करने का प्रयत्न करें। शुजा ने अपने भाई और पिता को झूठी सफ़ाई दी। उसने मुँगेर के क़िले की भी माँग की, जो दारा के सूबे का हिस्सा था। दारा इस शर्त पर क़िला देने को तैयार हो गया कि क़िले की रक्षा-व्यवस्था समाप्त कर दी जाए और वहाँ शुजा या उसका पुत्र निवास न करे। सम्राट द्वारा माफ़ी दिए जाने और दारा के उचित प्रस्ताव के बावजूद शुजा ने शत्रुतापूर्ण कार्रवाई जारी रखी। उसने इलाहाबाद के सूबे पर हमला किया।

शाहजहां अपने पुत्र के आचरण से बहुत निराश हुआ। उसकी समझ में आ गया कि शुजा ख़ुद दो भाइयों के साथ मिल कर दारा को कुचल देना चाहता है। सम्राट का गुस्सा बढ़ गया और उसने अपनी निराशा, क्रोध एवं आहत भावनाओं से मिर्ज़ा राजा को परिचित कराया। दारा ने मिर्ज़ा राजा को लिखा, 'सम्राट चाहते हैं कि उस बेअदब कमबख्त का सिर उनके सामने पेश किया जाए.......'' 'सम्राट ने यह बात मिर्ज़ा राजा के पुत्र राम सिंह के सामने कही थी। अगर यह बात राम सिंह की उपस्थिति में न कही गयी होती तो उस पर अविश्वास किया जा सकता था। यह कहा जा सकता था कि दारा ने अपने रास्ते से शुजा को हटाने के लिए यह लिखा होगा। बाद में, दारा द्वारा मिर्ज़ा राजा को लिखे एक पत्र के अनुसार सम्राट ने अपनी पवित्र जबान से राम सिंह से ये शब्द कहे, ''अपने पिता को लिखना कि मैं उस बेअदब और निकम्मे कमबख्त का सिर चाहता हूँ। मैं आशा करता हूँ कि कुँवर राम सिंह ने आपको ये शब्द लिखे होंगे।''

दारा ने मिर्ज़ा राजा को ख़ुश करने के लिए उनकी प्रशंसा के शब्दों और मुहावरों की झड़ी लगा दी। इसके अलावा उसने उन्हें उन सपनों, दैवी सन्देशों और भविष्यवाणियों की भी सूचना दी, जिनमें शाही सेना की निश्चय विजय की सूचना दी गयी थी। दारा ने मिर्ज़ा राजा को लिखा, ''जहाँपनाह ने दैवी प्रेरणा से कहा कि राजा मान सिंह ने मिर्ज़ा हकीम पर विजय प्राप्त की थी और उन्हें कुचल दिया था। ख़ुदा की मेहरबानी से मिर्ज़ा राजा भी इस बेअदब, अभागे, कमबख़्त पर विजय प्राप्त करके यश प्राप्त करेंगे।'' दूसरे दिन तो दारा ने हद ही कर दी। उसने मिर्ज़ा राजा को बताया कि ज्योतिषियों, नजूमियों ने उनकी निश्चित विजय की भविष्यवाणी की हैं लेकिन मिर्ज़ा राजा के चाल-ढाल में कोई अन्तर नहीं आया। मिर्ज़ा राजा के आचरण से सुलेमान शुकोह को उनके बारे में सन्देह हुआ। उसने सम्राट से इस बारे में शिक़ायत की लेकिन सम्राट को मिर्ज़ा राजा पर अटूट विश्वास था और उन्होंने

सुलेमान शुकोह की शिक़ायत पर कोई कार्रवाई नहीं की, बल्कि सुलेमान शिकोह को राजा के आचरण की शिकायत करने के लिए फटकारा। दारा ने राजा जयसिंह को लिखा "सम्राट को सन्देह है कि यह पत्र शत्रुतावश लिखा गया है। मेरे पुत्र को आदेश दिया गया है कि भविष्य में उस क्षेत्र की ख़बर स्वयं राजा द्वारा लिखी भेजी जाए ताकि सम्राट उसे सही और अधिकृत मान सकें।"

सुलेमान शुकोह 22 वर्ष का रण-कौशल में निपुण, ऊर्जा से भरपूर युवक था। वह मिर्ज़ा राजा के ढीलेपन से तंग आ गया था। वह अधिक समय तक निष्क्रिय नहीं रह सकता था। उसने अपने पद और अधिकारों का उपयोग करते हुए सेना को तेज़ी से आगे बढ़ाया। दो सप्ताह के कूच के बाद शाही सेना बनारस पहुँच गई। तीन दिन रुकने के बाद नावों के पुल से सेना ने गंगा पार की। दोनों पक्ष गंगापार के क्षेत्र पर कब्ज़ा करना चाहते थे। अगर शुजा की फ़ौज का गंगापार पर एकाधिकार हो जाता तो शाही फ़ौज को बनारस में रुकना पड़ता और युद्ध बहुत लम्बा खिंच जाता। इसके अलावा गंगापार वह महत्वपूर्ण सड़क थी जो चुनार, पटना होते हुए राजमहल तक जाती थी। सुलेमान शुकोह ने एक सप्ताह तक बहादुरपुर में आराम किया। कन्नौज का फ़ौजदार सरदार दिलेर ख़ान भी यहीं शाही सेना से आ मिला। इससे शाही सेना का हौसला काफ़ी बढ़ा।

इस बीच शुजा की सेना भी पड़ोस में पहुँच गई। शुजा ने अनेक नालों और घने जंगलों के बीच, जहाँ आसानी से नहीं पहुँचा जा सकता था, अपनी सेना का मोर्चा लगाया। शुजा ने अपनी सेना को ऐसी जगह ठहराया था, जहाँ उसकी सेना को उसकी रसद रोक कर उसे आत्मसमर्पण के लिए मजबूर नहीं किया जा सकता था।

अब सवाल यह था कि शत्रु सेना पर हमला कर उसे पराजित कैसे किया जाए? सिपिर शुकोह के सामने हमला करने के अलावा कोई अन्य विकल्प नहीं था। उधर, दरबार से लगातार आदेश आ रहे थे कि लड़ाई जल्दी समाप्त की जाए। मिर्ज़ा राजा लड़ाई समाप्त करने के लिए कोई पहल नहीं कर रहे थे। कन्धार के कड़वे अनुभव के बावजूद दारा दिल्ली से मिर्ज़ा राजा को रणनीति की सीख दे रहा था। उसने लिखा—अगर आपने अभी तक फ़ैसला नहीं किया तो मुझे साफ़-साफ़ बताएँ ताकि मैं आपको यहाँ से किसी योजना का सुझाव दूँ या आदेश भेजूँ कि क्या किया जाना चाहिये। फ़िलहाल आपको स्थानीय ज़मींदार गोकुल उज्जनिया को आदेश देना चाहिए कि वह सभी दिशाओं में अपने सैनिक और घुड़सवार भेज कर शुजा की फ़ौज की रसद रोक दे। इसी तरह बनारस की ओर भी रसद रोकने के

लिए एक सैनिक दल भेजा जाना चाहिये।

दारा के अगले पत्र में शुजा की सेना पर तोपख़ाने से हमला करने के स्पष्ट आदेश थे। शत्रु सेना को लगातार रसद की आपूर्ति हो रही थी। नालों के मध्य और जंगल से घिरे होने के कारण शत्रु के आक्रमण की कोई आशंका नहीं थी। प्रारम्भ में कुछ दिनों तक शत्रु के आक्रमण की आशंका में शुजा की सेना काफ़ी सतर्क रही। कुछ दिन गुज़रने के बाद सतर्कता में ढील आ गई। शुजा को दोपहर तक सोने की आदत थी। उसके अधिकारी भी सुबह देर से उठते थे। सेना में जगह-जगह पहरे की चौकियाँ, सैनिक टुकड़ियाँ और रात के पहरेदार थे लेकिन अधिकारियों के निरीक्षण पर न आने से सेना की चुस्ती-फुर्ती ग़ायब होकर उसमे शिथिलता आ गई। शुजा के पहरेदारों को उत्तर भारत की सर्दी सहने की आदत न थी। उन्हें हमले की कोई आशंका न थी। अफ़सर निश्चिन्त थे। यह बात शाही सेना के जासूसों से छिपी न रही।

सिपिर शुकोह ने 13 मार्च की रात को शाही सेना को अपने तम्बू उठाने, नई जगह पर तम्बू गाड़ने के लिए तैयार रहने के आदेश दिए। दूसरे दिन तड़के सुबह सुलेमान शुकोह ने कुछ सैनिकों को लेकर शुजा के अड्डे पर हमला कर दिया। अधिकांश सैनिक अभी उठे भी नहीं थे। अचानक हमले के हल्ले से जब सैनिकों की आँख खुली तो वे जान बचाने के जिधर ठीक समझा, उधर भाग खड़े हुए। शुजा जल्दी-जल्दी हाथी पर सवार होकर अपने सैनिकों को पुकारने लगा। अधिकांश सैनिक पहले ही भाग चुके थे। सुलेमान और दिलेर ख़ाँ ने शुजा को ललकारा। मिर्ज़ा राजा जयसिंह और राजा अनिरुद्ध गौड़ ने शुजा का पीछा किया। एक सैनिक ने हाथी के पाँव पर गहरा घाव कर दिया था। बहादुर महावत हाथी को किसी तरह नावों के बेड़े के पास ले गया। शुजा के नाव पर सवार होते ही नाविक उसे ले कर तेज़ी से नीचे को भागे। शुजा के सैकड़ों सैनिक मारे गए। भागते सैनिकों ने किनारे फँसे अपने साथियों को बचाने का कोई प्रयास नहीं किया। शाही सेना को लूट में दो करोड़ रुपये मिले।

शनिवार 20 मार्च, 1658 को सम्राट को इस विजय की सूचना मिली। दूसरे दिन विजय के लिए ज़िम्मेदार लोगों को पदोन्नति और पुरस्कार दिये जाने की घोषणा की गई। मिर्ज़ा राजा को सात हज़ारी बना दिया गया।

यद्यपि विजय का समस्त श्रेय सुलेमान शुकोह को था। अगर सुलेमान शुकोह अपनी पहल पर तड़के सवेरे हमला नहीं करता तो कहना मुश्किल है कि युद्ध का

क्या नतीजा होता। सुलेमान ने बड़ी सूझ-बूझ से हमले की योजना बनाई थी। उसने यह बात शत्रु दल में न पहुँच जाए, इस ख़तरे को टालने के लिए पूरी योजना को गुप्त रखा था लेकिन सम्राट और दारा शुकोह ने विजय का समस्त श्रेय सिर्फ़ राजा को दिया। दारा ने अपनी चिर-परिचित अतिशयोक्तिपूर्ण शैली में मिर्ज़ा राजा को लिखा, "आपने वह काम किया है जो राजा मान सिंह भी नहीं कर सके थे। पिछले 100 वर्षों के दौरान ऐसी विजय किसी को प्राप्त नही हुई।" मिर्ज़ा राजा को सन्देह था कि किसी ने सम्राट से उसके आचरण और निष्क्रियता की शिकायत की है। उसने सम्राट को लिख कर शिकायत की कि आपने कुछ लोगों की बदनीयती से की गयी इस बात पर ध्यान दिया है कि मैंने शुजा को जान बूझकर युद्ध क्षेत्र से भागने दिया। सम्राट ने उत्तर दिया मुझसे किसी ने ऐसी बात नहीं कही है। आपकी स्वामी भक्ति पर मेरा इतना अटल विश्वास है कि किसी को मुझसे ऐसी बात कहने की हिम्मत नहीं हो सकती।

अनेक लोगों को सन्देह है कि मिर्ज़ा राजा ने या तो शुजा को भागने दिया या उसे पकड़ने के लिए तत्परता से कदम नहीं उठाए। मिर्ज़ा राजा के बाद के आचरण से इस सन्देह की पुष्टि होती है। बहादुरपुर की विजय से शाही पक्ष को जो पहल मिली थी वह मिर्ज़ा राजा की निष्क्रियता और सुस्ती से समाप्त हो गई। बहादुरपुर से भाग कर शुजा पाँच दिन में पटना पहुँच गया। पटना पहुँच कर शुजा ने पटना में रखा ख़ज़ाना,हथियार और सैनिक एकत्र किए और वह मुँगेर को रवाना हो गया। मिर्ज़ा राजा को पटना पहुँचने में 20 दिन लगे। सुलेमान शुकोह इस शत्रु क्षेत्र में अकेले आगे नहीं बढ़ सकता था। यह क्षेत्र उसके लिए नया और अनजान था। उसे मिर्ज़ा राजा की सलाह के अनुसार आचरण करना था। मिर्ज़ा राजा की सुस्ती से शुजा को अपने साधन एकत्र करने और अपनी शक्ति बढ़ाने का पूरा मौक़ा मिला। सम्राट की नज़र में भी बनारस से पटना पहुँचने में 10 दिन से अधिक नहीं लगने चाहिए थे। अगर मिर्ज़ा राजा 10 दिन में पटना पहुँच जाते तो शुजा पटना से न तो अपना ख़ज़ाना ले जा सकता था और न ही सेना का पुनर्गठन कर सकता था। बहुत सम्भव है कि वह संघर्ष से अलग हो जा जाता या सम्राट के आदेशों का फिर से पालन करने लगता ।

बहादुरपुर युद्ध के दौरान मिर्ज़ा राजा का आचरण अत्यन्त सन्देहपूर्ण था। इस बात की पुष्टि बर्नियर के इन शब्दों से भी होती है "बहादुरपुर में युद्ध को रोकने के जयसिंह के सभी प्रयास विफल हुए .... अगर जयसिंह और उसका घनिष्ठ दोस्त पठान दिलेर ख़ाँ जो उत्कृष्ट सैनिक था, जान बूझकर पीछे नहीं हटता तो दुश्मन

का पूरी तरह सफ़ाया हो जाता और उसके कमाण्डर को क़ैदी बना लिया जाता लेकिन राजा जयसिंह शाही वंश के किसी राजकुमार के ख़ून से अपने हाथ नहीं रँगना चाहता था। उसने सुलतान शुजा को भागने का अवसर देकर सम्राट के इरादों के अनुरूप आचरण किया। बर्नियर के उपर्युक्त कथन को देख मिर्ज़ा राजा को सन्देह का लाभ दिया जा सकता था लेकिन सामूगढ़ के युद्ध में शाही सेना की पराजय के बाद जिस तरह उसने दारा का साथ छोड़ कर आगरा को प्रस्थान किया और वहाँ पहुँच कर औरंगज़ेब का साथ दिया, उससे स्पष्ट हो जाता है कि मिर्ज़ा राजा के मन में खोट था।

बहादुरपुर में शुजा की पराजय नहीं हुई थी। वह केवल जान बचा कर भागा था। अत: इस बात की जरूरत थी कि शुजा को निर्णायक रूप से पराजित कर काबू में लाया जाए। ऐसा होने पर सेना धर्मट और सामूगढ़ की लड़ाइयों से बहुत पहले दिल्ली पहुँच जाती और सम्भव है कि इन लड़ाइयों का नतीजा कुछ और होता। बहादुरपुर से भाग कर शुजा पटना पहुँचा और वहाँ से अपना ख़ज़ाना लेकर और सेना को पुनर्गठित करके मुँगेर रवाना हुआ। उसने मुँगेर से 15 मील दक्षिण-पश्चिम में सूरजगढ़ में मोर्चा बनाया। शाही सेना ने जीतपुर के रास्ते से धीरे-धीरे बढ़ते हुए सूरजपुर पर अधिकार कर लिया। खड़गपुर की पहाड़ियों और गंगा के बीच फैले तंग मैदान में जा रही सड़क को रोकने के लिए निर्मित एक नई दीवार ने, जो शुजा ने बनवाई थी, शाही सेना को आगे बढ़ने से रोक दिया। शुजा के विरुद्ध युद्ध को जल्दी समाप्त करने के शाही आदेशों के बावजूद मिर्ज़ा राजा मुँगेर के क़िले को घेर कर बैठा रहा। सम्राट चाहते थे कि शुजा के साथ शान्ति स्थापित कर शाही सेना सभी राजपूत सैनिकों के साथ फ़ौरन दिल्ली लौट आए। सुलेमान शुकोह दारा के सैनिकों के साथ बिहार में रुक जाए लेकिन मिर्ज़ा राजा ने शुजा के साथ शान्ति वार्ता करने में अनावश्यक विलम्ब किया। इस दौरान दक्षिण से आ रही औरंगज़ेब की सेना और गुजरात से आ रही मुराद की सेना तेज़ी से आगे बढ़ रही थीं।

अध्याय सत्रह

धर्मट और सामूगढ़ की लड़ाइयाँ

महाराजा जसवन्त सिंह और क़ासिम ख़ाँ को आदेश था कि वे औरंगज़ेब को नर्मदा के इस पार न आने दें और मुराद और औरंगज़ेब की सेनाओं को मिलने नहीं दें। जसवन्त सिंह और क़ासिम ख़ाँ इन दोनों उद्देश्यों को प्राप्त करने में विफल रहे। औरंगज़ेब की सेना 14 अप्रैल, 1657 को शाही सेना को चकमा देकर धर्मट में मुराद की सेना से मिल गई। दूसरे दिन, दोनों पक्षों में घमासान युद्ध हुआ। राजपूत सैनिक भूखे शेरों की तरह शत्रुपक्ष पर टूट पड़े । उन्होंने तोपख़ाने के प्रमुख—मुर्शीद कुली ख़ाँ को यमलोक भेज दिया और कुछ समय के लिए तोपों का मुँह बन्द कर दिया। राजपूतों ने इतना ज़बर्दस्त हमला किया कि धरती ख़ून से लाल हो गई। युद्धक्षेत्र में छह राजपूत सरदार मारे गए। फिर शत्रुपक्ष के सैनिक जसवन्त सिंह को घेरने लगे। जसवन्त सिंह बुरी तरह घायल हो गए लेकिन इसके बावजूद वह शत्रु सेना का मुकाबला करने आगे बढ़े लेकिन उनके सरदारों ने जसवन्त सिंह के घोड़े की लगाम खींच कर उन्हें युद्ध क्षेत्र से बाहर किया। इसके बाद शाही सेना पराजित हो गई। जसवन्त सिंह में अनुभव की कमी, सिसोदिया और बुन्देला सरदारों में उत्साह की कमी और क़ासिम ख़ाँ की कमान में शाही सेना के मुसलमान सैनिकों के विश्वासघात के कारण जसवन्त सिंह को अपमानजनक पराजय का मुँह देखना पड़ा।

जसवन्त सिंह अपने थोड़े-से अनुयायियों और राठौड़ सैनिकों के साथ जोधपुर रवाना हो गए। कहा जाता है कि वहाँ गर्वीली सिसोदिया रानी ने युद्धक्षेत्र से लौट कर आने पर अपने पति का स्वागत करने से से इनकार कर दिया।

धर्मट की पराजय के बाद दारा पर मुसीबतों का पहाड़ टूट पड़ा। उसके दोस्तों ने उससे आँखें फेर लीं, दुश्मन दारा के विरुद्ध षड्यन्त्र करने लगे और दग़ाबाज़ खुल कर विद्रोह करने लगे।

धर्मट की लड़ाई में जसवन्त सिंह को ज़बर्दस्त शिकस्त देने के बाद औरंगज़ेब ने नए प्रधानमन्त्री ज़फ़र ख़ाँ को लिखा कि आप सम्राट को बताएँ कि औरंगज़ेब और मुराद दक्षिण से केवल सम्राट के प्रति पुत्रोचित्त सम्मान प्रकट करने और उन्हें स्वयं देखने आ रहे हैं, ताकि चिन्ताजनक अफ़वाहों को ख़त्म किया जा सके और दारा ने उनके साथ जो अन्याय किया है और सत्ता हथिया कर साम्राज्य में जो अशान्ति पैदा की है, उसके बारे में सम्राट को बताएँ। जसवन्त सिंह ने आगरे का रास्ता रोक कर मुझ पर युद्ध थोपा। उसे सम्राट के विरुद्ध युद्ध नहीं समझा जाना चाहिए।

धर्मट युद्ध के बाद सुलेमान शिकोह ने शुजा के साथ फ़ौरन शान्ति समझौता किया और अपने पिता की सहायता के लिए तेज़ी से दिल्ली पहुँचना चाहा। कड़ा में उसे अपने पिता की सामूगढ़ में पराजय की ख़बर मिली। इसी के साथ उसे शाहजहां का पत्र भी मिला जिसमें उससे अपनी सेना के साथ अपने पिता की सहायता के लिए जल्दी से जल्दी दिल्ली पहुँचने को कहा गया था। सुलेमान दिल्ली जाना चाहता था लेकिन उसकी सेना के अफ़सर उसके साथ दिल्ली जाने को तैयार नहीं थे।

धर्मट युद्ध में पराजय की ख़बर 25 अप्रैल को दारा को बलोचपुर में मिली। वह उस समय सम्राट के साथ दिल्ली जा रहा था। यह ख़बर मिलते ही शाही कारवां फ़ौरन आगरा लौट गया। आगरा पहुँच कर औरंगज़ेब को रोकने की रणनीति पर विचार किया गया। शाहजहां ने शाही ख़ज़ाने के दरवाज़े दारा के लिए खोल दिये। शाही सेना को मज़बूत बनाने के लिए सेना में भर्ती की गई। इस समय दारा को अपने विश्वस्त अनुचरों की कमी, जिन्हें उसने सुलेमान शुकोह के साथ भेज दिया था, बुरी तरह खली। शाहजहां अत्यन्त परेशान था। उसकी समझ में नहीं आ रहा था कि क्या किया जाए। कभी वह जयसिंह को जल्दी लौटने के लिए लिखता, कभी वह दारा को सैन्य विषयों पर सलाह देता और कभी वह औरंगज़ेब के समर्थकों के शान्ति के प्रस्तावों को सुनता। सम्राट को आशा थी कि कूटनीतिक सन्देश भेज कर औरंगज़ेब और मुराद को अभी भी वापस लौटाया जा सकता है। अत: उसने दारा से युद्ध टालने को कहा लेकिन दारा की राय थी कि वर्तमान परिस्थितियों में ज़ोरदार ढंग से युद्ध जारी रखने के अलावा और कोई रास्ता नहीं है लेकिन दारा कभी-कभी धैर्य खो देता था। वह उन लोगों को जो शान्ति बनाए रखने की वकालत करते, कायर और बुज़दिल कह देता था। दारा का कहना था कि राव छत्रसाल हाड़ा और बरकन्दाज़ ख़ाँ विद्रोहियों को नर्मदा के उस पार भगा देंगे। दारा के इस रवैये

से उसके कुछ हितैषी उससे नाराज़ हो गए।

दारा की रणनीति का आधार यह था कि विद्रोहियों को चम्बल के इस पार न आने दिया जाए और सुलेमान शुकोह के बिहार से आने तक निर्णायक युद्ध टाला जाए। इस योजना को लागू करने के लिए उसने फ़ौज का अग्रिम दस्ता धौलपुर भेजा। फ़ौज को आदेश था कि चम्बल की घाटी की रक्षा की जाए और सामरिक महत्व के स्थानों पर तोपें लगाई जाएँ और मिट्टी की दीवार बनवा दी जाए लेकिन दारा ने इस योजना को लागू करने और इसका निरीक्षण करने की ज़िम्मेदारी किसी साहसी और कुशल व्यक्ति को नहीं सौंपी। अगर ऐसा किया गया होता तो यह योजना औरंगज़ेब की प्रगति को रोकने में बहुत कारगर होती।

दारा ने 18 मई को धौलपुर जाने के लिए सम्राट से विदा ली। यह दृश्य बहुत करुण था। सम्राट ने अपने प्यारे पुत्र को अश्रुपूरित नेत्रों से विदाई दी और मक्का की ओर रुख़ कर अल्लताला से दारा की जीत की दुआ माँगी। इस अवसर पर हिन्दू विधि-विधान के अनुसार भी दारा को दीवान-ए-आम से एक सज्जित रथ पर विदाई दी गई। ढोलवादकों ने ढोल बजा कर दारा की विजय की कामना की। दारा 22 मई को धौलपुर पहुँचा और वहाँ पहुँचते ही चम्बल के घाटों की रक्षा व्यवस्था को मज़बूत बनाने में लग गया।

लाल कवि के अनुसार, उत्तराधिकार युद्ध शुरू होने से पहले चम्पत राय ने विद्रोह का झण्डा फहरा दिया था क्योंकि दारा ने उसके रिश्तेदार और दुश्मन पहर सिंह बुन्देला की शिकायत पर चम्पत राय को कोंच की जागीर से बेदख़ल कर दिया था। दारा आसानी से लोगों की बातों पर यकीन कर लेता था और मामले का अध्ययन किए बिना निर्णय कर देता था। चम्पत राय बुन्देला ने औरंगज़ेब की सेना को धौलपुर से 40 मील की दूरी पर चम्बल पार करने का एक गुप्त और सुरक्षित घाट दिखाया। इससे औरंगज़ेब को चम्बल के पार रोकने की योजना विफल हो गई।

चम्बल पार करने के बाद उसे सम्राट की ओर से जहांआरा का लिखा यह पत्र मिला कि सम्राट ने स्वास्थ्यलाभ कर लिया है और वह ख़ुद सरकार चला रहे हैं। वह अपनी बीमारी के दौरान फैले असन्तोष को दूर करने का प्रयास कर रहे हैं। तुम्हारा सशस्त्र फ़ौजों के साथ आगे बढ़ना पिता के विरुद्ध युद्ध है। अगर तुम्हारा अभियान दारा के विरुद्ध है तो भी यह धर्म और सामान्य बुद्धि के विरुद्ध है क्योंकि बड़ा भाई पिता के समान होता है।

औरंगज़ेब ने इस पत्र का लम्बा उत्तर दिया। उसने पहले की तरह दारा को

संघर्ष के लिए दोषी ठहराते हुए अपनी कार्रवाइयों को उचित ठहराया और लिखा कि शाहजहां ने वास्तविक सत्ता और नियन्त्रण खो दिया है। दारा स्वयं शासन चला रहा है और अपने भाइयों को नष्ट करने का प्रयत्न कर रहा है। उसने शुजा को कुचल दिया है। उसने बीजापुर पर आक्रमण विफल करा दिया। उसने सम्राट के सामने दो छोटे भाइयों के विरुद्ध ज़हर उगला है। मुझसे अकारण बरार ले लिया। मुझे मज़बूरन हथियार उठाने पड़े हैं। मैं शाहजहां से सब कुछ स्वयं कहना चाहता हूँ। मैं इसमें कोई बाधा सहन नहीं करूँगा। दारा को दरबार से हटाकर पंजाब भेज दिया जाए ताकि वह कोई शरारत नहीं कर सके।

इस बीच चम्बल पार करके विद्रोही सेना दारा की सेना के पीछे आ धमकी। अत: दारा को आगरे की ओर पीछे हटना पड़ा और उसने नगर के पूर्व आठ मील की दूरी पर अपनी सेना का मोर्चा लगाया। 28 मई को औरंगज़ेब की थकी और बिखरी सेना की अग्रिम टुकड़ियाँ सामूगढ़ से कुछ दूर दिखाई दीं। दारा फ़ौरन युद्ध के लिए तैयार अपनी सेना को आगे ले आया। अगर दारा औरंगज़ेब की थकी सेना पर फ़ौरन हमला करता तो युद्ध का नतीजा उसके पक्ष में हो सकता था लेकिन ऐसा न कर दारा की सेना अनावश्यक युद्ध अभ्यास में लग गई। वह औरंगज़ेब की सेना के हमले का इन्तज़ार करने लगी। मई की भीषण गर्मी और लू में दारा की सेना दिनभर निरर्थक सैनिक अभ्यास करके बुरी तरह थक गई।

सामूगढ़ की लड़ाई

दारा की सेना में सभी तरह के 60,000 सैनिक थे और औरंगज़ेब एवं मुराद की सेना में 50,000 सैनिक थे लेकिन दारा अपनी सेना के सभी सैनिकों पर भरोसा नहीं कर सकता था। विदेशी पार्टी के ईरानी-तूरानी अमीर हिन्दुस्तानी पार्टी के राजपूतों ,वाडा के सैयदों और हिन्दुस्तानी मुसलमानों से बहुत ईर्ष्या करते थे। कुछ सैनिक और अमीर दारा के उदार विचारों को नापसन्द करते थे। अपने कट्टरपन्थी विचारों के कारण औरंगज़ेब तत्कालीन मुसलमानों में लोकप्रिय था। दारा को युद्ध का अनुभव नहीं था। उसने केवल एक कन्धार अभियान में वास्तविक लड़ाई देखी थी। उस अभियान में भी दारा को बिना विजय प्राप्त किए वापस लौटना पड़ा था। इसके विपरीत, औरंगज़ेब ने उत्तर-पश्चिम क्षेत्र और दक्षिण में कई लड़ाइयों में भाग लिया था। कुछ लोगों का तो यह कहना था कि औरंगज़ेब युद्ध लड़ते-लड़ते बड़ा हुआ था। जहाँ औरंगज़ेब युद्ध, संघर्ष और षड्यन्त्रों के मध्य विकसित हुआ था, दारा का अधिकांश जीवन शाही दरबार के शान्तिपूर्ण वातावरण में बीता था। औरंगज़ेब कुटिल और मृदुभाषी था, दारा रहस्यवादी और मुँहफट था। औरंगज़ेब को मित्र और

समर्थक बनाने की कला आती थी। दारा कभी-कभी अपनी अमर्यादित जबान के कारण पुराने मित्र खो देता था।

दूसरे दिन, दारा ने अपनी सेना की परम्परागत मुग़ल शैली में व्यूह रचना की। उसने बरकन्दाज़ ख़ाँ (ज़फ़र), मनूची और अन्य यूरोपीय अफ़सरों की कमान में अपने तोपख़ाने को अपनी सेना पंक्ति के सामने रखा। तोपख़ाने के पीछे बन्दूकों से लैस पैदल सेना थी। उसके पीछे 500 ऊँटसवार थे जिनके पास घुमाऊ तोपें थीं। इसके बाद अनेक हाथी थे। इस रक्षा पंक्ति के पीछे सेना की पाँच डिवीज़नें थीं। सेना के अग्रिम दस्ते में राव छत्रसाल और दाऊद ख़ाँ की कमान में हथियारों से लैस राजपूत और पठान सैनिक और 10,000 घुड़सवार थे। केन्द्र और अग्रिम दस्तों के बीच कुँवर राम सिंह कछवाह और सैयद बहिर ख़ाँ की कमान में 10,000 सैनिक थे। केन्द्र में एक विशाल हाथी पर दारा सवार था। उसके चारों ओर उसकी अपनी सेना के 3,000 स्वामीभक्त बहादुर सैनिक और उससे दूने से अधिक शाही मनसबदारों के सैनिक थे। सेना के दाहिने भाग में चापलूस और धोख़ेबाज़ ख़लीलुल्ला की कमान में मध्य एशियाई क्षेत्र से भर्ती किए गए 15,000 अविश्वसनीय सैनिक थे। सेना के बाएँ भाग की कमान सिपिर शुकोह और रुस्तम ख़ाँ बहादुर फ़ीरोज़ जंग के पास थी।

दोपहर को दोनों सेनाएँ एक-दूसरे के सम्पर्क में आईं और लगभग एक घण्टे तक दोनों ओर से तोपख़ानों ने गोलाबारी की। इससे काफ़ी आवाज़ होने और धुएँ का पर्दा बनने के अलावा और कोई नुकसान नहीं हुआ। धीरे-धीरे औरंगज़ेब की गोलाबारी कम हुई और फिर पूरी तरह बन्द हो गई।

दारा और औरंगज़ेब—दोनों की व्यूह रचना रक्षात्मक थी। लाभ उसे होना था जो दूसरे पक्ष को आक्रमण के लिए फुसला सके। अनुभव की कमी या चापलूसों अथवा धोख़ेबाज़ों की राय से गुमराह हो कर दारा ने सोचा कि बरकन्दाज ख़ाँ की तोपों ने औरंगज़ेब की तोपों का मुँह बन्द कर दिया है। दुश्मन हमला करने से डर रहा है। अत: उसने ज़बर्दस्त हमला करके शत्रु पक्ष को भगा देने का फ़ैसला किया। दारा की ओर से बाएँ पक्ष से रुस्तम ख़ाँ और दाहिने पक्ष से ख़लीलुल्ला ख़ाँ ने विपक्ष के तोपख़ाने और और मुराद की सेना पर हमला किया लेकिन उन्हें भयंकर गोलाबारी का सामना करना पड़ा। इस पर रुस्तम ख़ाँ ने अपने दस हज़ार सैनिकों के साथ औरंगज़ेब की अग्रिम पंक्ति पर भीषण हमला किया। बहादुर ख़ाँ ने उसे रोकने की कोशिश की किन्तु वह सफल नहीं हुआ। लगा विजयश्री दारा को गले लगाने के लिए तैयार है।

इस पर दारा मध्य क्षेत्र छोड़, अपनी विजयी सेना के बाएँ पक्ष का समर्थन करने के लिए तेज़ी से आगे बढ़ा और उसने औरंगज़ेब की अगली पंक्ति को निशाना बनाया। इस अवसर पर दारा ने असाधारण वीरता का परिचय दिया, जिसकी उसके विपक्षियों ने भी प्रशंसा की है लेकिन दारा अपनी सेना के बाएँ पक्ष को नहीं बचा सका, जो मैदान से भाग खड़ी हुई। सेना का यह भाग उसके पुत्र सिपिर शुकोह की कमान में था। दारा का मध्य क्षेत्र छोड़ना भयंकर सामरिक भूल थी। इसके बाद दारा की व्यूह रचना अस्त-व्यस्त हो गई। तोपची अपनी तोपों को छोड़ कर भाग खड़े हुए, बन्दूकची बिखर गए और दूरी पर खड़े उसके हाथी और ऊँट एकदम बेकार हो गए। स्थिति पर दारा का नियन्त्रण समाप्त हो गया।

तथापि, दारा ने हिम्मत नहीं हारी और वह औरंगज़ेब के अपेक्षाकृत कमजोर क्षेत्र, मध्य क्षेत्र में हमला करने को बढ़ा लेकिन इसी समय उसे राव छत्रसाल हाड़ा की मृत्यु और अपनी सेना के दाहिने भाग के अस्त-व्यस्त हो जाने का समाचार मिला। इस पर उसने विचार बदल दिया और अपनी सेना के बाएँ भाग से दाहिने भाग में पहुँचने का प्रयास किया जिसमें उसकी सेना को शत्रु पक्ष की गोलियों और तोपख़ाने का शिकार होना पड़ा।

रुस्तम ख़ाँ के हमले के साथ दारा की फ़ौज के दाहिने पक्ष से ख़लीलुल्ला ख़ाँ ने मुराद की सेना पर हमला किया। ख़लीलुल्ला ने यह हमला केवल दिखावे के लिए किया था। वास्तव में, वह औरंगज़ेब से मिला हुआ था। अत: थोड़ा आगे बढ़ कर जब उसने मुराद बक्स को राव छत्रसाल एवं दाऊद ख़ाँ के साथ युद्ध में व्यस्त देखा तो वह सुरक्षित स्थान को लौट गया। राव छत्रसाल ने अपने घोड़े के पैर औरंगज़ेब के हाथी पर जमा कर उसे ललकारा, लेकिन राव छत्रसाल और उसके सहयोगी राजपूत औरंगज़ेब की सेना से बहादुरी से लड़ते हुए शहीद हो गए। राव छत्रसाल, उसका पुत्र, भाई, तीन भतीजों और हाड़ा वंश के अनेक सपूतों ने दारा के समर्थन में अपने प्राण त्याग दिये। इनकी मृत्यु के बाद राजा रूप सिंह राठौड़ की कमान में शेष राजपूतों ने शत्रु सेना के छक्के छुड़ा दिये। रूप सिंह औरंगज़ेब को मारने के प्रयास में मारा गया लेकिन औरंगज़ेब की सेना के बेहतर हथियारों और अधिक संख्या के कारण सभी राजपूतों को अपने प्राण गँवाने पड़े। राजपूतों के पास केवल बल्लम, तलवारें और छुरे-कटारें थीं जबकि औरंगज़ेब की सेना के पास रॉकेट और बेहतर बन्दूकें थीं। ख़लीलुल्ला अपने 15,000 विदेशी सैनिकों को लेकर रणक्षेत्र से अलग हो गया था। अगर ख़लीलुल्ला सामूगढ़ में दग़ाबाज़ी नहीं करता तो सम्भवत: युद्ध का नतीजा कुछ और होता लेकिन दारा शुकोह को जीवन पर्यन्त

दग़ाबाज़ी का शिकार होना पड़ा।

राव छत्रसाल और राजपूतों के शौर्य और प्राणोत्सर्ग का वर्णन करते हुए एक कवि ने लिखा है :

तन तरवारिन में, मन परमेसुर में।

प्राण स्वामीकारज में, माथो हरपाल में।।

शरीर तलवार की धार पर, मन ईश्वर में, प्राण स्वामी के कार्य में और सिर हाड़ा वंश की नरमुण्डों की माला में था।

ख़लीलुल्ला के युद्ध क्षेत्र से ग़ायब हो जाने के बाद दारा ने कुछ समय तक अपनी सेना के दाहिने पक्ष को सँभाला जबकि उसका बायां पक्ष समाप्त हो चुका था। लगभग सभी राजपूतों ने लड़ते-लड़ते अपने प्राण न्यौछावर कर दिये थे। दारा का साथ देने के लिए कुछ पठान और उसकी निजी सेना के सैनिक बचे थे। ये लोग केवल लौटते हुए दारा की रक्षा कर सकते थे। हाथी पर सवार दारा औरंगज़ेब की तोपों के लिए अच्छा निशाना था। अपने मित्रों के दबाब में दारा हाथी से उतरा और घोड़े पर सवार हो गया।

दारा को हाथी पर न देख उसकी सेना ने समझा कि दारा या तो मार दिया गया है या रणक्षेत्र छोड़ कर भाग गया है। इसलिए दारा के सैनिक युद्धक्षेत्र छोड़ कर जाने लगे। यह देख दारा समझ गया कि ऐसा करना उचित नहीं था। फिर वह बहादुरी से रणक्षेत्र में डट गया। अन्त में जब दारा के मित्रों, सहायकों और सेवकों ने देखा कि उसका जीवन ख़तरे में है, उन्होंने दारा को आगरा की राह पकड़ने को मजबूर किया।

इसमे कोई सन्देह नहीं कि सामूगढ़ की लड़ाई में औरंगज़ेब का पक्ष मज़बूत और दारा कमज़ोर था। औरंगज़ेब दारा की अपेक्षा बेहतर सेनापति था लेकिन दारा की हार का मुख्य कारण भितरघात और ख़लीलुल्ला की दग़ाबाज़ी थी। अगर वह दग़ाबाज़ी नहीं करता तो युद्ध का परिणाम दारा के पक्ष में जाता।

सामूगढ़ का युद्ध रणनीतिक, नैतिक और सैनिक दृटि से महत्वपूर्ण था। इसके कारण दिल्ली का ताज केवल शाहजहां के एक पुत्र के स्थान पर दूसरे पुत्र को नहीं मिला, बल्कि इसने अकबर का युग, सुलह कुल का युग, सहिष्णुता और सर्वधर्म समभाव का युग समाप्त कर दिया। कानूनगो के शब्दों में—"दारा ने सामूगढ़ में अपनी शानदार फ़ौज ही नहीं खोई बल्कि उसने वह आत्मविश्वास भी खोया,

जो लोगों को भयंकर चुनौतियों का सामना करने की शक्ति प्रदान करता है।''

सामूगढ़ के बाद औरंगज़ेब ने शाहजहां को सीधे पत्र लिखा। उनके पत्र का सार था कि दुश्मनों की कार्रवाई के कारण मुझे हथियार उठाने पड़े। जून में औरंगज़ेब को सम्राट का लिखा पत्र मिला। उसे मन्त्री फ़ाज़िल ख़ाँ और मुख्य न्यायाधीश सैयद हिदायतुल्ला लाए थे। उन्होंने उसे सम्राट का मौखिक सन्देश भी दिया। पत्र और सन्देश में औरंगज़ेब को भेंट का निमन्त्रण था। औरंगज़ेब सहमत था। दूसरे दिन ये लोग फिर आए लेकिन औरंगज़ेब का रवैया बदला हुआ था। उसके सलाहकारों ने उसे भड़का दिया था। उनका कहना था कि सम्राट अभी भी दारा को उत्तराधिकारी बनाना चाहते हैं। पत्र केवल उसे फँसाने की चाल है।

औरंगज़ेब ने फाज़िल ख़ाँ से अकेले में भेंट की। उसे प्रलोभन देकर अपने पक्ष में कर लिया गया था। फाज़िल ख़ाँ ने औरंगज़ेब को सम्राट को बन्दी बनाने की सलाह दी। औरंगज़ेब जल्दी से जल्दी दिल्ली पर अधिकार करना चाहता था। इसके लिए आगरा के क़िले पर अधिकार करना ज़रूरी था। क़िला बहुत मज़बूत था। उसकी रक्षा के लिए क़िले में 1500 सैनिक, काफ़ी खाद्य सामग्री और गोला-बारूद था। क़िले को घेर कर, सैनिकों को भूखा मार कर उसे फ़तह करने में महीनों-वर्षों लग सकते थे। तब तक दारा दिल्ली में अपनी सैनिक स्थिति बहुत मज़बूत कर सकता था।

अत: औरंगज़ेब ने क़िले पर सामान्य तरीके से अधिकार करने में विफल हो कर खिजिरी गेट पर अधिकार करके क़िले में यमुना से पानी की निकासी बन्द कर दी। क़िले में कुछ कुएँ थे। उनका पानी खारा था और क़िले में नियुक्त सैनिकों के लिए अपर्याप्त था।

तीन दिन तक शाहजहां ने मुकाबला किया। फिर उसने औरंगज़ेब को लिखा हिन्दू अपने मृत पितरों को पानी देते हैं। तुम अद्भुत मुसलमान हो कि जीवित पिता को पानी के लिए तड़पा रहे हो। औरंगज़ेब ने उत्तर दिया—यह सब आपकी करनी का नतीजा है। चौथे दिन शाहजहां ने औरंगज़ेब को एक और पत्र लिख कर पुत्रोचित कर्तव्य करने और मुग़ल कीर्ति को धूल में न मिलाने का उपदेश दिया।

जहांआरा ने आगरा पर औरंगज़ेब के अधिकार कर लेने के बाद शाहजहां की ओर से साम्राज्य को चारों भाइयों में विभाजित करने और औरंगज़ेब को *'बुलन्द इक़बाल'* या राज्य का उत्तराधिकारी बनाने का प्रस्ताव रखा। औरंगज़ेब ने यह कह कर उसे नामंज़ूर कर दिया कि दारा इस्लाम का दुश्मन और हिन्दुओं का दोस्त है।

इस्लाम की ख़ातिर और देश में शान्ति की स्थापना के लिए उसे रास्ते पर लाना ज़रूरी है। यह कार्य किए बिना मैं सम्राट से नहीं मिल सकता। शाहजहां को अपने जीवनकाल में ही यह सर्वनाशी संघर्ष देखना पड़ा जो उसकी मृत्यु के बाद भी नहीं होना चाहिये था। शाहजहां के पुत्र वही कर रहे थे जो कभी उसने स्वयं किया था। प्रतिशोध की देवी इस न्याय पर मुस्करा रही थी।

अन्त में, औरंगज़ेब सम्राट के पास जाने को तैयार हो गया। वह हाथी पर सवार होकर भव्य जुलूस में क़िले को रवाना हुआ। रास्ते में शाइस्ता ख़ाँ और शेख़ मीर ने उसे यह अनावश्यक ख़तरा न उठाने की सलाह दी यह कहकर कि क़िले में उसकी हत्या की जा सकती थी। औरंगज़ेब हिचकिचाया। उसने हाथी रुकवाया। इसी समय एक ग़ुलाम नाहिर दिल ने उसे शाहजहां का दारा को लिखा एक पत्र थमा दिया। उसमें लिखा था, "दारा शुकोह, मज़बूती से दिल्ली में जमे रहो। वहाँ धन और फ़ौज की कोई कमी नहीं है। मैं स्वयं यहाँ के मामलों को निपटाऊँगा।" यह पत्र देखने के बाद औरंगज़ेब ने सम्राट से मिलने का विचार रद्द कर दिया। उसे बताया गया कि क़िले में जाने पर तातार अंगरक्षक औरतों से उसकी हत्या कराई जा सकती है।

औरंगज़ेब ने अपने कार्यों का बचाव करते हुए लिखा, "मैं पूरी तरह से आज्ञापालक हूँ। मैंने जो कुछ किया, वह दुश्मनों के दबाव में किया। मैं दारा के खुले विरोध के बावजूद दिल्ली की गद्दी के प्रति वफ़ादार रहा हूँ। कुछ घटनाओं के कारण मैं भेंट करने नहीं आ सकता। अगर सम्राट क़िले के दरवाज़े मेरे आदमियों को सौंप दें और उन्हें स्वतन्त्रतापूर्वक क़िले में आने-जाने दें और इस तरह मेरे सन्देहों को दूर कर दें तो मैं आपकी ख़िदमत में हाज़िर होऊँगा और जो कुछ आप कहेंगे, उसके अनुसार करूँगा और आपको नाराज़ करने या नुकसान पहुँचाने वाला कोई कार्य नहीं किया जाएगा।"

औरंगज़ेब के आश्वासन पर शाहजहां ने क़िले के दरवाजे खुलवा दिए। औरंगज़ेब के सैनिकों ने क़िले पर अधिकार कर लिया। क़िले में पीढ़ियों से एकत्र ख़ज़ाना, हीरे-मोती, मणि-माणिक्य, हथियार, गोला-बारूद—सब उनके अधिकार में आ गया। ख़ज़ाना और सभी कीमती वस्तुएँ मुहरबन्द कर कमरों में बन्द कर दी गईं और शाहजहां को महल के अन्त:पुर में नज़रबन्द कर दिया गया। उस पर कड़ा पहरा लगा दिया गया। राजाओं का राजा शहंशाह एक बेबस क़ैदी हो गया।

शाहजहां को आगरा के क़िले में साधारण सुविधाएँ भी नहीं दी गईं। शाहजहां

ने औरंगज़ेब को पत्र लिख कर अनेक शिकायतें कीं। औरंगज़ेब ने उत्तर में अपनी सभी कार्रवाइयों को उचित ठहराया। उसने भातृघातक युद्ध के लिए दारा के साथ शाहजहां के पक्षपात को, ज़िम्मेदार ठहराया। उसने लिखा, 'मुझे अपनी और इस्लाम की रक्षा के लिए इस युद्ध में शामिल होना पड़ा, उसने अपने पिता को सलाह दी कि उसे एक बुद्धिमान आदमी की तरह ईश्वर की इस इच्छा को और औरंगज़ेब की विजय को स्वीकार कर लेना चाहिए।

सामूगढ़ के युद्ध में शाही सेना को पराजित करने के बाद औरंगज़ेब देश का वास्तविक शासक बन गया। उसने 10 जून को आगरा में भव्य दरबार किया, जिसमें शाही अधिकारियों ने उसकी अधीनता स्वीकार की। मुराद को लगा, औरंगज़ेब उसके साथ धोख़ेबाज़ी कर सकता है। उसने अपने हितों की रक्षा करने के लिए अपनी सेना को संगठित किया। मुराद के पास लगभग 20 हज़ार सैनिक थे। औरंगज़ेब को मुराद के इस व्यवहार से चिन्ता हुई। अभी उसकी स्थिति पूरी तरह सुरक्षित नहीं हुई थी। पहले उसने अपने वृद्ध पिता, राजाओं के राजा, शहंशाह शाहजहां को आगरे के क़िले में बन्दी बना कर सख़्त पहरे में रखने के आदेश जारी किए। इसके दो दिन बाद वह दिल्ली रवाना हुआ। मथुरा के नज़दीक पहुँचने पर उसे पता लगा कि मुराद उस पर हमला करने की योजना बना रहा है। उसने मुराद से निपटने के लिए कूटनीति और धूर्तता का सहारा लिया।

3 जून को दिल्ली की ओर बढ़ते हुए उसने मथुरा में मुराद के सम्मान में एक ज़बर्दस्त समारोह का आयोजन किया। इस समारोह में मुराद की ज़बर्दस्त ख़ातिर की गई। उसे अन्धाधुँध शराब पीने के लिए उकसाया गया। जब अत्यधिक शराब पीने से मुराद के होशो-हवास गुम हो गए तो उसे बन्दी बना लिया गया। मुराद को उसके पुत्र के साथ ग्वालियर के राजकीय बन्दीगृह में भेज दिया गया। मुराद की गिरफ़्तारी के बाद औरंगज़ेब दिल्ली पहुँचा और 21 जुलाई, 1658 को उसने दिल्ली में अपना दरबार किया।

मुराद के बन्दीगृह से भागने के विफल प्रयासों के बाद औरंगज़ेब के उकसाने पर मुराद पर दीवान अली नक़वी की हत्या का मुक़दमा चलाया गया। क़ाज़ी ने उसे हत्या का दोषी पाया और मौत की सज़ा सुनाई। मुराद को 4 दिसम्बर को मौत के घाट उतार दिया गया। इस तरह औरंगज़ेब को दिल्ली का तख़्त पाने के लिए अपने भाई की हत्या करने में कोई हिचकिचाहट नहीं हुई।

दिल्ली में अपना दरबार करा कर औरंगज़ेब दारा की खोज में पंजाब रवाना

हुआ। औरंगज़ेब को पंजाब में व्यस्त देख शुजा राजमहल से पटना और फिर इलाहाबाद पहुँचा। वह जल्दी आगरा पहुँच शाहजहां को आज़ाद करा कर उसके नाम पर औरंगज़ेब को सत्ता से बेदख़ल करना चाहता था। औरंगज़ेब फ़ौरन दिल्ली लौटा और उसने अपने पुत्र सुलतान मुहम्मद की कमान में अतिरिक्त कुमुक, तोपख़ाना इलाहाबाद भेजा। अतिरिक्त राजपूत टुकड़ियाँ भी इलाहाबाद भेजी गईं। बाद में औरंगज़ेब स्वयं भी इलाहाबाद पहुँचा। शुजा ने ख़्वाजा में मोर्चा लगाया। औरंगज़ेब की सेना भी 3 जनवरी, 1659 को वहीं पहुँच गई। शाही फ़ौज के दाहिने पक्ष की कमान जसवन्त सिंह के पास थी। वह किसी कारण, अपमान, उपेक्षा या उचित सम्मान न दिए जाने से औरंगज़ेब से नाराज़ हो गए और उन्होंने बदला लेने की योजना बनाई। उन्होंने शुजा को सन्देश भेजा कि मैं रात के अन्तिम प्रहर में शाही फ़ौज पर हमला करूँगा। जब सम्राट मेरा सामना करने आगे बढ़ें, तुम अस्त-व्यस्त और भ्रमित शाही फ़ौज पर टूट पड़ना और उसे कुचल देना।

5 जनवरी को सूरज निकलने से पहले जसवन्त सिंह की फ़ौज ने राजकुमार मुहम्मद के शिविर पर हमला किया। इस अप्रत्याशित हमले से बड़ी चीख-पुकार मची, सर्वत्र कोलाहल मच गया। जान बचाने के लिए जिसे जिधर मौक़ा लगा, वह उधर भागा। लगभग आधी सेना शिविर छोड़ कर इधर-उधर भाग गई। राजपूतों ने राजकुमार के शिविर को लूटने के बाद जो दिखाई दिया, उसे लूट लिया। उनके हाथ घोड़े, ऊँट और बेशुमार दौलत लगी। अगर ऐसे में शुजा हमला कर देता तो औरंगज़ेब को ज़बर्दस्त शिकस्त मिलती लेकिन शुजा ने जसवन्त सिंह के पत्र को आरंगजेब की चाल समझ कर कोई हमला नहीं किया।

औरंगज़ेब नमाज़ अदा कर रहा था। यह ख़बर सुनने के बाद भी वह नमाज़ अदा करता रहा। उसने इस अवसर पर असीम धैर्य और साहस का परिचय दिया। नमाज़ अदा करने के बाद उसने कहा कि अगर वह युद्ध के दौरान ऐसा करता तो कितना नुकसान होता। औरंगज़ेब ने चारों ओर सैनिक भेज कर भागे सैनिकों को वापिस बुलाया। रात होने से पहले सभी सैनिक वापिस आ गए और सेना में स्थिति सामान्य हो गई।

सामूगढ़ में दारा की पराजय के बाद शुजा ने अपनी स्थिति सुधारने की कोशिश की लेकिन 5 जनवरी, 1659 को फ़तेहपुर ख़्वाजा में हार के बाद उसकी आशा ध्वस्त हो गई। इसके बाद मीर जुमला ने उसका हर जगह पीछा किया और उसे बंगाल छोड़ने पर बाध्य किया। शुजा मुग़ल फ़ौजों के जाल से बचते हुए किसी तरह अराकान पहुँचा (मई 1660) जहाँ वहाँ के लोगों को राजा के विरुद्ध विद्रोह

के लिए उकसाने पर स्थानीय मघों ने उसकी सपरिवार हत्या कर दी।

आगरा और दिल्ली पर अधिकार करने के बाद औरंगज़ेब देश का मालिक तो हो गया था लेकिन उसकी स्थिति दृढ़ नहीं थी। पूर्व में शुजा और पश्चिम में दारा उसे चुनौती दे रहे थे। इसके अलावा, उसे अभी मुराद को भी ठिकाने लगाना था।

पिता शाहजहां को आगरा के क़िले में सख़्त पहरे में रखने, मुराद को जहन्नुम पहुँचाने, शुजा पर निर्णायक विजय पाने और दारा को लगभग सैनिक और साधन विहीन कर सिंध के उस पार पहुंचाने के बाद उसे लगा कि उसे कोई चुनौती नहीं दे सकता। अत: उसने 15 जून, 1659 को 'आलमगीर' की उपाधि के साथ दिल्ली के लाल क़िले में अपना शानदार राज्याभिषेक किया।

उत्तराधिकार के युद्ध में चारों भाइयों के संघर्ष में उलझ जाने के कारण प्रशासनिक व्यवस्था छिन्न-भिन्न हो गयी थी। किसानों की फसलें सेनाओं ने रौंद दी थीं। देश के कुछ भागों में सूखा भी पड़ा था। चोर और डाकू सर्वत्र सक्रिय हो गए थे।

राज्याभिषेक के साथ ही औरंगज़ेब ने सूबेदारों, फ़ौजदारों, क़िलेदारों और कोतवालों को प्रशासन को चुस्त-दुरुस्त करने के आदेश भेजे। प्रजा को कीमतों में राहत देने के लिए उसने राहदारी (माल इधर-उधर ले जाने पर 10 प्रतिशत व्यापार कर), और पानदानी (सभी नागरिकों—कुम्हार से लेकर जौहरियों तक—सभी पर लगने वाला गृहकर) समाप्त कर दिया।

अध्याय अठारह

दारा का पलायन

सामूगढ़ की पराजय के बाद दो-तीन कोस चलने के बाद दारा एक छायादार पेड़ के नीचे रुका और घोड़े से उतरा। उसने अपने सिर से कवच उतारा और बैठ गया। उसने आगे बढ़ने से इनकार कर दिया। वह अत्यन्त थका और निराश था। उसने कहा कि जो भाग्य में लिखा है वह होकर रहेगा। अच्छा है, वह जल्द हो जाए। सहयोगियों के दबाव में वह फिर घोड़े पर बैठ कर आगरा की ओर बढ़ा। आगरा में अपनी हवेली पहुँच कर वह एक कमरे में बन्द हो गया। शाहजहां ने उसे मिलने का सन्देश भेजा लेकिन दारा तैयार नहीं हुआ। शुरू में उसका विचार परिवार को छोड़ कर अकेले जाने का था लेकिन उसकी पत्नी नादिरा ने उसे छोड़ कर रहने से इनकार कर दिया। उसने कहा कि हम साथ जियेंगे साथ मरेंगे। दूसरे दिन लगभग तीन बजे सुबह दारा अपनी पत्नी नादिरा बानू, अपने बच्चों-पौत्रों और लगभग एक दर्जन घुडसवारों के साथ दिल्ली रवाना हुआ। दारा शुकोह पाँच जून को दिल्ली पहुँचा।

इस दौरान छोटी-छोटी टुकड़ियों में सिपाहियों के अनेक दल दारा की सहायता के लिए आगरा से दिल्ली पहुँचे और दारा की सेना में शामिल हो गए। दारा के पास साधनों की कमी नहीं थी। शाहजहां ने दिल्ली का ख़ज़ाना और शस्त्रागार दारा के सुपुर्द करने के अलावा अपने समर्थकों से दारा का साथ देने को कहा था। दारा दिल्ली में एक बड़ी सेना खड़ी करने का प्रयास कर रहा था। दारा का विचार था कि आगरा के क़िले पर कब्ज़ा किये बिना औरंगज़ेब आगे नहीं बढेग़ा। अनुमान था कि क़िले पर कब्ज़ा करने में तीन-चार सप्ताह लग सकते हैं। इस दौरान दारा एक बड़ी सेना खड़ी कर औरंगज़ेब का मुकाबला कर सकता था।

उसने अपने पुत्र सुलेमान शुकोह को जल्दी से जल्दी दिल्ली पहुँचने का सन्देश भिजवाया लेकिन पाँच दिन के घेराव के बाद आगरा के क़िले के सैनिकों को द्वार खोल देने पड़े। क़िले की रक्षा व्यवस्था मज़बूत थी और वहाँ रसद एवं

गोला-बारूद भी काफ़ी मात्रा में था लेकिन क़िले के लिए पानी की व्यवस्था यमुना नदी से की जाती थी। क़िले का पानी खारा और पीने के लायक नहीं था और सैनिकों के लिए पर्याप्त नहीं था।

औरंगज़ेब के हुक्म से क़िले में पानी की सप्लाई बन्द कर दी गई। जून में आगरा की गर्मी में वृद्ध शाहजहां, क़िले के रक्षक सैनिक और शाही कर्मचारी पानी के अभाव में हाहाकार करने लगे। अत: उन्हें मजबूरन क़िले के द्वार खोलने पडे। कहा जाता है कि इस सन्दर्भ में शाहजहां ने औरंगज़ेब को हिन्दुओं की मृतकों तक को पानी देने की प्रथा की याद दिला कर लज्जित करना चाहा लेकिन औरंगज़ेब पर इसका कोई असर नहीं हुआ।

आगरा के क़िले में औरंगज़ेब की सेना के प्रवेश के बाद दारा के लिए दिल्ली में रहना सुरक्षित नहीं था। उसके सामने दो विकल्प थे—या तो वह पूर्व की ओर जाकर सिपिर शुकोह से मिले और शुजा के साथ गठबन्धन करके औरंगज़ेब का मुकाबला करे या पश्चिम की दिशा में पंजाब में जा कर एक बड़ी सेना खड़ी करे। औरंगज़ेब की विजय से शुजा उसका दुश्मन हो गया था। अगर दारा शुजा के साथ गठबन्धन करके दक्कन की ओर जाता तो उसे गोलकुण्डा और बीजापुर की शिया रियासतों का समर्थन मिल सकता था। इस तरह वह औरंगज़ेब को गम्भीर चुनौती दे सकता था।

लेकिन दारा ने पंजाब की ओर रुख़ करने का निश्चय किया जहाँ उसका प्रतिनिधि इज़्ज़त ख़ाँ शासन कर रहा था। काबुल दारा के समर्थकों के अधिकार में था। अगर दारा शुजा के साथ मिल कर औरंगज़ेब के विरुद्ध मोर्चा बनाता तो शायद फ़ायदे में रहता लेकिन दारा में राजनयिक साहस और राजनीतिक दूरदर्शिता की कमी थी। उसने शुजा के साथ तत्काल गठबन्धन करने की कोई पहल नहीं की। उसने सबसे बड़ी ग़लती यह की कि उसने सिपिर शुकोह को हिमालय की तराई से होकर लाहौर पहुँचने का आदेश दिया। उसे सिपिर शुकोह को शुजा के साथ मिल कर औरंगज़ेब के विरुद्ध मोर्चा बनाने का आदेश देना चाहिये था।

दारा 10,000 सैनिकों और काफ़ी ख़ज़ाने के साथ 12 जून, 1658 को दिल्ली से पंजाब के लिए रवाना हुआ। वह सरहिन्द होता हुआ 3 जुलाई को लाहौर पहुँचा। उसने अपने सबसे योग्य सेनापति दाऊद ख़ाँ को तलवान घाट की रक्षा और दुश्मन को सतलुज से उस पार रोकने का आदेश दिया। बाद में उसने सैयद इज़्ज़त ख़ाँ की कमान में 5,000 सैनिकों का एक दस्ता और सतलज पर रूपड़ घाट की

रक्षा को भेजा। इसी समय शाही सेना के कुछ और अफ़सर विभिन्न उद्देश्यों से उसकी सेना में शामिल हो गए। इनमें से एक जम्मू का राजा राजरूप था। उसने दारा से कहा कि अगर उसे पर्याप्त धन दिया जाए तो वह दारा के लिए पहाड़ी राजपूतों की एक बड़ी फ़ौज खड़ी कर सकता है। दारा ने फ़ौरन राजरूप को फ़ौज खड़ी करने के लिए 60 लाख रुपये दिए। नादिरा ने राजरूप को अपना दूध पीने को दिया ताकि उसका एक और बेटा हो जाए। राजरूप ने इस दूध का बदला एक वर्ष बाद देवराय के युद्ध में औरंगज़ेब का साथ दे कर चुकाया।

दारा के लाहौर पहुँचने के एक महीने बाद औरंगज़ेब का सेनापति बहादुर ख़ाँ सतलज के किनारे पहुँचा। औरंगज़ेब ने इस आशंका से कि दारा सतलुज में चलने वाली सभी नौकाएँ अपने कब्ज़े में ले लेगा, बहादुर ख़ाँ को विशेष क़िस्म की बनी नावें प्रदान कीं जो बैलगाड़ियों में बहादुर ख़ाँ के साथ आईं। बहादुर ख़ाँ ने यह पता लगने पर कि दारा की अधिकांश फ़ौज तलवान में है, 5 अगस्त की रात को रूपड़ घाट पर जहाँ दारा के सैनिक असावधान थे, गुप्त रूप से सतलज पार की। दो दिन बाद ख़लीलुल्ला की सेना ने भी रूपड़ पर सतलज पार की। इस संयुक्त सेना के सामने दारा की फ़ौज को तलवान और अन्य सभी घाट खाली करने पड़े और अपनी फ़ौज को व्यास के पूर्वी तट सुलतानपुर में तैनात करना पड़ा।

पहले दारा का इरादा शुजा के बिहार से आगे बढ़ने या जसवन्त सिंह के नेतृत्व में राजस्थान में विद्रोह होने तक जमे रहने का था। उसका अनुमान था कि शुजा के आगे बढ़ने या राजस्थान में विद्रोह होने पर औरंगज़ेब को पंजाब से सेना हटानी पड़ेगी। औरंगज़ेब की फौज़ों के इतने निकट आने की इस ख़बर से दारा असमंजस में पड़ गया कि लाहौर में जमा रहूँ या लाहौर छोड़ दूँ। कभी-कभी वह निराशा के गर्त में डूब जाता था। दारा के सबसे योग्य और स्वामीभक्त सेनापति दाऊद ख़ाँ ने दारा को निराश न होने की सलाह दी जो क़ुरान की एक आयत के अनुसार नास्तिकता है। उसने प्रस्ताव किया कि दारा स्वयं लाहौर में रहे और सेना का साज़ो-सामान जुटाए और सिपिर शुकोह को व्यास के तट सुल्तानपुर भेज दे। नादिरा के पुत्र प्रेम के कारण इसमें देरी हुई।

इस बीच दाऊद ख़ाँ ने, जिसने सुलतानपुर में मोर्चा सँभाला हुआ था, बहादुर ख़ाँ और ख़लीलुल्लाह ख़ाँ की सम्मिलित सेनाओं के सामने टिके रहना बुद्धिमत्तापूर्ण नहीं समझा। अत: उसने ब्यास के दूसरे किनारे गोविन्दवाल में मोर्चा लगाया। सिपिर शुकोह भी कुमुक के साथ यहाँ पहुँच गया लेकिन अब सुलतानपुर में सुरक्षित रूप से जमी सेना पर हमला करना ख़तरनाक था। इस बीच 24 अगस्त को औरंगज़ेब

रूपड़ पहुँचा। यह सूचना मिलने पर कि दारा की फ़ौजें गोविन्दवाल की ओर बढ़ रही हैं उसने मिर्ज़ा राजा जयसिंह और कुछ अन्य अधिकारियों को ख़लीलुल्लाह की सहायता के लिए भेजा। 18 अगस्त को राजा जयसिंह और अन्य लोग ख़लीलुल्लाह से रूपड़ से 32 मील पश्चिम गढ़शंकर में मिले। उन्होंने वहीं दारा के लाहौर छोड़ कर मुल्तान जाने की ख़बर सुनी। दारा ने औरंगज़ेब की सेनाओं के इतने निकट आने पर स्वयं को खतरे में पाया और लाहौर छोड़ दिया। उसने सिपिर शुकोह को अपने पास बुला लिया और दाऊद ख़ाँ को शत्रु के वहाँ पहुँचने तक डटे रहने का आदेश दिया।

दारा लाहौर से 14 हज़ार सैनिकों, बड़े ख़ज़ाने और तोपख़ाने के साथ मुल्तान रवाना हुआ लेकिन मुलतान पहुँचने के बाद उसकी सेना के अधिकांश सैनिकों ने आगे जाने से इनकार कर दिया। भक्कर पहुँचने पर उसकी सेना की संख्या आधी रह गई। यह आधी सेना लगातार चलने, गर्मी और थकान के कारण मरणासन्न हो गयी थी। दारा भक्कर में पाँच दिन रुका। उसने अपने ख़ज़ाने का एक हिस्सा अपने हरम की औरतों और अपनी कुछ तोपों को भक्कर के क़िले में रख दिया। भक्कर के क़िले में काफ़ी गोला-बारूद, रसद आदि भी जमा कर दी गयी और उसे स्वामीभक्त सेनापति बसन्त और सैयद अब्दुर्रज़्ज़ाक के सुपुर्द कर दिया गया।

दाऊद ख़ाँ सहित दारा के अनेक अफ़सर और 4,000 सैनिक भक्कर से अपने-अपने घरों को लौट गए। भक्कर से दारा सिन्धु नदी से नीचे की ओर 50 मील गया जहाँ से कन्धार होकर फ़ारस के लिए रास्ता जाता था। दारा ने फ़ारस के शाह अब्बास के साथ शरण और सहायता के लिए ख़तो किताबत की। दारा हुमायूँ की तरह फ़ारस के शाह की सहायता से दिल्ली के तख़्त को फिर से प्राप्त करना चाहता था लेकिन दिक्कत यह थी कि उसके हरम में हिन्दुस्तानी औरतें और सेवक थे जो अपने सम्मान को फ़ारसियों के हाथों में सौंपने के लिए तैयार नहीं थे।

औरंगज़ेब 25 सितम्बर को दारा की खोज में मुल्तान पहुँचा लेकिन शुजा के इलाहाबाद पहुँचने की ख़बर पाकर वह लौट गया। वह अपने दो सेनापतियों शफ शिकन ख़ाँ और शेख़ मीर को इस आदेश के साथ मुल्तान में छोड़ गया कि दारा को सूबे से निकाल दिया जाए। इन दो सेनापतियों की फ़ौजों और दारा की फ़ौज के बीच कुछ समय तक आँख-मिचौनी का खेल चलता रहा। इस बीच शुजा के विरुद्ध सेना भेजने के लिए औरंगज़ेब ने दोनों सेनापतियों को अपने पास वापस बुला लिया। दारा ने अपनी सेना के साथ कच्छ के रण में प्रवेश किया और अन्त में कच्छ के राव की राजधानी में पहुँचा। राव ने दारा का हार्दिक स्वागत किया और

उसे हर तरह की सहायता और समर्थन करने का वचन दिया। कानूनगो के अनुसार राव ने अपनी एक पुत्री की सगाई सिपिर शुकोह के साथ कर दी।

कच्छ में सेना को नए सिरे से सज्जित करने के बाद दारा ने कठियावाड़ में प्रवेश किया। वहाँ भावनगर के जाम ने स्वामीभक्त जागीरदार की तरह दारा का भव्य स्वागत किया। मुराद का सूबा अभी भी मुराद के अधिकारियों के पास था, जो औरंगज़ेब से अपने मालिक मुराद के साथ दग़ाबाज़ी करने के कारण नाराज़ थे। औरंगज़ेब ने गुजरात के प्रशासन के लिए अपने एक असन्तुष्ट अधिकारी—शाह नवाज़ को अहमदाबाद भेजा था। दारा ने 3,000 सैनिकों के साथ अहमदाबाद पर हमला किया। नगर के समीप पहुँचने पर शाहनवाज़ ने दारा का सामना करने के स्थान पर उसका ज़बर्दस्त स्वागत किया और उसे आदरपूर्वक क़िले में ले गया। दारा ने अब अहमदाबाद में अपना दरबार लगाया।

लेकिन उसने पिता के प्रति प्रेम और सम्मान के कारण राजा की उपाधि नही ग्रहण की। केवल सहयोगियों के दबाब के कारण *झरोखा-ए-दर्शन* शुरू किया। उदार वेतन से आकृष्ट होकर दारा के पास शीघ्र ही 22,000 सैनिक हो गए। उसने सूरत बन्दरगाह पर अधिकार करने के लिए एक सेना भेजी। औरंगज़ेब के अधिकारी सादिक मुहम्मद ख़ाँ ने बिना संघर्ष किये शान्तिपूर्वक दारा के आदमियों को सूरत सौंप दिया। दारा को क़िले से काफ़ी धन, गोला-बारूद और 40 तोपें मिलीं।

दारा ने बीजापुर और गोलकुण्डा की रियासतों को 1656-57 में औरंगज़ेब के अत्याचारों से बचाया था। अत: वह आशा करता था कि दिल्ली का तख़्त फिर से हासिल करने के प्रयास में वे उसकी सहायता करेंगे। दारा इन शासकों के पास जाने की योजना बना रहा था। औरंगज़ेब इस बात को समझता था और उसने अपने पुत्र मुअज़्ज़म को इस बारे में चौकस कर दिया था। इसी समय यह अफ़वाह फैली कि शुजा ने औरंगज़ेब को पराजित कर दिया है और जसवन्त सिंह लूट का माल लेकर जोधपुर पहुँच गया है।

दारा ने इस अफ़वाह पर विश्वास कर लिया और दक्कन जाने का विचार छोड़ दिया। सैयद अहमद बुख़ारी को अहमदाबाद का प्रभारी नियुक्त कर दारा 14 फ़रवरी को अजमेर के लिए रवाना हुआ। तीन पड़ाव की यात्रा करने के बाद दारा को बताया गया कि औरंगज़ेब ने ख़्वाजा के युद्ध में (15 जनवरी 1659) शुजा पर निर्णायक विजय प्राप्त की है। अगर इस समय दारा दक्कन का रुख़ करता तो वह अपनी 20,000 की सेना और तोपख़ाने के साथ मार-काट करते हुए आसानी से

दक्कन पहुँच जाता लेकिन दारा ने राजपूताना पहुँचना अधिक बेहतर समझा।

दारा का विचार था कि औरंगज़ेब दूसरे अपराध के लिए जसवन्त सिंह को क्षमा नहीं कर सकता है। जसवन्त सिंह औरंगज़ेब के विरुद्ध विद्रोह करने के लिए खड़ा हो गया था। अपने विद्रोह को वैधता प्रदान करने और न्यायपूर्ण सिद्ध करने के लिए उसने साम्राज्य के उत्तराधिकारी दारा को अपने यहाँ निमन्त्रित किया और उसे पूरा समर्थन देने का वचन दिया। अत: दारा तेज़ी से अजमेर के उत्तर-पश्चिम में स्थित मेढ़ता को बढ़ा लेकिन वहाँ दारा को न तो युद्ध की कोई तैयारियाँ मिली और न ही उसका स्वागत करने के लिए वहाँ महाराजा जसवन्त सिंह थे। दारा ने महाराजा के पास अपने दूत दुलीचन्द को भेजा। जसवन्त सिंह ने दारा को सन्देश भेजा कि आप अजमेर को अपना केंद्र बनाएँ क्योंकि अजमेर राजपूताना का हृदय है। मैं अपनी सेना को हथियारों से लैस करके आपसे वहीं मिलूँगा। यह सलाह मिलने के बाद दारा अजमेर रवाना हो गया।

दारा ने मेवाड़ के राणा को शाहजहां के कोप से बचाया था। जहांगीर के शासनकाल के दौरान मेवाड़ ने दिल्ली की अधीनता स्वीकार कर ली थी और यह स्वीकार कर लिया था कि वह चित्तौड़ के क़िले को मज़बूत नहीं बनाएगा लेकिन महाराणा जगत सिंह ने बड़े पैमाने पर क़िले की मरम्मत और जीर्णोद्धार का काम शुरू किया। उनके पुत्र राज सिंह ने गद्दी पाने के बाद यह कार्य अत्यधिक उत्साह से किया। यही नहीं ,राज सिंह ने मुग़ल सीमा के समीप अपनी फ़ौज का अशोभनीय शक्ति का प्रदर्शन भी किया और कन्धार के तीसरे अभियान के लिए देर से फ़ौज भेजी। सम्राट ने राज सिंह के राजद्रोह को कन्धार अभियान की समाप्ति तक बर्दाश्त किया।

इसके बाद शाहजहां ने महाराणा राज सिंह के लिए दो घोड़ों के उपहार के साथ यह सन्देश भेजा कि वह दक्षिण में औरंगज़ेब की सहायता के लिए अपनी सेना की टुकड़ियाँ भेजे। वास्तव में सम्राट यह जानना चाहते थे कि राज सिंह की सैनिक क्षमता क्या है और चित्तौड़ के क़िले की कितनी मरम्मत आदि की गयी है। सम्राट को सूचना दी गयी कि क़िले के पुराने फाटकों की मरम्मत कर दी गयी है और अनेक नए फाटक बना दिए गए हैं। क़िले की रक्षा के लिए अनेक नई दीवारें बना कर क़िले को दुर्गम बनाया जा रहा है। इस पर सम्राट ने चित्तौड़ के क़िले को ध्वस्त करने के लिए सादुल्ला ख़ाँ की कमान में 30 हज़ार सैनिकों की एक सेना मेवाड़ रवाना की। राज सिंह ने पहले मुग़ल सेना का सामना करने का विचार किया किन्तु बाद में शाही सेना की शक्ति एवं और क्षमता को देख कर उसने क्षमा

याचना के लिए दारा के पास एक प्रतिनिधिमण्डल भेजा।

सादुल्ला ख़ाँ ने अपने 15 दिन के अभियान के दौरान क़िले की दीवारें और क़िलेबन्दी ध्वस्त की। सादुल्ला ख़ाँ मेवाड़ को शाही शासन के अन्तर्गत लाना चाहता था। दारा के हस्तक्षेप से मेवाड़ का इलाक़ा शाही शासन के अन्तर्गत नहीं लाया गया। सादुल्ला ख़ाँ मेवाड़ को शाही इलाक़े में मिलाने के लिए शाहजहां पर ज़बर्दस्त दबाब डाल रहा था। अगर दारा राणा का पक्ष लेकर उसे माफ़ी नहीं दिलाता तो सादुल्ला ख़ाँ के मन्सूबे पूरे हो जाते लेकिन मेवाड़ को बग़ावत करने के दण्डस्वरूप पुर, मण्डलगढ़ और वेदनूर के चार परगने छोड़ने पड़े। महाराणा को अपना इलाक़ा शाही शासन के अन्तर्गत नहीं मिलाए जाने के लिए दारा का शुक्रगुज़ार होना चाहिए था, लेकिन महाराणा दारा का यह उपकार भूल गया कि उसकी कृपा से मेवाड़ मुग़ल सल्तनत का हिस्सा नहीं बनाया गया। उसे केवल अपने कुछ इलाक़ों को खोने की इतनी टीस थी कि उसने औरंगज़ेब से सहायता माँगी और उत्तराधिकार के युद्ध में दारा की अपील के बावजूद उसका समर्थन नहीं किया।

राणा ने इन इलाक़ों को प्राप्त करने के लिए औरंगज़ेब से सम्पर्क साधा। औरंगज़ेब ने राणा को ख़िलअत, हीरे की अँगूठी और एक हाथी भेजा। औरंगज़ेब ने दक्कन छोड़ने से पहले राज सिंह को चारों परगने लौटाने का वादा किया। धर्मट के युद्ध के बाद उसने राणा को वर्तमान जागीरदारों से ये परगने छीन लेने को कहा। सामूगढ़ के युद्ध के बाद उसने राणा को अपने पक्ष में रखने के लिए डूँगरपुर, बांसवाड़ा, बसावर आदि के परगने भी दे दिये।

दारा ने अजमेर पहुँचने के बाद राणा को पत्र लिख कर सहायता माँगी। दारा ने लिखा, "हमने अपना सम्मान राजपूतों को सौंप दिया है और हम वास्तव में सम्पूर्ण राजपूत जाति के मेहमान बनकर आए हैं। महाराजा जसवन्त सिंह हमारा साथ देने के लिए तैयार हैं। आप राजपूत जाति के प्रमुख हैं। हमें हाल में ही पता चला है कि आपका पुत्र उसके (औरंगज़ेब) पास से लौट आया है। हमें आशा है कि महाराणा आला हज़रत (शाहजहां) को मुक्त कराने में हमारी सहायता करेंगे। अगर आप किसी कारण से नहीं आ सकते तो अपने रिश्तेदार को 2,000 घोड़ों के साथ भेज दें।" लेकिन महाराणा राज सिंह पर इस अनुरोध का कोई असर नहीं हुआ। वह शाहजहां से कुछ परगने छीने जाने से नाराज़ था। उसने इस बात की ओर ध्यान नहीं दिया कि दारा के कारण उसका शेष राज्य बच गया।

दारा जसवन्त सिंह के जवाब में अजमेर में चिन्ता में दिन बिता रहा था।

उसने जसवन्त सिंह के पास फिर दूत भेजा लेकिन उसका जबाब पहले की तरह टालू था। जसवन्त ने दारा का साथ छोड़ औरंगज़ेब का साथ देने का फ़ैसला कर लिया था। उसे इसके लिए राज़ी करने में जयसिंह की प्रमुख भूमिका थी।

जयसिंह ने जसवन्त सिंह को लिखा, ''दारा के दुर्भाग्य को बदलने के लिए तुम किस लालच में उसका साथ दे रहे हो? ऐसा करने पर आख़िर में तुम्हारा और तुम्हारे परिवार का सर्वनाश हो सकता है लेकिन कमबख़्त दारा को कोई फ़ायदा नहीं होगा। औरंगज़ेब तुम्हें कभी क्षमा नहीं करेगा। मैं जो स्वयं राजा हूँ , तुमसे निवेदन करता हूँ कि ऐसा कुछ न करो जिससे राजपूतों का ख़ून बहे। यह आशा मत करना कि अन्य राजा तुम्हारा साथ देंगे। मैं ऐसे उपाय करूँगा कि तुम्हारे प्रयास कभी सफल न हों। यह काम ऐसा है जिसके बारे में सभी को चिन्ता है और तुम्हें ऐसी आग जलाने की इजाज़त नहीं दी जा सकती जो फ़ौरन ही इस समूचे क्षेत्र में फैल जाए और जिसे कोई बुझा न सके। अगर तुम दारा को उसके हाल पर छोड़ दोगे तो औरंगज़ेब पिछली बातों को भुला देगा। तुम अपनी रियासत के समीप स्थित सूबे के मालिक बनने के फ़ायदे को समझ सकते हो। वहाँ तुम पूरी शान्ति और सुरक्षा में रहोगे। तुम्हें मैंने जो कुछ लिखा है, उसे पूरा करने की मैं गारण्टी देता हूँ।''

जयसिंह के पत्र ने जसवन्त सिंह की स्वार्थ और अपनी रक्षा की भावना को जगा दिया और आत्मा की आवाज़ और न्याय की भावना को दबा दिया। औरंगज़ेब से माफ़ी पाने और गुजरात का सूबेदार बनाए जाने की सम्भावना के कारण जसवन्त अपने दिये हुए वचन से पीछे हट गया।

वास्तव में, औरंगज़ेब इस नाज़ुक मौक़े पर जसवन्त सिंह के महत्व को समझता था और उसने जसवन्त सिंह को मनाने का काम जयसिंह को सौंपा । औरंगज़ेब जानता था कि जसवन्त सिंह आसानी से 20,000 बेहतरीन राजपूत लड़ाके दारा को उपलब्ध करा सकता है। दारा इन राजपूत लड़ाकों की सहायता से दक्कन जाकर वहाँ जम सकता था। दक्कन में उसे अन्य राजा-रजवाड़ों और वहाँ की शिया रियासतों का समर्थन मिल सकता था। औरंगज़ेब के क्षमादान और गुजरात की सूबेदारी की लालच ने जसवन्त सिंह की नीयत बदल दी।

देवराय की लड़ाई

जसवन्त सिंह द्वारा धोखा दिए जाने और शेष राजपूतों द्वारा छोड़ दिए जाने के बाद अब दारा के सामने औरंगज़ेब से दो हाथ किये बिना सुरक्षित रूप से लौटने

का भी रास्ता नहीं बचा था। अपने और सहयोगियों के परिवारों को अजमेर छोड़ दारा ने अजमेर से साढ़े चार मील दक्षिण में दो पहाड़ियों के बीच मोर्चा लगाया। दारा ने अपनी सेना की रक्षा के लिए दोनों पहाड़ियों—गोकला और विथली के बीच मिट्टी की एक दीवार बनवा दी, उसके सामने एक खाई ख़ुदवा दी और जगह-जगह गढ़ी बनवा दीं। उसने अपनी सेना को लेकर देवराय में मोर्चा लगाया।

औरंगज़ेब ने देवराय से एक मील पहले 11 मार्च, 1659 को अपना पड़ाव डाला। दारा की खाइयों के कारण उसकी सेना की प्रगति धीमी रही। उसी रात औरंगज़ेब के एक साहसी अफ़सर ने दोनों सेनाओं के मध्य स्थित एक टीले पर कब्ज़ा कर लिया। दूसरे दिन इस टीले पर अधिकार के लिए दोनों सेनाओं में भीषण युद्ध हुआ। युद्ध के दौरान औरंगज़ेब ने टीले पर अपनी तोपें पहुँचा दीं। इन तोपों की गोलीबारी के कारण दारा के सैनिकों को अपनी रक्षा पंक्ति के पीछे जाना पडा। 13 मार्च को युद्ध में कोई फ़ैसला नही हुआ। इसी दिन जम्मू के राजा राजरूप, जिसने दारा से पहाड़ी राजपूतों की सेना खड़ी करने के लिए लाखों रुपये लिये थे, और हमेशा दारा का साथ देने के लिए नादिरा का दूध पिया था, वह किया जिसकी किसी को आशंका न थी। उसके सैनिकों ने दारा के बाएँ बाजू में गोकला पहाड़ी के पीछे पहुँचने का ऐसा रास्ता खोज निकाला जिस पर कोई पहरा नहीं था।

दूसरे दिन 14 मार्च को जयसिंह, दिलेर ख़ाँ, शेख़ मीर और औरंगज़ेब की सैनिक टुकड़ियों ने दारा की सेना पर सामने से हमला किया। दारा के सैनिक बहुत बहादुरी से लड़े।

शाहनवाज़ औरंगज़ेब के तोपख़ाने का शिकार हुआ। दारा ने स्वयं असाधारण वीरता दिखाई लेकिन पीछे से धोख़ेबाज़ राजरूप के सैनिकों के अचानक आक्रमण से दारा के सैनिकों में घबराहट फैल गयी और वे तितर-बितर हो गए। दारा ने अपने एकमात्र सैनिक अधिकारी फिरोज मेवाती और सिपिर शुकोह के साथ गुजरात का रास्ता पकड़ा। इस युद्ध में औरंगज़ेब के पाँच हज़ार सैनिक मारे गए। दारा ने रक्षात्मक युद्ध किया था अत: उसके कम सैनिक मारे गए तथापि उनकी संख्या भी काफ़ी थी।

गुजरात में दारा

दारा और उसका दल 14 मार्च की रात और 15 को सारा दिन सफ़र करने के बाद शाम को जोधपुर रियासत में मेढ़ता पहुँचा। दारा के साथ केवल दो हज़ार सिपाही और एक सेनापति फ़ीरोज़ मेवाती था। दारा ने उसी रात मेढ़ता छोड़ दिया

और हर रोज़ 30 मील का सफ़र तय करके पार और बड़गांव होते हुए गुजरात का रुख़ किया। छह दिन बाद मिर्ज़ा राजा जयसिंह और बहादुर ख़ाँ ने 20 हज़ार सैनिकों के साथ उनका पीछा शुरू किया। दारा के जोधपुर छोड़ने के तीन दिन बाद जसवन्त सिंह को औरंगज़ेब का हुक्म मिला कि दारा को पकड़ा जाए। अत: जसवन्त सिंह मिर्ज़ा राजा जयसिंह से मिले। औरंगज़ेब का मिर्ज़ा राजा जयसिंह को साफ़ हुक्म था कि दारा को ज़िन्दा या मुर्दा उसके सामने पेश किया जाए।

कानूनगो का मत है कि दारा को पकड़ने के लिए मिर्ज़ा राजा ने जो चुस्ती-फ़ुर्ती, सैनिक प्रतिभा, ऊर्जा और दूरदर्शिता दिखाई, अगर वह उसका आधा भी बहादुरपुर से मुँगेर तक शुजा का पीछा करने में दिखाता तो शायद उत्तराधिकार के युद्ध का नतीजा कुछ और होता। जयसिंह ने दारा का पीछा इतने जोश, उत्साह और फ़ुर्ती से किया कि लगता है कि वह उससे ज़बर्दस्त घृणा करता था और बदला लेना चाहता था। दारा को पकड़ने के लिए जयसिंह ने अपने समस्त राजनीतिक कौशल, प्रतिष्ठा और सम्बन्धों का उपयोग किया। जयसिंह ने राजस्थान, गुजरात, काठियावाड़, कच्छ और सिन्ध में हर दिशा में राजाओं, ज़मींदारों को दारा का रास्ता रोकने के आदेश दिए। इस कारण हर जगह दारा को सहायता के स्थान पर असहयोग, विरोध और दुश्मनी मिली। जयसिंह के प्रयत्नों से दारा के मित्रों ने उससे आँखें फेर लीं।

अपने थोड़े साथियों के साथ भूख और प्यास से त्रस्त दारा 29 मार्च को अहमदाबाद के उत्तर में 48 मील दूर एक स्थान पर पहुँचा लेकिन जयसिंह के पत्र उससे पहले यहाँ पहुँच चुके थे। रास्ते में दुर्दान्त कोली डाकुओं ने दारा को परेशान किया। दारा ने अपने कुछ आदमियों को अहमदाबाद की स्थिति का पता लगाने को भेजा। उन लोगों ने लौट कर बताया कि दारा के प्रतिनिधि सैयद अहमद बुखारी को औरंगज़ेब के समर्थकों ने गिरफ़्तार कर लिया है। नगर पर औरंगज़ेब के अधिकारियों का कब्ज़ा है। अगर दारा ने नगर में प्रवेश करने की कोशिश की तो उसका विरोध किया जाएगा।

दारा की स्थिति बहुत ख़राब थी। बर्नियर ने दारा की स्थिति का वर्णन इन शब्दों में किया है, ''मैं तीन दिन से दारा के साथ हूँ। उसके साथ मेरी भेंट सड़क पर संयोगवश हुई। दारा के पास कोई चिकित्सा सहायक नहीं था। अत: उसने मुझे एक डॉक्टर की तरह साथ रहने को मजबूर किया। दारा के पास अपना तम्बू भी नहीं था। दारा की पत्नी और हरम की अन्य औरतें कनातों के पीछे रखी गयी थीं। ....मैं इन परिस्थितियों का उल्लेख केवल यह बताने के लिए कर रहा हूँ कि

राजकुमार दारा की स्थिति कितनी ख़राब हो गयी थी। दिन खुलने के बाद गवर्नर का सन्देश आया और महिलाओं की चीखों के कारण सभी की आँखों में आँसू आ गए। हम सभी घबराहट और भ्रम की गिरफ़्त में आ गए और एक-दूसरे को भय से चुपचाप देखने लगे। हमारी समझ में नहीं आ रहा था कि क्या सुझाव दें। हम यह भी नहीं जानते थे कि हमारे भाग्य में क्या बदा है।

हमने देखा कि लगभग निर्जीव दारा कभी एक और कभी दूसरे से बात कर रहा था। उसने सभी के चेहरे पर आतंक का भाव देखा और उसे लगा कि उसे सभी छोड़ देंगे। ....दारा मुझे अपनी सेवा में रखना चाहता था क्योंकि उसकी एक पत्नी के पैर में घाव था लेकिन धमकियों और विनती के बावजूद वह मेरे लिए एक घोड़ा या ऊँट प्राप्त नहीं कर सका। वह सत्ता और प्रभाव से एकदम दूर हो चुका था। इसलिए मैं उसके साथ नहीं जा सका क्योंकि बिना वाहन के सफर करना असम्भव था। जब दारा चार या पाँच घुड़सवारों के साथ विदा हुआ, मैं अपने आँसू रोक न सका।''

दारा ने 30 मार्च को पश्चिम दिशा की ओर अपनी यात्रा फिर शुरू की और करी जिले में प्रवेश किया। कोली डाकू सरदार कान्होजी ने दारा के दल का अच्छी तरह स्वागत-सत्कार किया। उसे कच्छ की सीमा तक पहुँचा दिया। डाकू सरदार कान्होजी का व्यवहार वीरता का दम्भ भरने वाले राजपूतों से अधिक प्रशंसनीय था। इस बीच गुल मुहम्मद ख़ाँ 50 घोड़ों और 200 बन्दूकचियों के साथ दारा के दल में आ मिला। दारा ने उसे सूरत का प्रभारी बनाया था। दारा लिनन का कुर्ता और आठ आने वाली चप्पल पहने था। दारा वीरमगांव से जल रहित छोटे रण को पार करके फिर से भुज पहुँचा लेकिन जयसिंह ने भुज नरेश को दारा की सहायता न करने पर इनाम देने और सलाह न मानने पर तबाह करने की धमकी दी थी। अत: भुज नरेश का रवैया बदला हुआ था। राव ने दारा को शरण देने में विवशता प्रकट की। उसने दो दिन तक दारा का स्वागत-सत्कार किया और फिर उसे अपने राज्य की उत्तरी सीमा तक पहुँचा दिया, जहाँ कच्छ का बड़ा रण शुरू होता है। मई में दारा सिन्ध पहुँचा लेकिन बादिन में औरंगज़ेब का एक अफ़सर उसका रास्ता रोकने के लिए तैयार था।

औरंगज़ेब के जाल का फन्दा दारा के निकट आता जा रहा था। उसके सामने दग़ाबाज़ ख़लीलुल्लाह था, जो मुल्तान से भक्कर आ गया था, ताकि दारा भक्कर के क़िले में न जा सके। भक्कर के क़िले की दारा का सेवक बसन्त अनेक कठिनाइयों के बावजूद रक्षा कर रहा था। दारा के पीछे जयसिंह आ रहा था। जयसिंह ने सड़क

विहीन, जलविहीन, नमक के दलदल वाली कच्छ की 80 मील की दूरी बिना रुके तय की। वह चाँदनी रात में चाँद की रोशनी के सहारे और अँधेरी रातों में मशालों के सहारे दारा का पीछा कर रहा था। दारा के सामने अब एक ही विकल्प था कि वह सिन्धु नदी पार करके कन्धार होते हुए फ़ारस चला जाए।

सिन्धु के पार दारा

सिन्धु नदी के इस पार फ़ीरोज़ मेवाती ने भी दारा से विदा ली। उसने बड़ी ईमानदारी और निष्ठा से दारा का साथ दिया था। दारा अपने स्वामीभक्त अफ़सर गुल मुहम्मद के साथ सिन्धु के पार बलोचों के क्षेत्र में पहुँचा। दारा के दल को चण्डी कबीले ने परेशान किया और लूटा लेकिन मधासिस कबीले ने, जिसकी चण्डी कबीले से शत्रुता थी, दारा का स्वागत किया ओर उसे सपरिवार कन्धार पहुँचाने का प्रस्ताव किया। दारा की पत्नी नादिरा और हरम की अन्य महिलाएँ क्रूर बलोचियों की शरण में जाने और लम्पट व्यभिचारी फ़ारस के शाह के हरम में धकेले जाने की आशंका से इसके लिए तैयार नहीं हुईं। दारा को नादिरा बेग़म की पेचिश की बीमारी के कारण यह प्रस्ताव त्यागना पड़ा।

दारा के मन में आशा की किरण जगी कि वह दिल्ली के तख़्त को फिर से प्राप्त कर सकता है। उसने सिन्धु पार के कबीलों की सहायता से फ़ौज खड़ी करके भक्कर के क़िले तक पहुँचने की योजना बनाई। इसके बाद वह अफ़ग़ानिस्तान पहुँचना चाहता था जहाँ अभी भी उसका दोस्त महाबत ख़ाँ कनिष्ठ सूबेदार था। कबीलों में मित्रों की तलाश करते दारा को अच्छे दिनों की एक घटना याद आई जब उसने एक अफ़ग़ान सरदार मालिक जीवन की जान बचाई थी। शाहजहां ने उसे हाथी से कुचले जाने की सज़ा दी थी। मालिक जीवन अब दादर के क़िले का क़िलेदार था। दारा ने मालिक जीवन से मानवता और पुरानी मित्रता के आधार पर सहायता और शरण माँगी। मालिक जीवन सीमान्त क्षेत्र का पठान था—क्रूर, घमण्डी और लालची। दारा ने मगहासी कबीले के मिर्ज़ा के इस अनुरोध को कि वह उसे सुरक्षा के साथ कन्धार पहुँचा देगा, अस्वीकार करके उनके आश्रय को छोड़ा और अपने दल के साथ *दादर* की ओर रवाना हो गया।

नादिरा की मृत्यु

सामूगढ़ के युद्ध में हिन्दुस्तान का ताज खो देने, घनिष्ठ मित्रों एवं सहयोगियों की दग़ाबाज़ी, वचन भंग और लगातार दुर्भाग्य का सामना करने के बावजूद पत्नी नादिरा के कारण दारा का हौसला टूटा नहीं था। नादिरा के साथ रहने पर दारा

सोचता था कि उसका सौभाग्य उसके साथ है। नादिरा अपने पति को दिलासा देती रहती थी और उसे अपने अधिकार प्राप्त करने की प्रेरणा देती थी। वह काफ़ी समय से पेचिश से पीड़ित थी। दारा को आशा थी कि वह अच्छे दिन देखने के बाद सुख-सन्तोष के साथ प्राण त्यागेगी लेकिन नादिरा ने 6 जून, 1659 को दादर पहुँचने से पहले प्राण त्याग दिए। दारा की दुनिया में अँधेरा छा गया। वह किंकर्तव्यविमूढ़ हो गया। उसकी समझदारी और निर्णय करने का स्तम्भ हिल गया और धराशायी हो गया। सच तो यह है कि नादिरा पत्नी ही नहीं दारा की मन्त्री, सलाहकार और मित्र भी थी।

अध्याय उन्नीस

मालिक जीवन का विश्वासघात

जब दारा दादर के समीप क़िले से दो मील दूर पहुँचा तो मालिक जीवन ने उसका गर्मजोशी से स्वागत किया। इसी समय नादिरा की मृत्यु हुई थी। उसकी अन्तिम इच्छा थी कि उसे हिन्दुस्तान में दफ़्नाया जाए। दारा के फ़ारस जाने में मुख्य आपत्ति नादिरा की थी। अत: उसकी मृत्यु के बाद दारा के स्वामीभक्त और बहादुर सेवकों ने जो उसकी सुरक्षा के लिए चिन्तित थे, दारा को सलाह दी कि विश्वासघाती पठान की माँद में घुसने के बदले, जिसे जयसिंह ने पुरस्कारों के लालच में खरीद लिया होगा, हम यहीं से फ़ारस रवाना हो जाएँ।

लेकिन दारा ने उनकी बात पर विश्वास नहीं किया। उसका कहना था कि मैंने मालिक जीवन की जान बचाई थी। वह कभी नमकहरामी नहीं करेगा। दारा ने मातमी लिबास पहना और कम-से-कम तीन दिन तक रस्मी ढंग से दुख मनाने के बाद अगला कदम उठाने का फ़ैसला किया। नादिरा का शव जीवन के निवासस्थान पर ले जाया गया। वहाँ तीन दिन तक दारा तथा उनके सहयोगियों की हर तरह से ख़ातिरदारी की गई। दारा ने नादिरा के शव को लाहौर में मियाँ मीर की कब्र के समीप दफ़्नाने की व्यवस्था की।

दारा ने अपने बहादुर और वफ़ादार अफ़सर गुल मुहम्मद की कमान में लगभग छह दर्जन सैनिकों को नादिरा के शव के साथ लाहौर रवाना किया। ख़्वाजा मक़बूल ने आजीवन नादिरा की सेवा की थी। उन्हें शव के साथ जाने और उसे सुपुर्दे ख़ाक करने के आदेश दिए गए। इसके बाद दारा ने अपने सहयोगियों को गुल मुहम्मद के साथ हिन्दुस्तान लौट जाने या दारा के साथ रह कर फ़ारस में निर्वासित जीवन बिताने का विकल्प दिया। दारा के साथ रुकने को केवल उसका पुत्र सिपिर शुकोह, कुछ जनखे और नौकर तैयार हुए।

दूसरे दिन (9 जून, 1659) दारा ने अपने पुत्र सिपिर शुकोह और नौकरों के

साथ मालिक जीवन का घर छोड़ दिया और बोलन दर्रे की ओर रवाना हुआ। जैसे ही वे लोग सड़क के सिरे पर पहुँचे, मालिक जीवन और उसके सेवकों ने उन्हें घेर लिया। दारा को यह देख जैसे लकवा मार गया। उसने कोई विरोध नहीं किया। सिपिर शुकोह ने विरोध किया लेकिन उसे शीघ्र ही काबू में कर लिया गया। उसके हाथ पीछे बाँध दिए गए। यह देख दारा को गुस्सा आ गया। उसने कहा, "अहसान-फरामोश, घृणित, कमबख़्त। ख़त्म कर दे, ख़त्म कर दे। जो तूने शुरू किया है उसे पूरा कर दे। हम लोग औरंगज़ेब के अन्यायपूर्ण क्रोध के शिकार हैं लेकिन याद रहे, मैंने तेरी जान बचाने के अलावा और कोई अपराध नहीं किया है। यह भी याद रहे कि शाही ख़ून के किसी सदस्य के हाथ पीछे नहीं बाँधे जाते हैं।" दारा के शब्दों की तीव्रता और प्रचण्डता से जीवन कुछ देर के लिए घबरा गया। फिर उनसे सिपिर शुकोह के हाथ खुलवा दिए।

घर पहुँचते ही मालिक जीवन ने जयसिंह और बहादुर खाँ को दारा की गिरफ़्तारी की सूचना देने के लिए घुड़सवार भेज दिए। मिर्ज़ा राजा जयसिंह और बहादुर ख़ाँ ने 20 जून को सिन्धु नदी पार की और वे कैदियों को लेने के लिए दादर की ओर रवाना हुए। तीन दिन बाद मालिक जीवन ने दारा, उसके पुत्र सिपिर शुकोह और दो पुत्रियों—जहाँ जेबवानू और अमल-उन-नीसा को बहादुर ख़ाँ के सुपुर्द कर दिया। दारा इस विपत्ति से भौचक हो गया, उसकी ज़बान से शब्द तक नहीं निकले। दारा बहादुर ख़ाँ की सभी बातें मानने को तैयार हो गया। उसने दारा से भक्कर क़िले में दारा के प्रतिनिधि बसन्त के लिए यह पत्र लिखवाया कि भक्कर का क़िला, दारा की सभी सम्पत्ति और वहाँ रह रहा उसका परिवार शाही अधिकारियों के सुपुर्द कर दिया जाए। यह प्रमाणित करने के लिए कि दारा शाही गिरफ़्त में है, पत्र के साथ मक़बूल जनखे को भेजा गया।

मालिक जीवन को दारा के साथ दग़ाबाज़ी करने के लिए हज़ारी बना दिया गया और उसे बख़्त्यार ख़ाँ की पदवी दी गई। इसके अलावा उसे अभागे शहज़ादे के साथ दिल्ली पहुँचने को कहा गया, जहाँ उसे और पुरस्कार दिए जाने थे।

दो महीने बाद (23 अगस्त, 1659) बहादुर ख़ाँ और बख़्त्यार ख़ाँ क़ैदी दारा, उसके पुत्र और दो पुत्रियों के साथ दिल्ली पहुँचे। दारा और सिपिर शुकोह को औरंगज़ेब के विश्वस्त सेवक नज़र बेग़ के सुपुर्द कर दिया गया। उन्हें दिल्ली से तीन मील दक्षिण में खवासपुरा में रखा गया। दो दिन बाद नज़रबेग़ ने औरंगज़ेब के सामने पेश होकर बन्दियों की हालत बताई। 29 अगस्त को औरंगज़ेब ने हुक्म जारी किया कि दारा और उसके पुत्र को दिल्ली की सड़कों और बाज़ारों में क़ैदी की

हालत में अपमानजनक तरीके से घुमाया जाए। ऐसा दिल्ली निवासियों के इस भ्रम को दूर करने के लिए किया जा रहा था कि असली दारा पकड़ा नहीं गया है।

क़ैदियों को एक गन्दी पुरानी हथिनी के खुले हौदे में मोटे और गन्दे कपड़े पहना कर घुमाया गया। दोनों कैदियों के पैरों में बेड़ियाँ डाल दी गयी थीं। उनके सिरों पर बहुत ही घटिया क़िस्म का साफ़ा और बदन में बहुत ही मामूली क़िस्म के शॉल थे। उनके पीछे नंगी तलवार लिए नज़र बेग़ खड़ा था। दारा के हाथी के बगल में मालिक जीवन अपने अफ़ग़ान साथियों के साथ घोड़ों पर चल रहा था। घोड़ों के पीछे कवच लगे घुड़सवार सैनिकों का दस्ता नंगी तलवारें लेकर चल रहा था। उनके पीछे अपनी कमानों पर बाण चढ़ाए तीरन्दाज़ों का एक दस्ता था। हाथी पर सवार बहादुर ख़ान जुलूस में सबसे आगे था।

अगस्त की तेज़ धूप में दारा और सिपिर शुकोह को दिल्ली की सभी प्रमुख सड़कों और बाज़ारों में घुमाया गया। कभी इन्ही सड़कों पर दारा की शाही सवारी धूमधाम से ज़बर्दस्त शानो-शौक़त के साथ निकलती थी। अपमान की ज्वाला में जल रहे दारा ने न तो दाएँ-बाएँ देखा और न अपना सिर उठाया। केवल एक बार उसने अपना सिर उठाया, जब सड़क पर बैठे एक भिखारी ने कहा, "दारा! जब तुम मालिक थे मुझे हमेशा ख़ैरात देते थे। मैं जानता हूँ कि आज तुम्हारे पास देने के लिए कुछ नहीं है।" बेचारे दारा के पास वास्तव में देने के लिए सिवाय आँसुओं और आहों के कुछ नहीं था। फिर भी उसने देने का धर्म नहीं छोड़ा। उसने अपना शॉल उतार कर भिखारी को दे दिया।

फ्रांसीसी डॉक्टर बर्नियर ने जो इस लज्जाजनक और घृणित जुलूस का दर्शक था लिखा है, "मैंने सभी जगह लोगों को दिल छू लेने वाली भाषा में विलाप करते और रोते देखा.........हर दिशा से मैंने हृदयभेदी और दुखद चीख़ें सुनीं क्योंकि भारतीयों का दिल अत्यन्त कोमल होता है। पुरुष, औरतें और बच्चे—सभी इस तरह बिलख रहे थे मानो उन पर कोई महान विपत्ति आ गयी हो। ....लेकिन कुछ नहीं किया गया। किसी ने अपने प्यारे और दयालु राजकुमार को मुक्त कराने के लिए तलवार नहीं उठाई।"

दारा शुकोह की गिरफ़्तारी के बाद उसे अपमानजनक ढंग से दिल्ली की मुख्य सड़कों और बाज़ारों में घुमाए जाने पर जनता की नाराज़गी की ख़बरें सुन कर औरंगज़ेब परेशान और चिन्तित हुआ। उसने इस बारे में विचार करने के लिए उसी दिन लाल क़िले में अपने ख़ास सलाहकारों की बैठक बुलाई कि दारा शुकोह

का क्या किया जाए। क्या उसे राजनीतिक क़ैदी की हैसियत से ग्वालियर के क़िले में रखा जाए या उसे मार दिया जाए? इस विषय में आम राय नहीं बन सकी। बर्नियर ने लिखा है, "कुछ लोगों का कहना था कि दारा की हत्या करना आवश्यक नहीं है और राजकुमार को ग्वालियर के क़िले में सख़्त पहरे में रखा जाए। दानिशमन्द ख़ान ने दारा के साथ काफ़ी समय से सम्बन्ध ख़राब होने के बावजूद कहा कि दारा की हत्या नहीं की जानी चाहिए। उसने अपनी बात के पक्ष में ज़ोरदार ढंग से दलीलें रखीं लेकिन अन्त में फ़ैसला किया गया कि दारा को मरना चाहिये और सिपिर शुकोह को ग्वालियर के क़िले में क़ैद रखा जाए। इस बैठक में रोशनआरा बेग़म ने अपने बदकिस्मत भाई के ख़िलाफ़ ज़हर उगल कर दुश्मनी का परिचय दिया। उसने दानिशमन्द की दलीलों को काटा और औरंगज़ेब को दारा की हत्या करने के लिए भड़काया। रोशनआरा की तजवीज़ का दारा के जिन दुश्मनों ने समर्थन किया, उनके नाम हैं : ख़लीलुल्ला ख़ान, रुइस्ता ख़ान और तक्कब ख़ान। तक्क्ब ख़ान को कुछ ही समय पहले उमरा बनाया गया था। वह पहले हकीम दाऊद था।

कुछ कट्टरपन्थी विचारकों ने दारा की हत्या को उचित ठहराया, मुल्लाओं ने दारा को प्राण दण्ड देने का फ़तवा जारी किया। उन्होंने दारा के हिन्दू धर्म में दिलचस्पी लेने, अपने लेखन से इस्लाम और हिन्दू धर्मग्रन्थों में सामंजस्य स्थापित करने का प्रयास करने और हिन्दू धर्मग्रन्थों का अनुवाद करने के लिए फ़तवा जारी किया। दारा शुकोह को इस्लाम को त्यागने और विधर्मियों से मिलने का दोषी पाया गया और मौत की सजा दी गई। मुहम्मद क़ाज़िम के अनुसार "इस्लाम और उसके कानून को दारा के जीवन से अनेक तरह का ख़तरा था। इसलिए सम्राट (औरंगज़ेब) ने मज़हब (इस्लाम) और कानून (इस्लामी कानून) की रक्षा और राज्य में शान्ति और सुरक्षा बनाए रखने के सार्वजनिक शान्ति के दुश्मन दारा को प्राण दण्ड दिया। तथापि, इतना स्पष्ट है कि अगर दारा ने हिन्दू धर्मग्रन्थों में दिलचस्पी नहीं ली होती और कोई लेखन कार्य नहीं किया होता तो भी औरंगजेब दारा को जीवित नहीं छोड़ता।

अगले दिन (30 अगस्त) औरंगज़ेब ने मालिक जीवन की सेवाओं की सराहना करने के लिए एक दरबार किया। जब मालिक जीवन और उसके दल के लोग दरबार आ रहे थे तो इस दगाबाज के विरुद्ध दिल्ली के लोगों का गुस्सा फूट पड़ा। दारा के समर्थक नगर के बांके, मजदूर, व्यापारी और आम नागरिकों का हुजूम एक-दूसरे को भड़काते-उकसाते स्थान-स्थान पर एकत्र हो गया और उन्होंने मालिक

जीवन और उसके साथियों को गाली देना, उनके विरुद्ध नारे लगाना और उन पर धूल, मिट्‌टी, ढेले, पत्थर, कचरा फेंकना शुरू किया। कुछ लोगों ने अपने घर की छतों से अफ़ग़ानों पर राख, मलमूत्र भरी हाण्डियाँ भी फेंकीं। इस आपाधापी में अनेक लोग घायल हो गए। उपद्रव इतने बडे पैमाने पर हुआ था कि उसे विद्रोह भी कहा जा सकता है। अगर समय पर सिपाहियों को लेकर कोतवाल नहीं आया होता और ढालों का कवच बना कर मालिक जीवन और उसके साथियों को सुरक्षा घेरे में नहीं लेता तो न तो वह ख़ुद और न ही उसका कोई साथी जीवित बचता। इस घटना से औरंगज़ेब इतना चिन्तित हुआ कि दारा का अन्तिम समय और निकट आ गया।

शाम को औरंगज़ेब ने नज़र कुली जंग को बुलाया और सिपिर शुकोह को अपने पिता से अलग करने और दारा का सिर पेश करने का आदेश दिया। इस ख़ूनी काम की देख-रेख करने का काम शफी ख़ाँ को सौंपा गया। रात को जब दारा ज़हर दिये जाने के डर से अपने पुत्र सिपिर शुकोह के साथ मिल कर दाल पका रहा था, नज़र और उसके साथियों ने दारा के कमरे में प्रवेश किया।

इन ख़ूनी आदमियों का रंग-ढंग देख कर दारा पहले तो चौंका, फिर उसने पूछा, "क्या तुम लोगों को हमारी हत्या करने के लिए भेजा गया है?" उन लोगों ने उत्तर दिया, "अभी हम किसी को मारने के बारे में कुछ नहीं जानते। यह आदेश दिया गया है कि तुम्हारे पुत्र को तुमसे अलग करके कहीं और रखा जाए। हम उसे लेने आए हैं।" सिपिर शुकोह अपने पिता के पास बैठा था। नज़रबेग़ और उसके साथियों ने थोड़े संघर्ष के बाद पिता-पुत्र को अलग किया। सिपिर शुकोह अपने पिता को छोड़ कर जाना नहीं चाहता था। जब नज़रबेग़ के साथियों ने दोनों को बल प्रयोग करके अलग करने की कोशिश की तो दारा ने एक छोटा चाक़ू, जो उसने छिपाकर रखा था, हमलावर पर पूरी ताकत से घुसा दिया। यह चाकू उसकी हड्डियों में जाकर फंस गया। दारा ने लात घूँसे से नज़रबेग़ के सहयोगियों पर प्रहार किया किन्तु वे लोग सिपिर शुकोह को जबरन उठा कर दूसरे कमरे में ले गए। इसके बाद उन्होंने दारा का सिर कलम कर दिया। कहा जाता है कि धड़ से अलग होने के बाद दारा के सिर ने ज़ोर से *कलमा-ए-शहादत* दुहराया जिसे लोगों ने सुना।

दारा का सिर फ़ौरन औरंगज़ेब के सामने पेश किया गया। उसने आदेश दिया कि उसे एक थाली में रख कर अच्छी तरह धोया जाए। धुले सिर को देखने के बाद औरंगज़ेब को तसल्ली हो गयी कि सिर दारा का ही है तो उसने कहा, "बद...बख़्त ... मैंने इस धर्मत्यागी का मुँह जब यह जीवित था तब नहीं देखा था, मैं अब भी

इसे नहीं देखूँगा।''

दूसरे दिन 31 अगस्त को दारा का मृत शरीर हाथी पर रख कर दिल्ली शहर में हर बाज़ार और सड़क पर घुमाया गया। दारा के इस दुखद और डरावने अन्त को देखकर लोग अपने आँसू नहीं रोक सके। इसी दिन कोतवाल ने पिछले दिन मालिक जीवन के दस्ते पर किए गए हमले की जांच की। उसने अपनी जांच में एक अहदी (घुड़सवार सैनिक अफ़सर) को मालिक जीवन के विरुद्ध भड़काने के लिए जिम्मेदार ठहराया। औरंगज़ेब ने इस अफ़सर को ज़िन्दा ही निर्दयता से आरे से चिरवा दिया।

मनूची ने लिखा है कि दारा के सिर को एक डिब्बे में रख कर शाहजहां के सामने पेश किया गया। कहा गया कि सम्राट ने उसके लिए तोहफ़ा भेजा है लेकिन किसी भी भारतीय या विदेशी लेखक ने इसका उल्लेख नहीं किया है। अत: मनूची का यह विवरण अफ़वाहों या सुनी सुनाई बातों पर आधारित लगता है। सभी समकालीन और बाद के इतिहासकारों के अनुसार दारा का कटा सिर धड़ से जोड़ कर बिना स्नान कराए और बिना प्रार्थना किए हुमायूँ की कब्र में दफ़्न कर दिया गया।

अपनी हत्या से पहले दारा शुकोह ने औरंगज़ेब को यह पत्र लिखा था :

''मेरे भाई और राजा,

मुझे राज्य की इच्छा नहीं है। मैं चाहता हूँ कि यह तुम्हारे और तुम्हारे वंशजों के लिए शुभ हो। मुझे मौत के घाट उतारने का आपके श्रेष्ठ दिमाग़ का विचार ग़ैरज़रूरी है। अगर मुझे रहने के लिए एक जगह और मेरी सेवा करने के लिए मेरी दासियों में से एक दे दी जाती है तो मैं अपने घर के शान्तिपूर्ण कोने से आपके लिए दुआ करूँगा। ''

औरंगज़ेब ने इस पत्र के पीछे तिरस्कारपूर्वक कविता का एक छन्द लिखा, जिसका हिन्दी अनुवाद इस प्रकार है, ''और तुमने पहले भी हुक्मउदूली की और तुम विद्रोहियों में से एक हो।''

अध्याय बीस

औरंगज़ेब की अहिष्णुता

मौलाना आज़ाद के अनुसार, अपने जीवन के पूर्वार्द्ध में औरंगज़ेब शास्त्रीय संगीत का बड़ा प्रेमी था।

औरंगज़ेब के तख़्त पर बैठने के पाँच-सात साल तक दिल्ली के लाल क़िले में नाच-गाने और संगीत की महफ़िलें सजती रहीं। उन दिनों उसके दरबार में ख़ुशहाल ख़ाँ, हयात, सरस नैन, सुखी सेन और मृदंग राय जैसे नामी कलावन्त थे। उन्हीं दिनों ग्वालियर के राजा मानसिंह के सम्मान में हिन्दी में लिखी गयी पुस्तक *मान कुतूहल* में इन कलावन्तों का वर्णन है। इस पुस्तक का *राग दर्पण* नाम से फ़ारसी में भी अनुवाद किया गया। उसकी एक प्रति कश्मीर के सूबेदार फ़क़ीर उल्लाह ने औरंगज़ेब को भेंट की थी।

औरंगज़ेब के शासनकाल के दौरान लिखी गयी अनेक पुस्तकों में उसके शौर्य का वर्णन ध्रुपद राग में किया गया है। बाद में औरंगज़ेब ने संगीत में रुचि लेना छोड़ दिया। उसका कहना था कि ध्रुपद बिना पखावज के मज़ा नहीं देता। पखावज और दूसरे बाजों का सुनना हमारे धर्म में मना है। इसलिए मैंने संगीत सुनना छोड़ दिया।

औरंगज़ेब कट्टरपन्थी था। वह बहुत ही असहिष्णु था। एक दिन कुछ गवैये एक जनाज़ा उठाए जा रहे थे। बादशाह ने पूछा, "यह किसका जनाजा है?" गवैयों ने कहा, "संगीत का"। बादशाह ने कहा, "इसे इतना गहरा गाड़ना जिससे सिर बाहर न आ सके।"

दारा शिकोह के समकालीन सन्तों में इलाहाबाद के सूफ़ी शेख़ मुहीबुल्ला सबसे साहसी लेखक और मूल विचारक थे। शेख़ ने अरबी में एक कठिन किताब *तसविद्द* लिखी थी। उनके अनुसार, पैगम्बर मुहम्मद का गैब्रियल उनके भीतर मौजूद था। इसी तरह हर पैगम्बर का गैब्रियल उसके अन्दर होता है। उन्होंने *तसविद्द*

पुस्तक में यह विचार प्रकट किया था। गैब्रियल पंखों वाला देवदूत नहीं बल्कि छिपी हुई आध्यात्मिक शक्ति होती है। जब यह शक्ति पैगम्बर पर छा जाती है तब देववाणी प्रकट करती है। दारा ने शाह मुहीबुल्ला से सूफ़ीवाद के बारे में 16 प्रश्न पूछे थे। शाह ने इनका उत्तर दिया। दारा ने इन उत्तरों को अत्यन्त सन्तोषजनक पाया।

शाह की पुस्तक जब औरंगज़ेब की नज़र में आई तो उसके अनुसार यह पुस्तक शरियत के विरुद्ध थी। शाह मुहीबुल्ला का स्वर्गवास हो चुका था। उनके दो शिष्य औरंगज़ेब के सामने पेश किए गए। औरंगज़ेब ने उनसे पुस्तक में वर्णित विषय का इस्लाम के सिद्धान्तों से सामंजस्य करने को कहा। उनके ऐसा न करने पर उसने उनसे पुस्तक जला देने को कहा। शेख़ के शिष्यों ने औरंगज़ेब को उत्तर दिया अगर सम्राट पुस्तक तसविद्द को जलाना चाहते हैं तो शाही रसोई में काफ़ी आग है।

दारा के अलावा औरंगज़ेब के आदेश के कारण धार्मिक विचारों के लिए अनेक व्यक्तियों को अपने प्राणों से हाथ धोना पड़ा। इनमें गुरु तेग़ बहादुर और सरमद प्रमुख थे।

गुरु तेग़ बहादुर ने औरंगज़ेब की धार्मिक नीति का विरोध किया और कश्मीर के हिन्दुओं को औरंगज़ेब की धार्मिक नीति का विरोध करने की प्रेरणा दी। इस पर गुरु को दिल्ली बुलाया गया और उन्हें तथा उनके सहयोगी—मतिदास, दयाला और सतीदास को इस्लाम क़बूलने या प्राण त्यागने का विकल्प दिया गया। मतिदास, दयाला और सतीदास के इस्लाम न कबूलने पर उन्हें अमानुषिक यातनाएँ देकर उनके प्राण ले लिए गए। गुरु तेग़ बहादुर को पाँच दिनों तक भीषण यातना देने के बाद मार दिया गया।

सरमद यहूदी था जो इस्लाम में दीक्षित हो गया था। मुसलमान होने के बाद उसका नाम शाहबुद्दीन सुहरावर्दी (मुहम्मद सईद) हो गया। सरमद शायर भी था। उसकी कुछ कविताओं का अंग्रेजी में अनुवाद किया गया है।

मिरात-उल-खयाल के अनुसार वह फ़रंगिस्तान का निवासी था। *रियाज उल शोरा* के लेखक वलीह दघिस्तानी के अनुसार, सरमद काशान का निवासी था। सरमद विद्वान, सुसंस्कृत, धर्मों का तुलनात्मक अध्येता और सर्वधर्म सम भाव को मानने वाला था। मिर्ज़ा मोहसिन फ़ानी के अनुसार, उसने अपने विश्वास को एक चतुष्पदी में इस प्रकार व्यक्त किया है :

मैं क़ुरान का पालन करता हूँ,

मैं हिन्दू पुजारी और साधू हूँ,

मैं रब्बी यहूदी हूँ, मैं काफिर हूँ,

और मैं मुसलमान हूँ।

मुहम्मद सईद ने व्यापारी के रूप में अपना जीवन शुरू किया और वह 1654 में सिंध में थट्टा आया। वहाँ वह एक बनिये के पुत्र अभयचन्द पर फिदा हो गया। अभयचन्द के प्रति सरमद की दीवानगी इतनी बढ़ी कि वह उसे भगवान समझने लगा। सरमद ने एक पद में कहा है, *ख़ुद-ए-मन अभयचन्द या दीगर,* मैं नहीं जानता कि इस दुनिया में मेरा ईश्वर अभयचन्द है या कोई और। अभयचन्द भी सरमद के बिना रह नहीं सकता था। सरमद और अभयचन्द ने कुछ समय बाद थट्टा छोड़ दिया और वह गोलकुण्डा के शासक अब्दुल्ला क़ुतुब शाह के दरबार में पहुँच गए। कुछ समय बाद वे दिल्ली आ गए। दिल्ली में वे दारा शुकोह के आश्रय में रहने लगे।

मिरात-उल-ख़याल के लेखक के अनुसार ‘‘चूँकि राजकुमार दारा शुकोह पागलों (मजनीन) का साथ पसन्द करता था उसने सरमद को अपने साथ रख लिया और काफ़ी समय तक सरमद के प्रवचनों का आनन्द उठाया।’’ सरमद इस्लाम के केवल नकारात्मक सूत्र पर अपने विचार व्यक्त करता था। उदाहरण के लिए ‘‘कोई देवता नहीं है।’’ अगर उससे इसका कारण पूछा जाता तो वह उत्तर देता? ‘‘मैंने केवल नकारात्मक को समझा है। मैं अभी सकारात्मक तक नहीं पहुँचा हूँ। मैं, झूठ क्यों बोलूँ?’’ सरमद नास्तिक नहीं था बल्कि वह सर्वेश्वरवादी था। अत: वह रूढ़िवादियों, कट्टरपन्थियों की आँख का काँटा था। वे उसे समाप्त करने के लिए अवसर की तलाश में थे।

दारा शुकोह अभी तर्क मोह की जकड़ में था जबकि सरमद प्रभु कृपा पाने के लिए उसे निरर्थक जान कर तर्क मोह को विदा कर चुका था। दारा सरमद को लिखता है, ‘‘मेरे अध्यापक, गुरु..... हर रोज़ यह विनम्र प्राणी आपके पास आना चाहता है, लेकिन सफल नहीं हुआ है। अगर ‘मैं....मैं हूँ’ तो मेरी ‘इच्छा’ का निराकरण क्यों? अगर, मैं.......मैं नहीं हूँ तो मेरी असावधानी, लापरवाही कहाँ है? अगर इमाम हुसैन की हत्या ख़ुदा की मर्जी थी, तब बीच में आने वाला याजिद कौन है? और अगर वह ख़ुदा की मर्ज़ी नहीं थी तो इसका क्या स्पष्टीकरण है? पैगम्बर काफ़िरों के साथ युद्ध करने जा रहे हैं और इमाम की सेना पराजित होती

है। इस्लाम के अधिकृत उलेमा, *उलेमा-ए-जाहिरी* कहते हैं यह घटना धैर्य का *(तालीम-ए-सबर)* सबक सिखाती है लेकिन उसे इस सबक की जरूरत कहाँ है जो आध्यात्मिक प्रगति के अन्तिम छोर पर पहुँच गया है।"

सरमद ने एक वाक्य में उत्तर दिया, "मैंने जितना भी ज्ञान-विज्ञान अर्जित किया था उसे भुला दिया है।" कालान्तर में ईश्वर प्रेम में उन्मत्त होकर उसने अपनी चेतना खो दी और नंगा रहने लगा। उसके बाद वह घूम-घूम कर धर्मशास्त्रों के विरुद्ध अपने स्वतन्त्र विचारों का प्रचार करने लगा। लोग बड़ी संख्या में उसके पास आने लगे।

सरमद ने भविष्यवाणी की थी कि दारा शाहजहां का उत्तराधिकारी होगा। औरंगज़ेब ने दारा की हत्या के बाद सरमद से उसकी भविष्यवाणी के सच न होने के बारे में पूछा। सरमद ने कहा, "भगवान ने उसे अनन्त प्रभुसत्ता प्रदान की है और मेरी भविष्यवाणी झूठी नहीं हुई है। दारा एक बड़े साम्राज्य का सम्राट बना है लेकिन तुम इसे नहीं समझ सकोगे क्योंकि तुम्हारे हाथ अपने भाइयों, भतीजों के ख़ून से रँगे हैं।"

दारा की हत्या के बाद सरमद औरंगज़ेब की नज़रों में खटकता था। दिल्ली के लोग सरमद को बहुत मानते थे। वह जनता को औरंगज़ेब के ख़िलाफ़ भड़का सकता था। अत: वह राजनीतिक दृष्टि से ख़तरनाक व्यक्ति था। दरबार के मुल्ला मौलवियों ने उस पर धर्मद्रोही होने और इस्लामी धर्म विधि के उल्लंघन का आरोप लगाया। सरमद नंगा रहता था। उससे कहा गया कि वह या तो नंगा रहना छोड़ दे अथवा अपना सिर देने को तैयार रहे। सरमद ने दूसरा विकल्प चुना। मौत को गले लगाने से पहले उसने एक कविता कही उसका भावार्थ इस प्रकार है :

एक कोलाहल हुआ। हम स्थायी निन्द्रा में थे, हमने अपनी आँखें खोलीं, देखा, बुराई की रात को अभी भी सहन किया जा रहा था, इसलिए हम फिर सो गए।

यह भी कहा जाता है कि जब जल्लाद सरमद का सिर उतारने के लिए उसके नज़दीक आया तो उसने कहा, "प्रियतमा, तुम किसी भी रूप में आओ। मैं तुम्हें पहचानता हूँ। तुम्हारा स्वागत है।"

सरमद, जिसे धर्मद्रोही होने के अपराध में मौत की सजा दी गयी थी उसे दिल्ली की जनता ने सन्त स्वीकार कर लिया। सरमद की कब्र जामा मस्जिद के पूर्व में सड़क के उस पार है। लोग आज भी उस पर फूल चढ़ाते हैं।

अध्याय इक्कीस

दारा और औरंगज़ेब : चरित्र, रुचि और धार्मिक दृष्टिकोण

दारा और औरंगज़ेब एक-दूसरे को फूटी आँखों से भी देखना पसन्द नहीं करते थे। औरंगज़ेब बचपन से ही दारा को तख़्त के लिए अपना प्रतिद्वन्द्वी समझता था। एक बार, क़िले के नीचे दो हाथियों की लड़ाई के बाद विजयी हाथी ने 15 वर्षीय औरंगज़ेब के घोड़े को गिरा दिया। उस समय औरंगज़ेब ने ग़ज़ब की फ़ुर्ती और बहादुरी दिखाई और वह शुजा एवं मिर्ज़ा राजा जयसिंह की सहायता से सुरक्षित लौट आया। बाद में औरंगज़ेब ने दारा पर अप्रत्यक्ष रूप से सहायता के लिए न आने का आरोप लगाया। दारा संघर्ष स्थल के दूसरी ओर काफ़ी दूरी पर था। वह चाहते हुए भी सहायता के लिए नहीं पहुँच सकता था क्योंकि संघर्ष मिनटों में समाप्त हो गया।

एक बार, दारा शुकोह ने सम्राट और अपने भाइयों को अपने महल में बुलाया। दारा के महल में गर्मियों में आराम करने के लिए एक भूमिगत कमरा था। इस कमरे में एक ही दरवाज़ा था। सम्राट, शुजा, मुराद और दारा कमरे में दाखिल हुए लेकिन औरंगज़ेब भीतर नहीं गया, वह दरवाजे पर ही रुक गया। इस पर सम्राट नाराज़ हो गए और उन्होंने औरंगज़ेब को दरबार में न आने का आदेश दिया। सात महीने शाही गुस्से का शिकार रहने के बाद औरंगज़ेब ने जहांआरा को कमरे में न जाने का रहस्य बताया। औरंगज़ेब को आशंका थी कि दारा तख़्त हासिल करने के लिए शाहजहां और दोनों भाइयों की हत्या कर सकता है। यह घटना अपने भाइयों की हत्या करने वाले और पिता को क़ैद में रखने वाले औरंगज़ेब की मानसिकता को प्रकट करती है।

दारा शुकोह के एक कर्मचारी इस्माइल हूर के व्यवहार के कारण भी अपने भाई के प्रति औरंगज़ेब की नाराज़गी बढ़ी। इस्माइल हूर बलोच सरदार था, जिसका

कार्य क्षेत्र मुल्तान और पंजाब के ऊपरी भाग से मिलता था। इस्माइल हूर ने मुल्तान के सूबेदार के दरबार में हाज़िरी लगाने से इनकार कर दिया। वास्तव में यह विवाद क्षेत्राधिकार का था और शाहजहां ने इसमें औरंगज़ेब के पक्ष में फ़ैसला दिया।

दारा के अधिकार क्षेत्र में 1652 में मुल्तान का सूबा भी दे दिया गया। दारा ने सूबे का कार्यभार लेने के बाद सम्राट को लिखा कि औरंगज़ेब के सेवकों ने मुल्तान नगर की अनेक इमारतों को नष्ट करने, उनमें आग लगाने के साथ अनेक घरों के दरवाजे निकाल कर उनकी लकड़ी बेच दी। मुल्तान के अखवार नवीस के अनुसार, यह काम औरंगज़ेब के जाने के बाद नगर के असामाजिक तत्वों ने किया था।

इससे भी खेदजनक घटना तब हुई जब औरंगज़ेब अपनी दक्कन यात्रा के दौरान लाहौर के समीप होकर गुजरा। इस अवसर पर लाहौर में स्थित दारा का प्रभारी अधिकारी औरंगज़ेब का स्वागत करने आया लेकिन फिर बिना मिले नगर को लौट गया। आम जनता की नज़र में यह राजकुमार औरंगज़ेब का ज़बर्दस्त अपमान था। औरंगज़ेब का शक था कि ऐसा दारा के कहने पर किया गया लेकिन दारा उस समय शाहजहां के साथ कश्मीर में था।

दारा शुकोह और औरंगज़ेब का चरित्र, रुचि और धार्मिक दृष्टिकोण एक-दूसरे से पूरी तरह अलग थे। दारा *सुलहकुल* (सभी के साथ शान्ति) की नीति का समर्थक था। वह साहित्य, कला, संगीत और मनोविनोद का प्रेमी था। औरंगज़ेब कट्टरपन्थी सुन्नी मुसलमान था। वह बेकार की टीम-टाम को सहन नहीं करता था और मनोविनोद में दिलचस्पी नहीं लेता था। दारा औरंगज़ेब को नमाज़ी कहता था जबकि औरंगज़ेब दारा को काफिर, मुलहिद कहता था। दारा को हिन्दुओं का संरक्षक और औरंगज़ेब को इस्लाम का रक्षक समझा जाता था। दारा ने अपने प्रभाव का इस्तेमाल करके हिन्दू तीर्थयात्रियों पर लगने वाला तीर्थकर समाप्त करवा दिया था। औरंगज़ेब अन्य धर्मों को हिकारत की नज़र से देखता था। अपनी दक्कन की सूबेदारी के दौरान उसने गुजरात के चिन्तामणि मन्दिर को नष्ट करा कर वहाँ गोवध कराया और सातारा पहाड़ी पर खाण्डे राय के मन्दिर को नष्ट कराया। औरंगज़ेब उग्रवादी तथा दुनियाभर के मुसलमानों की एकता का पक्षधर तथा समर्थक था।

दारा शगुन-अपशगुन पर बहुत विश्वास करता था। इस विषय में वह पुराणपन्थी बूढ़ी औरतों से भी अधिक नियमों का पालन करता था। नियति अथवा भाग्य पर विश्वास करने के कारण वह जीवन के कठोर तथ्यों तथा वास्तविकता की उपेक्षा

करता था। यह उसकी सबसे बड़ी कमज़ोरी और विफलताओं का कारण बनी। यह भी कहा जा सकता है कि उसने अपनी पराजयवादी मानसिकता को जाने या अनजाने में आध्यात्मिकता से ढकने का प्रयास किया। कन्धार अभियान के दौरान ईरान के शाह सफी मिर्ज़ा के विरुद्ध उसने अपने गुरु मुल्ला शाह से सहायता माँगी। उसने लिखा है, "जब मैं सफ़ी मिर्ज़ा के विरुद्ध युद्ध करने के लिए कन्धार गया, मैंने मुल्ला शाह से मदद माँगी।" उन्होंने मुझे लिखा, "जब तुमने तीर चलाया वह तुमने नहीं बल्कि ख़ुदा ने स्वयं चलाया।" इसके फ़ौरन बाद ईरान का शाह ऐसा गिरा कि फिर कभी उठ नहीं सका। उसे उसके ही आदमियों ने ज़हर दे दिया था और उसकी मौत हो गई।

औरंगज़ेब अत्यधिक सादगी पसन्द और धर्म के मामले में रूढ़िवादी था। दारा विवेकशील और भावुक था। वह अन्धविश्वासी भी था। वह छींक आने, जम्हाई लेने, बच्चों की रुलाई आदि को दैवी संकेत समझता था। वह शुभ-अशुभ में बहुत विश्वास करता था। वह अशुभ संकेत होने पर फ़ौज का बढ़ना, आक्रमण करना रोक देता था। ईश्वर पर बहुत अधिक विश्वास करने के कारण उसकी आत्मा निर्जीव हो गयी थी। उसमें संकटों का दृढ़ता से सामना करने, अपने लिए अवसर पैदा करने और भाग्य को अपने अनुकूल करने की शक्ति नहीं थी। वह सन्त अधिक और शाह कम था। वह दिल्ली के तख़्त का मालिक इसलिए नहीं बन सका क्योंकि वह देवत्व की खोज के साथ अपनी राजनीतिक आकांक्षाओं और उद्देश्यों को नहीं जोड़ सका।

औरंगज़ेब अपने लक्ष्य की प्राप्ति के लिए दया, करुणा, स्नेह की भावनाओं को भुला देता था। क़समें और वादों को तोड़ने में उसे कोई हिचक नहीं होती थी। अपने पिता, भाइयों और भतीजों के प्रति उसके व्यवहार को किसी तरह उचित नहीं कहा जा सकता। वह अत्यन्त निर्दयी था और भय और आतंक फैलाने के लिए बन्दियों को ज़िन्दा जला देना, उनके टुकड़े-टुकड़े कर कुत्तों को खिला देना ज़रूरी समझता था। मालिक जीवन के विरुद्ध प्रदर्शन आयोजित करने वाले अहदी सैनिक अधिकारी को उसने आरे से चिरवा दिया था। गुरु तेग़ बहादुर के सहयोगी मतिदास को भी उसने आरे से चिरवाया था। दयाल दास को उबलते पानी के कड़ाहे में डाल दिया गया था और सतीदास को रूई में लपेट कर ज़िन्दा जला दिया गया था। संगमेश्वर में शिवाजी के पुत्र शम्भाजी, कवि कुलेश और पच्चीस मराठा सरदारों को बन्दी बनाने के बाद भीषण यातनाएँ दी गईं। फिर उनके शरीर के टुकड़े-टुकड़े कर कुत्तों को खिला दिए गए। उनके सिरों में भूसा भर उन्हें महाराष्ट्र के प्रमुख नगरों

में लटका दिया गया। जाट नेता गोकला के साथ भी यही व्यवहार किया गया। उसके परिवार को जबरन मुसलमान बना दिया गया।

दारा सभी के साथ सदाशयता, सज्जनता और शालीनता के साथ मिलता था और सभी के धार्मिक विचार धैर्य से सुनता था। यह देख कुछ यूरोपीय लेखकों ने लिखा है कि वह ग़ैर यहूदियों के साथ ग़ैर यहूदी था और ईसाइयों के साथ ईसाई था। उनकी इस आलोचना का अर्थ यह है कि उसके धार्मिक विश्वास और विचार दृढ़ और अटल नहीं थे। मनूसी ने लिखा है "दारा का कोई धर्म नहीं था। वह जिस धर्म के सम्पर्क में आता था उसकी प्रशंसा करता था"। अपने दादा अकबर की तरह वह विभिन्न धर्मों के विद्वानों के बीच शास्त्रार्थ को बड़े आनन्द से सुनता था। वह यूरोपीय लोगों, विशेष रूप से फ़ादर वजी को पसन्द करता था। मनूसी का तो यहाँ तक कहना है कि दारा मरने से पूर्व ईसाई हो गया था। जब उसका पुत्र सिपिर शुकोह उससे अलग किया गया तो उसने फ़ादर वजी को बुलाने की माँग की थी। यूरोपीय लेखकों की इन बातों को विशेष महत्व नहीं दिया जाना चाहिए। दारा ने कभी भी इस्लाम के बुनियादी सिद्धान्तों का त्याग नहीं किया। उसने सदैव अपने धार्मिक कर्त्तव्यों का पालन किया।

दारा ने सत्रहवीं शताब्दी में हिन्दू-मुस्लिम एकता और धर्मनिरपेक्षता अथवा धार्मिक मामलों में राज्य की तटस्थता का सन्देश दिया। दारा सर्वधर्म समभाव के लिए शहीद हो गया। दारा को उसकी उदार विचारों एवं सहिष्णुता के लिए और औरंगज़ेब को उसकी धर्मान्धिता और असहिष्णुता के लिए याद किया जाता है। दारा अपने परदादा अकबर की तरह हिन्दू-मुस्लिम एकता का पक्षधर था, जबकि औरंगज़ेब सभी हिन्दुओं को मुसलमान बनाकर हिन्दू-मुस्लिम समस्या का समाधान चाहता था।

दारा ने अपनी विफलता की सजा प्राण देकर चुकाई। औरंगज़ेब की सफलता के कारण देश को सिखों, जाटों, सतनामियों और राजपूतों के विद्रोह का सामना करना पड़ा। दक्षिण भारत की शिया रियासतों को जीतने और मराठों को दबाने के लिए औरंगज़ेब को 30 वर्ष तक वहाँ रहना पड़ा। उसकी धर्मान्धिता और साम्राज्यवादी नीतियों के कारण मुग़ल साम्राज्य जर्जर हो गया, ख़ज़ाना ख़ाली हो गया और उसकी मृत्यु के पचास वर्ष के भीतर एक विदेशी कम्पनी देश की प्रमुख शक्ति बन गई।

दारा के विरुद्ध उलेमाओं ने मौत का फ़तवा जारी किया था। इस फ़तवे को गम्भीरता से नहीं लिया जा सकता। उलेमा लाभ, धन पाने के लिए कुछ भी कर

सकते थे। उन्होंने औरंगज़ेब के पुत्र अकबर के कहने पर उसके विरुद्ध फ़तवा जारी किया था कि इस्लाम विरोधी कार्य करने के लिए उसे तख़्त से हटा दिया जाए। वह मुसलमानों पर शासन करने योग्य नहीं है।

दारा उदारवादी शक्तियों का और औरंगज़ेब संकीर्णपन्थी शक्तियों का प्रतिनिधित्व करता था। उस समय संकीर्णवादी शक्तियाँ मज़बूत थीं इसलिए दारा पराजित हुआ और औरंगज़ेब विजयी हुआ। दोनों के व्यक्तित्व में ज़मीन-आसमान का अन्तर था। यह कहा जाता था कि दारा की कड़कती आवाज़ उतनी भयानक नहीं थी जितनी औरंगज़ेब की फीकी मुस्कान।

दारा सोचता था कि वह कुछ भी कर सकता है। उसे सही मनुष्यों का चयन करना नहीं आता था। वह लोगों के गिड़गिड़ाने पर पसीज जाता था। उसने मालिक जीवन को नई ज़िन्दगी बख़्शी थी। जम्मू के राजा राजरूप को नई फ़ौज बनाने के लिए लाखों रुपए दिए। जीवन ने दारा को क़ैद करके औरंगज़ेब को सौंपा और राजरूप ने दोराय के युद्ध में औरंगज़ेब की सेना को दारा के पीछे पहुँच कर हमला करने के लिए गोकला पहाड़ी के पीछे का गुप्त रास्ता दिखाया। दारा को धोखा देने वालों की लम्बी सूची है।

औरंगज़ेब अत्यधिक मेहनती, सादगी पसन्द और कट्टर सुन्नी था। उसमें अपने विचारों और इरादों को गुप्त रखने की अदभुत क्षमता थी। वह अपने खास समझे जाने वाले लोगों को भी अपने इरादों की भनक नहीं लगने देता था। मुसलमान आचार–विचार का कठोरता से पालन करने के कारण उसे रूढ़िवादी मुसलमानों का समर्थन प्राप्त था। अनेक युद्ध अभियानों में भाग लेकर वह युद्ध नीति की बारीकियों को समझने लगा था और रणनीति में निपुण हो गया था।

दारा में अकबर की ऊर्जा, सूझबूझ और क्षमता नहीं थी। उसे युद्ध क्षेत्र का प्रत्यक्ष अनुभव नहीं था, यद्यपि उसने कन्धार अभियान में हिस्सा लिया था। इसके विपरीत औरंगज़ेब अनेक युद्धों में भाग लेकर बड़ा हुआ था।

जब वह बल्ख और बदख़शां का वाइसरॉय था, उज़्बेगों के साथ युद्ध के दौरान उसने अद्‌भुत वीरता और साहस का परिचय दिया था। एक दिन भीषण युद्ध के दौरान शाम की नमाज़ का समय होने पर औरंगज़ेब घोड़े से उतरा, उसने अपना कालीन बिछाया और नमाज़ अदा करने लगा। वह कोई बख्तर (कवच) और ढाल नहीं पहने था। बल्ख-बदख़शां के शासक नज़र मुहम्मद के लड़के अब्दुल अज़ीज़ ने यह देखकर युद्ध बन्द कर दिया और कहा, "ऐसे व्यक्ति से युद्ध करना सर्वनाश

को बुलावा देना है।''

यौवनावस्था में वह मौज-मस्ती में ख़ूब दिलचस्पी लेता था। दक्कन को सूबेदार बनाए जाने पर जब वह बुरहानपुर में अपनी ख़ालाजान के घर रुका तो उसने एक दिन महल के बाग़ में एक सुन्दर लड़की हीराबाई को देखा। वह पेड़ की डाल पकड़े मनोहारी मुद्रा में झुकी मुस्कराती मधुर स्वर में कुछ गुनगुना रही थी। उसे देखते ही औरंगज़ेब उसकी मोहनी मूरत और मीठी ज़ुबान पर लट्टू हो गया। हीराबाई ख़ालाजान के पति मीर ख़लील की प्रिय दासी थी। औरंगज़ेब के प्रयास से उसके महल की एक लौण्डी चतुरबाई के बदले हीराबाई उसके महल में आ गई। मनूसी के अनुसार, औरंगज़ेब अपना काम-धाम छोड़ रात-दिन उस नाचने वाली लड़की के साथ राग-रंग में डूबा रहता था। दारा ने इस पर शाहजहां से कहा, ''जहाँपनाह, देख लिया आपने? औरंगज़ेब ने एक लौण्ड़ी से दिल लगाकर ईमान-धर्म खो दिया है।''

लेकिन औरंगज़ेब ने इस तरह की आलोचनाओं की परवाह नहीं की। उन दिनों हीराबाई उसके लिए सभी कुछ थी। कुछ दिनों बाद हीराबाई मर गई। औरंगज़ेब की दुनिया सूनी हो गई। वह उसके वियोग और ग़म में लगभग पागल हो गया। अपने गम और हीराबाई की याद को भुलाने के लिए वह शिकार के लिए जंगलों को निकल जाता और रात होने पर लौटता।

एक इतिहासकार ने औरंगज़ेब के दोहरे चरित्र का वर्णन किया है। उसके अनुसार, तख़्त हासिल करने से पहले वह नम्र, अल्पभाषी और मुधरभाषी था। वह उमरा और सेना के बड़े अफ़सरों के साथ भी सज्जनता और शालीनता से मिलता था लेकिन तख़्त हासिल करने के बाद उसका व्यवहार बिल्कुल बदल गया। वह तंग दिल, पक्षपातपूर्ण व्यवहार करने वाला और शक्की हो गया। सत्ता ने उसे निर्दयी और निरंकुश बना दिया। निकट सम्बन्धियों—पिता, भाइयों, भतीजों के प्रति उसकी स्नेह, सहानुभूति और प्रेम की भावना समाप्त हो गई।

दारा पिता के अत्यधिक प्रेम, संरक्षण और लगातार दरबार में रहने के कारण नेतृत्व और सैनिक गुण विकसित नहीं कर सका। साम्राज्य का उत्तराधिकारी घोषित होने के कारण उसमें कुछ अहंकार की भावना भी आ गयी थी। चाटुकारों ने उसे आसमान पर चढ़ा दिया था। वह किसी की सलाह सुनने को तैयार नहीं रहता था।

तथापि, दारा के अस्थिर एवं सनकी अन्धविश्वास के बावजूद उसके धार्मिक विश्वास पर कोई सन्देह नहीं किया जा सकता। ये विश्वास विभिन्न धर्मों का गहन

अध्ययन और साधु-सन्तों की संगत का नतीजा थे। इसी से कालान्तर में वह सर्वेश्वरवादी बना। दारा सपनों के रहस्यपूर्ण महत्व पर विश्वास करता था। उसकी रचनाओं में लगभग एक दर्जन सपनों का उल्लेख है। इनमें से कुछ की उसकी व्याख्या अत्यन्त दिलचस्प है। उसके दो सपनों में उसे दो महत्वपूर्ण रचनाएँ करने का 'दैवी आदेश' था। *सफ़ीनात-उल-औलिया* में एक अन्य सपने का उल्लेख है, जिसमें दारा का चार इमामों के साथ मिलन का विस्तार से वर्णन है।

दारा प्रभु अंकित अँगूठी पहनता था और उसने मथुरा के केशवराय मन्दिर को पत्थर का एक जंगला भेंट किया गया था। दारा ने यह सब अपने उदार एवं सहिष्णु विचारों के कारण किया था। मुल्ला-मौलवियों को अरबी *अल रब्ब* के स्थान पर *प्रभु* लिखने पर आपत्ति थी। उन्हें *प्रभु* शब्द अभिशाप लगता था और हिन्दी लिपि दूषित लगती थी। दारा की अँगूठी मुल्लाओं की असहिष्णुता और अन्धविश्वास के प्रति खुला विद्रोह था। औरंगज़ेब ने केशवराय के मन्दिर को दारा द्वारा दिए गए जंगले को 1666 में यह कह कर हटवा दिया कि यह मूर्तिपूजा के प्रति मुसलमानों की चोंचलेबाज़ी है। बाद में 1670 में उसने मन्दिर को पूरी तरह नष्ट करने का आदेश जारी किया।

दारा और औरंगज़ेब का संघर्ष हिन्दुओं और मुसलमानों का संघर्ष नहीं था। यह कट्टरता और उदारता का संघर्ष था, सहिष्णुता और असहिष्णुता का संघर्ष था और बुनियादी रूप से यह दिल्ली के तख़्त का संघर्ष था। यद्यपि औरंगज़ेब के पक्ष में उच्च पदों पर नियुक्त अधिकांश विदेशी मुसलमान थे जो देशी मुसलमानों को तुच्छ समझते थे। अनेक प्रमुख हिन्दू, जयपुर के राजा जयसिंह, मेवाड़ के महाराणा औरंगज़ेब के साथ थे। दारा के पक्ष में अधिकांश हिन्दू, शाही सेनापति, कुछ देशी मुसलमान और पैगम्बर मुहम्मद के वंशज वारा के सैयद थे। दारा के पक्ष के कुछ प्रमुख लोगों ने अन्तिम समय में उसके साथ दग़ाबाज़ी की थी।

इस्लाम में कट्टरवाद और उदारवाद का संघर्ष प्रारम्भ से है। कट्टरवादी मुसलमान सूफ़ी-सन्तों की मज़ारों का सम्मान करना, वहाँ चादर चढ़ाना मूर्ति पूजा समझते हैं। वह गाने-बजाने का विरोध करते हैं। सूफ़ी क़व्वालियों को ईश्वर मिलन का साधन समझते हैं।

वास्तव में, दारा और औरंगज़ेब का संघर्ष कट्टरता और उदारता, सहिष्णुता और असहिष्णुता और आधुनिकता एवं पुरातन का संघर्ष था। इस संघर्ष में अज्ञानता, स्वार्थ, विश्वासघात और बेहतर रणनीति के कारण मध्ययुगीय असहिष्णुता विजयी

हुई।

दारा उत्तराधिकार की लड़ाई तो हार गया लेकिन उसके सहिष्णुता, सर्वधर्म समभाव और भाईचारे के विचार आज भी जीवित हैं। अनेक इतिहासकारों ने दारा का ग़लत मूल्यांकन किया है। लगभग सौ वर्ष पूर्व मौलाना आज़ाद ने लिखा था कि उस काल का इतिहास दारा के शत्रुओं द्वारा लिखा गया था। उन्होंने राजनीतिक दांव-पेंच का सहारा लेकर तत्कालीन घटनाओं का धूमिल वर्णन किया। दारा ने अपने जीवन के शुरू से ही दरवेश के गुणों का प्रदर्शन किया। वह हमेशा दार्शनिकों और सूफ़ियों की संगत करता था। उसके लेखन से उसकी उत्कृष्ट रुचि का पता लगता है। इसका सर्वोत्तम प्रमाण है कि उसने मन्दिर और मस्जिद में भेद करना छोड़ दिया। वह जितने आदर और नम्रता से मुसलमान सन्तों, फ़क़ीरों, दरवेशों का स्वागत करता था उसी भावना से वह हिन्दू सन्तों, साधुओं-संन्यासियों का स्वागत करता था।

इतिहास में दारा का स्थान शाहजहां के उस ज्येष्ठ पुत्र के रूप में नहीं है, जो उत्तराधिकार की लड़ाई में हार गया और जिसका उसके भाई औरंगज़ेब ने क़त्ल करा दिया। दारा का स्थान अकबर की तरह उस व्यक्ति के रूप में है जिसने सत्रहवीं शताब्दी में सभी धर्मों के मानने वालों को समान दृष्टि से देखा, उन्हें बराबर सम्मान दिया और उनके धर्मों का अध्ययन करके उनमें समान बुनियादी आदर्श खोजने का प्रयास किया। दारा का मानना था कि सभी धर्म एक ही रास्ते पर आगे बढ़ते हैं। सभी धर्म प्रेम, मुहब्बत, भाईचारे और दया का सन्देश देते हैं। दारा को *मज़मा-उल-बहरैन* लिखने और उपनिषदों का अनुवाद, *सीर-ए-अकबर* करने के लिए धर्मद्रोही और इस्लाम का दुश्मन ठहराया गया और मौत की सजा दी गई। दारा की मौत के बाद कुछ समय तक उसकी बातें, उसके आदर्श और उसके सपने निरर्थक लगने लगे लेकिन आज सभी यह स्वीकार करते हैं कि विश्व में स्थायी शान्ति के लिए सर्वधर्म समभाव ज़रूरी है।

लगभग तीन सौ वर्षों बाद लोगों की दारा और उसके विचारों में गहरी दिलचस्पी हुई है। पूर्व (प्रशासक, राजनयिक) पश्चिम बंगाल के पूर्व राज्यपाल और विद्वान गोपाल गाँधी ने अपनी पुस्तक 'दारा शुकोह' में नाटक के रूप में कविता में दारा की उदारता, धर्मनिपेक्षता और लोकप्रियता को जीवन्त किया है। पुस्तक में दारा के जीवनकाल के प्रमुख पात्रों के विचारों को प्रकट किया गया है। इस पुस्तक की विशेषता तत्कालीन घटनाओं पर आम आदमियों, सब्ज़ी वालों, दूध वालों, पान वालों और मोचियों की टिप्पणियाँ हैं। पुस्तक अमानवीय औरंगज़ेब और शालीन

दारा के चरित्रों के विरोधाभास को प्रकट करती है। दारा और औरंगज़ेब का संघर्ष सत्ता के भूखे और धर्म का लबादा ओढ़े एक चालबाज़ और उदार विचारों के शालीन मानव का संघर्ष है। पाकिस्तान में, जिहादियों, कट्टरवादियों, तालिबानों और उग्रवादी विचारों के ज़ोर के बावजूद कुछ लोग सूफ़ी विचारधारा के समर्थक हैं। उनके अनुसार, संघर्षरत उग्रपन्थी इस्लाम का विकल्प दारा की सहिष्णुता और अन्य धर्मावलम्बियों के प्रति आदर की नीति है। पाकिस्तान की *अजोका* रंगमंच *डोली* के संस्थापक लेखक शाहिद नदीम के अनुसार, इस्लामी दुनिया में फैले भ्रम के मूल में असहिष्णुता और सहिष्णुता का संघर्ष है। अजोका रंगमंच की निर्देशक मदीहा गौहर का कहना है हम असहिष्णुता और धर्मान्धता का सामना बुल्लेशाह, शाह हुसैन, अमीर खुसरो, ख़्वाजा फ़रीद, गुरुनानक, बाबा फरीद और कबीर के मानव प्रेम की शिक्षा का अनुसरण करके कर सकते हैं।

पाकिस्तान की इतिहास की पुस्तकों में दारा शुकोह का नाम नहीं है। फिर भी दारा शुकोह के चरित्र और विचारों ने पाकिस्तान में कुछ लोगों का ध्यान आकृष्ट किया है। उन्होंने भी यह सवाल उठाया है कि अगर उत्तराधिकार के युद्ध में दारा विजयी होता तो इतिहास की धारा किस दिशा में जाती? क्या मुग़ल साम्राज्य का विघटन इतनी जल्दी होता? पाकिस्तान के मशहूर रंगकर्मी और विद्रोही लेखक शाहिन नदीम का कहना है कि दारा इस्लाम की सूफ़ी व्याख्या, विश्व प्रेम और मानवता का और औरंगज़ेब, जिया उल हक और तालिबान की कट्टरता, धर्मान्धता का प्रतिनिधित्व करता हैं।

छात्र जीवन के दौरान नदीम अपने प्रगतिशील विचारों के कारण सैनिक शासन का कोपभाजन बना। जिया शासनकाल के दौरान विरोध प्रदर्शन के लिए उसे कड़ी क़ैद और 15 बेंतों की सजा दी गई। नदीम ने 1979 से 1988 तक लन्दन में *एमनेस्टी इण्टरनेशनल* में काम किया। उसने 30 से अधिक नाटक लिखे हैं।

नदीम के नाटक 'दारा शुकोह' में दारा के सामाजिक और धार्मिक सद्भाव और औरंगज़ेब के धार्मिक कठमुल्लापन और शातिरपन का विवेचन किया गया है। नाटक इस विचारणीय प्रश्न का उत्तर चाहता है कि दारा को मौत और औरंगज़ेब को बादशाहत क्यों मिली? नाटक में धर्म के नकारात्मक इस्तेमाल को भी प्रकट किया गया है।

एक प्रमुख लेखक के अनुसार, दारा में महान शासक बनने के गुण नहीं थे। उसने लिखा है, "कुछ लोगों का विचार है कि अगर उत्तराधिकार के युद्ध में दारा

विजयी होता तो वह अकबर की तरह एक महान शासक साबित होता। ये लोग यह भूल जाते हैं कि दारा में अकबर की ऊर्जा, कार्यक्षमता और दूरदर्शिता नहीं थी। अकबर ने अपनी धाय माँ और उसके पुत्र की चालबाज़ियों और षड्यन्त्र को विफल करके सत्ता अपने हाथ में ली। उसने रूढ़िवादी इस्लामी विद्रोहियों और अपने पुत्र सलीम के विद्रोह को कठोरता से कुचला। अकबर की तरह दारा सहिष्णु विचारों का था लेकिन उसमें अकबर की सूझ-बूझ और प्रतिभा नहीं थी। 1573 में गुजरात में विद्रोह की सूचना मिलने पर अकबर उसे दबाने के लिए फ़तेहपुर सीकरी से 600 मील दूर अहमदाबाद 3,000 घुड़सवारों के साथ नौ दिन में पहुँचा। उसने विद्रोहियों की विशाल सेना को पहुँचने के तीसरे दिन ज़बर्दस्त शिकस्त दी। इसके बाद गुजरात सवा सौ वर्षों तक मुग़लों के अधिकार में रहा।

अध्याय बाईस

दारा के परिवार के साथ औरंगज़ेब का व्यवहार

सामूगढ़ युद्ध की ख़बर मिलते ही मिर्ज़ा राजा जयसिंह ने अपना असली दगाबाज चेहरा दिखाया। उसने सुलेमान शिकोह का साथ छोड़ औरंगज़ेब का साथ देने की तैयारी शुरू की। सुलेमान शिकोह की फ़ौज के एक सरदार दिलेर ख़ाँ रुहेला ने सुलेमान को रुहेलों की वफादारी पर भरोसा कर शाहजहांपुर चलने की सलाह दी। जयसिंह, जो दारा से नाराज़ था और उससे बदला लेना चाहता था, ने रुहेला सरदार को सलाह दी कि वह भावनाओं की उपेक्षा करे और अपने सुखद भविष्य के लिए इस डूबती नाव को छोड़ दे। जब जयसिंह ने उसे औरंगज़ेब का साथ देने के फ़ायदे और विरोध करने के नुकसान के बारे में समझाया तो दिलेर ख़ाँ थोड़ा ना-नुकर करने के बाद सुलेमान शिकोह का साथ छोड़ने को तैयार हो गया। सुलेमान शिकोह की विशाल फ़ौज सामूगढ़ की पराजय के बाद धीरे-धीरे ग़ायब हो गई।

जयसिंह की नीयत में खोट था। अगर बहादुरपुर के युद्ध में वह पूरी शक्ति से भाग लेता तो या तो शुजा पकड़ा जाता या मारा जाता और शाही सेना सामूगढ़ से काफ़ी पहले दिल्ली पहुँच जाती। जयसिंह ने युद्ध को टालने की पूरी कोशिश की लेकिन जब सुलेमान शुकोह की पहल पर युद्ध शुरू हुआ तो जयसिंह और दिलेर ख़ाँ ने उसमें पूरी शक्ति और उत्साह से भाग नहीं लिया। बर्नियर ने उस पर शुजा को भागने का मौक़ा देने का आरोप लगाया है।

जयसिंह, दिलेर ख़ाँ और शाही फ़ौज के अफ़सरों का साथ छोड़ने के बाद सलीम शुकोह कड़ा से इलाहाबाद को रवाना हुआ (4 जून, 1658)। उसकी फ़ौज में अब केवल छह हज़ार सैनिक थे। सुलेमान ने अपना शाही ताम-झाम, भारी सामान, हरम की कुछ औरतें इलाहाबाद के क़िले में पहुँचा दीं।

औरंगज़ेब ने सुलेमान को रोकने और पकड़ने की ज़िम्मेदारी शाइस्ता ख़ाँ को सौंपी थी। उसने लाहौर जाने के सभी रास्तों पर मोर्चाबन्दी कर दी। सुलेमान की सेना के सैनिक रोज उसे छोड़ कर जाने लगे।

वह मुरादाबाद, हरिद्वार, सहारनपुर तथा अम्बाला होकर अपने पिता के पास लाहौर पहुँचना चाहता था। वह लखनऊ और मुरादाबाद होकर नगीना पहुँचा। वह नदी पार कर दाहिने तट पर पहुँचना चाहता था लेकिन औरंगज़ेब ने स्थानीय राजाओं, ज़मीदारों को कड़ा आदेश पहुँचा दिया था कि उसे किसी तरह की सहायता न दी जाए। अत: इस पार की सभी नावें उस पार पहुँचा दी गयी थीं। इस पर सुलेमान ने हरिद्वार के समीप चण्डी में डेरा डाला।

उसने अपना एक अधिकारी श्रीनगर के राजा पृथ्वी सिंह के पास भेज कर शरण माँगी। पृथ्वी सिंह शरण देने को तैयार था। औरंगज़ेब की विजय से बाड़ा के सैयद तथा फ़ौज के कुछ अन्य लोग अपने-अपने परिवारों की सुरक्षा के प्रति चिन्तित थे और जल्दी से जल्दी घर लौट जाना चाहते थे। अत: हर रोज उसकी सेना की संख्या कम हो रही थी। सुलेमान दो हज़ार सैनिकों के साथ राजा के क्षेत्र में पहुँचा। राजा सैनिकों को नि:शस्त्र करने पर सुलेमान को शरण और सुरक्षा देने को तैयार हो गया। इसी समय सुलेमान को इलाहाबाद स्थित उसकी सेना के अफ़सर का एक पत्र दिखाया गया। पत्र में सूचना दी गयी थी कि शुजा इलाहाबाद के समीप पहुँच गया है। सुलेमान राजा की सुरक्षा को छोड़ नगीना वापिस लौट आया। नगीना पहुँचने पर पहले ही दिन उसके 700 सैनिकों ने उसका साथ छोड़ दिया। दूसरे दिन जब वह श्रीनगर जाने को तैयार हुआ उसके साथ जाने को केवल 200 लोग तैयार हुए। अन्त में अपनी पत्नी, कुछ औरतों, अपने दूधभाई मुहम्मद शाह और सत्रह आदमियों को साथ लेकर सुलेमान ने श्रीनगर राज्य की शरण ली।

श्रीनगर नरेश राज्य को बचाने के लिए दारा के उपकार को भूला नहीं था। उसने सुलेमान को यथोचित सम्मान दिया और उसका हार्दिक स्वागत-सत्कार किया। कानूनगो के अनुसार, उसने अपनी एक पुत्री का विवाह भी उसके साथ कर दिया।

पृथ्वी सिंह ने एक वर्ष से अधिक समय तक अपने अतिथि और राज्य की रक्षा की। इस दौरान पृथ्वी सिंह को सुलेमान शुकोह को शाही अधिकारियों को सौंपने के लिए आकर्षक प्रलोभन दिए गए और ज़बर्दस्त दबाव डाला गया।

औरंगज़ेब ने जम्मू के राजा रूप चन्द को जुलाई 1559 में पृथ्वी सिंह के ख़िलाफ़ भेजा लेकिन रूप चन्द श्रीनगर राज्य में अधिक आगे नहीं बढ़ सका।

औरंगज़ेब समझता था कि सुलेमान उसकी सत्ता को अस्थिर कर सकता है। अत: वह इस काँटे को जल्दी से जल्दी अपने रास्ते से हटाना चाहता था। सैनिक अभियान में देरी होते देख औरंगज़ेब ने कूटनीति का सहारा लिया। उसने जयसिंह को सुलेमान को पकड़ने की ज़िम्मेदारी सौंपी। जयसिंह ने पृथ्वी चन्द को पत्र भेज कर अनेक क़िस्म के प्रलोभन दिए। इसमें विफल होने पर जयसिंह ने पृथ्वी सिंह को तबाह करने की धमकी दी।

जयसिंह ने जब देखा कि पृथ्वी सिंह सुलेमान को सौंपने को तैयार नहीं हैं तो उसने राजा के मन्त्री से सम्पर्क साधा। मन्त्री ने राजा को सलाह दी कि श्रीनगर राज्य को औरंगज़ेब के कोप से बचाने के लिए सुलेमान को मुग़लों को सौंप दिया जाना चाहिए। जब मन्त्री ने देखा कि राजा पर उसकी बात का कोई असर नहीं हो रहा है तो उसने सुलेमान को भयानक ज़हर मिली दवाई दी। सुलेमान ने दवा पीने से पहले उसकी जांच के लिए थोड़ी दवा बिल्ली को दी। बिल्ली दवा पीते ही तड़प-तड़प कर मर गई। सुलेमान ने सारी बात पृथ्वी सिंह को बताई। पृथ्वी सिंह ने मन्त्री को बर्खास्त कर दिया।

इसके बाद जयसिंह ने पृथ्वी सिंह के पुत्र मैदिनी सिंह को फोड़ लिया। मैदिनी सिंह मुग़लों से किसी झगड़े में नहीं उलझना चाहता था। उसने अपने पिता के विरोध के बावजूद सुलेमान को गिरफ़्तार करके मुग़ल अधिकारियों को सौंप दिया। *आलमगीरनामा* के अनुसार, पृथ्वी सिंह ने स्वयं स्वेच्छा से सुलेमान शिकोह को मुग़लों को सौंपा। गढ़वाली सूत्रों के अनुसार यह सच नहीं है।

शाही इतिहासकारों के अनुसार, पृथ्वी सिंह ने जयसिंह को लिखा कि अगर आप मेरे पक्ष में हस्तक्षेप करके सम्राट से मेरी लापरवाही की माफ़ी दिला दें तो मैं सुलेमान को सौंपने को तैयार हूँ। औरंगज़ेब ने जयसिंह के अनुरोध पर पृथ्वी सिंह को माफी प्रदान कर दी। इसके बाद औरंगज़ेब ने जयसिंह को आदेश दिया कि वह सुलेमान को लाने के लिए अपने पुत्र राम सिंह को श्रीनगर भेजें। पृथ्वी सिंह ने अपने पुत्र मैदिनी सिंह की देख-रेख में सुलेमान को राम सिंह को सौंप दिया। 2 जनवरी, 1661 को राम सिंह सुलेमान शुकोह को दिल्ली लाए। उसे औरंगज़ेब के ज्येठ पुत्र मुहम्मद सुल्तान के साथ, जो अपने चाचा शुजा का साथ देने के लिए सलीमगढ़ में क़ैद था, रखा गया।

तीन दिन बाद सुलेमान को दीवान-ए-खास में औरंगज़ेब के सामने हथकड़ी-बेड़ियों में पेश किया गया। इन विकट परिस्थितियों में भी सुलेमान का आत्मविश्वास

विचलित नहीं हुआ था। वह मौत से नहीं डरता था। उसने औरंगज़ेब से कहा मैं रोज पोस्त का पानी पीकर घुल-घुल कर मरने की अपेक्षा तत्काल मरना पसन्द करूँगा। औरंगज़ेब ने गम्भीर स्वर में वचन दिया कि तुम्हें पोस्त का पानी कभी नहीं दिया जाएगा।

सुलेमान को राजकीय जेल ग्वालियर के क़िले में भेज दिया गया। वहाँ उसे हर रोज औरंगज़ेब के हुक्म से पोस्त का पानी दिया गया। सुलेमान ह्रष्ट-पुष्ट बांका जवान था। एक वर्ष तक रोज पोस्त का पानी पीकर भी जब वह बीमार होकर मरा नहीं तो औरंगज़ेब के हुक्म से गला दबा कर उसकी हत्या कर दी गई। दारा के दूसरे पुत्र सिपिर शुकोह और मुराद बक्स के पुत्र इजिद बक्स को 12 वर्षा तक ग्वालियर के क़िले में क़ैद में रखने के बाद औरंगज़ेब उस पर मेहरबान हो गया।

औरंगज़ेब को लगा कि अब कोई उसकी सत्ता को चुनौती नहीं दे सकता। सिपिर शुकोह को पहले ग्वालियर से दिल्ली लाकर 8 दिसम्बर, 1672 को सलीमगढ में क़ैद रखा गया। एक सप्ताह बाद उसे औरंगज़ेब के सामने पेश किया गया। 30 जनवरी, 1673 को औरंगज़ेब की पुत्री जुवदत उन निसा के साथ उसका विवाह कर दिया गया। जुवदत उन निसा ने 13 जुलाई, 1673 को एक पुत्र ताबर अली को जन्म दिया जिसकी छह महीने बाद मृत्यु हो गई। सिपिर शुकोह के बारे में इसके अलावा कोई जानकारी उपलब्ध नहीं है। इजिद बक्स का विवाह औरंगज़ेब की पाँचवीं पुत्री से कर दिया गया।

दारा की दो और पुत्रियाँ जो उसके साथ पकड़ी गयी थी, दिल्ली लाकर पालन-पाषेण के लिए औरंगज़ेब के हरम के सुपुर्द कर दी गईं। रोशनआरा दो बहिनों (जहाजेब बानू) जानी बेग़म और उसकी बहन अमल-उन-निसा पर बड़ा जुल्म ढाती थी। उसके जुल्मों को देख क़िले में सभी की सहानुभूति इन लड़कियों से हो गई। जब शाहजहां और जहांआरा को आगरे में इन पर किए जा रहे जुल्मों का पता लगा तो उन्होंने औरंगज़ेब से प्रार्थना करके इन लड़कियों को आगरा बुला लिया। आगरा पहुँच कर इन लड़कियों के चेहरों पर फिर से रौनक आ गई। जानी बेग़म बहुत सुन्दर थी। औरंगज़ेब ने उसकी सुन्दरता और कुशलता की चर्चा सुन कर जानी बेग़म का विवाह अपने दूसरे पुत्र आज़म से करने का प्रस्ताव जहांआरा को भेजा। जहांआरा ने रिश्ता मंज़ूर किया।

औरंगज़ेब ने जानी बेग़म का विवाह बड़ी धूमधाम से किया। जानी बेग़म आज़म की तीसरी पत्नी थी लेकिन अपनी सुन्दरता और मधुर स्वभाव और बुद्धि के

कारण शीघ्र ही वह आज़म की सबसे प्रिय पत्नी बन गई। कहा जाता है कि आज़म बड़े कठोर स्वभाव का था लेकिन जानी बेग़म ने सूझबूझ से उसका दिल जीत लिया। इसके बाद आज़म हर काम जानी बेग़म की सलाह से करने लगा।

औरंगज़ेब के सभी बेटों ने तख़्त लेने के लिए उसके विरुद्ध विद्रोह किया लेकिन जानी बेग़म के प्रभाव से आज़म ने नहीं किया। जानी बेग़म आज़म के साथ युद्ध क्षेत्र में भी जाती थी। एक बार दक्कन अभियान के दौरान जानी बेग़म को जो राव अनिरुद्ध सिंह की सुरक्षा में थी, मराठों ने घेर लिया। जानी बेग़म बन्द डोल पर हाथी पर थी। जानी बेग़म ने हाथी पर से ही कहा, "अनिरुद्ध सिंह, तुम हमारे बेटे हो। याद रखना, अगर तुम हमें न बचा पाए तो हम अपनी जान दे देंगे। मराठे हमें छू नहीं पाएँगे।" दोनों पक्षों के बीच घमासान युद्ध हुआ। जानी बेग़म अपने रक्षकों की हिम्मत बढ़ाती रही। अनिरुद्ध सिंह घायल हो गया लेकिन मराठे जानी बेग़म को पकड़ नहीं सके।